핀란드의
끝없는
도전

핀란드의
끝없는
도전

파시 살베리 지음
이은진 옮김

그들은 왜 교육개혁을 멈추지 않는가

FINNISH LESSONS:
What Can the World Learn from
Educational Change in Finland?

푸른숲

1

핀란드의 꿈

누구나
원하는 만큼
배울 수 있다

남녀노소, 전국 어디서나
양질의 교육을 부담없이 받는다

2

핀란드의 역설

덜 가르칠수록
우수하다

핀란드에 없는 세 가지_
풍족한 예산, 빈번한 시험, 빡빡한 수업

3

핀란드의 강점

우수한 교사들을
무한 신뢰한다

핀란드 교육개혁의 최대 공로자,
핀란드 교사의 모든 것

4

핀란드의 가치

교육을 통해
경쟁력 있는
복지국가를
만든다

모두가 성공하고
아무도 실패하지 않는다

5

핀란드의 미래

교육제도는 결코
완성되지 않는다

핀란드는 왜
교육개혁을 멈추지 않는가?

추천의 글

핀란드의 도전은 지금도 계속된다

핀란드라는
기적을 만나다

핀란드의 9년제 종합학교를 만든 1970년대 교육개혁이 모든 기업 리더와 정치인, 교육가들의 지지를 받았다고 생각하면 크나큰 오산이다. 일부에서는 종합학교에 반대하는 의견이 거셌다. 핀란드 경제계 리더들은 이전 사립 문법학교의 토대 위에 세워진 종합학교가 어떻게 시행되는지 유심히 지켜보았다. 친親시장 정책 싱크탱크인 핀란드비즈니스정책포럼EVA은 진행 중인 학교 개혁을 반대하는 재단을 지원했고, 새로운 학교의 대안으로 사립학교를 원했다. 의회 내 보수 우익은 새로운 교육모델이 핀란드 사회의 지속적인 경제 발전을 위태롭게 할 거라고 경고하면서 종합학교 개혁을 옹호하는 사람들을 사회주의자나 공산주의자로 매도했다.

그런가 하면 반대편에서는 개혁을 옹호하면서 종합학교야

말로 모든 핀란드 아이들이 좋은 교육을 받을 수 있도록 보장하고 핀란드의 행복과 번영에 이바지할 것이라고 주장했다. 1970년대에는 박식하고 숙련된 노동력을 확보하기 위해 심혈을 기울이는 국제 사회에서 새로운 종합학교가 과연 경쟁력이 있는가를 두고 논쟁이 벌어졌다. 비평가들은 가장 유능하고 재능 있는 학생들이 종합학교에서 기량을 충분히 개발하지 못할까봐 두려워했다.

교육개혁에 대한 반대가 유독 거셌던 1980년대 말, 정치인과 경제계 리더들은 물론이고 일부 학부모들까지 몇 년 전 능력별 반편성을 모두 폐지한 종합학교에 비판과 불만을 쏟아냈다. 사회적 평등을 강조하다 개성을 억누르게 될 것이라는 게 비판의 요지였다. 사실 이러한 우려는 1987년 11월, 핀란드 학교장 연례회의에서 총리가 한 발언에서 비롯되었다.

누구나 모든 것을 배울 수 있다고 믿으면, 종합학교의 목표가 너무 높게 설정될 것입니다. 모든 국민을 도달할 수 없는 수준까지 교육하려고, 작은 나라의 예산과 정신 자원을 가능성 없는 일에 허비하고 있습니다. 다양한 분야에 재능 있는 사람들을 국제적인 수준으로 교육하는 데 그 자원이 절실히 필요합니다. 치열한 국제 과학 시장과 경제 시장에서 핀란드의 지위를 유지하는 방법은 그것뿐입니다.*

* Aho et al., 2006, p.62

정치 수뇌부의 이러한 인식에 영향을 받은 핀란드 경제계 리더들은 핀란드 교육의 주요 수단인 종합학교의 현재 상태를 파악하고자 여론조사를 실시했고, 1988년 가을 핀란드 언론은 결과를 대대적으로 보도했다. 종합학교가 재능을 죽인다는 암울한 결론이 나왔다. 종합학교에서는 모든 교실에서 동일한 교육과정을 적용하면서 사회적 평등을 고집하기 때문에 유능하고 재능 있는 학생들이 자신의 잠재력을 충분히 개발하지 못한다는 이야기였다.

이것은 경제 규제에 관한 논란과 일맥상통했다. 교육제도는 핀란드 사회가 좀 더 자유롭고 경쟁적인 시장 체제로 이행하는 것을 지원해야 한다는 시각이 고개를 들었다. 당시 핀란드 총리를 비롯해, 후기 산업 경제에서 지식경제로 전환하려면 유능하고 재능 있는 학생들에게 마음껏 기량을 개발할 기회를 주어야 하고, 특히 수학과 과학은 '평범한 학생들이 따라오길 기다려서는' 안 된다고 주장하는 사람들이 있었다.

자유 시장 모델에 따른 핀란드 교육제도 개혁 운동은 1990년대에도 계속되었다. 핀란드 경제계 리더들의 눈에는 최초의 국가 교육과정과 모든 학생이 달성해야 할 공통된 목표를 갖춘 영국의 1988년도 교육개혁법, 결과에 기반을 둔 뉴질랜드의 교육정책, 미국의 표준 기반 모델 등이 핀란드 교육제도를 대체할 새롭고도 적절한 대안으로 보였다. 선택, 경쟁, 특화를 늘리는 방식이 더 나은 교육으로 여겨졌고, 교육 부문에서 핀란드를 앞서는 다른 교육제도들을 따라잡기 위해 학생들의 학업 성취도를 측정하는 전국 평가와 정기 시험이 장려되었다.

　조사 결과가 종합학교 때문에 학생들의 학습량이 줄어들고 있다는 주장을 뒷받침해주지 않는데도, 교육개혁에 대한 비판은 1990년대 말까지 더 날카롭게 이어졌다.* 1990년대 중반에는 시장 관리 모델을 사용하지 않고 핀란드 학교 제도를 개발해야 하는 교사들과 학교장들의 지지를 받아 교육과정 계획, 학교 개선, 학생 평가에 대한 책임을 지방자치단체와 학교에 전가하는 양상이 더욱 강해졌다.

　비판적인 목소리는 첫 번째 국제 학업 성취도 평가(이하 PISA) 연구 결과가 전 세계 언론에 발표된 2001년 12월에 잠잠해졌다. 종합학교 과정이 끝날 무렵 측정한 핀란드 학생들의 학업 성취도가 읽기, 수학, 과학 영역에서 다른 OECD 국가들을 앞선 것이다. 결국 페루스코울루**는 인정을 받았고, 핀란드 학교 교육은 노키아와 더불어 또 하나의 세계적인 브랜드가 되었다.

---

*　Linnakylä & Saari, 1993
**　핀란드에서 1972년에 설립되어 다른 모든 교육의 기반이 된 9년제 종합학교 시스템

핀란드는
어떻게 가능했을까?

앞으로 10년 안에 15세부터 30세까지의 젊은이 약 12억 명이 취업 전선에 뛰어들 것이고, 지금 우리가 가지고 있는 수단으로 취업하는 사람은 3억 명이 채 안 될 것이다. 그렇다면 9억이 넘는 젊은이에게 우리가 해줄 수 있는 건 무엇일까? 이들이 평화롭게 성장하고 꿈을 이루길 원한다면, 나는 이것이야말로 우리의 가장 큰 과제라고 생각한다.

_마르티 아티사리Martti Ahtisaari, 제10대 핀란드 대통령, 노벨 평화상 수상자

오늘날, 어느 나라 할 것 없이 여실히 드러나는 한 가지 사실이 있다. 학교가 학생에게 필요한 지식과 기술을 습득할 기회를 제공하지 못하고 있다는 점이다. 교수敎授, 가르침와 학습學習, 배움의 질을 높이고, 아이들을 좀 더 공평하고 효과적으로 가르쳐달라는 요구가 세계 곳곳에서 터져 나오고 있다.

오늘날 교육제도는 다음 두 가지 과제에 직면해 있다. 첫째, 변화를 예측할 수 없는 현대 세계가 요구하는 새로운 지식과 기술을 학생에게 가르치려면 학교를 어떻게 바꿔야 할까? 둘째, 어떻게 하면 사회경제적 배경과 상관없이 모든 학생이 새로운 지식과 기술을 배울 수 있을까? 이 두 난제를 잘 해결하는 것이 우리 사회의 지도자에게 주어진 도덕적 의무이자 경제적 의무이다.

이것이 도덕적 의무인 이유는 좋은 교육을 통해 심어주는 지식과 기술, 세계관에서 개인의 건강과 궁극적 행복이 비롯되기 때문이다. 또한 이것이 경제적 의무인 이유는 그 어느 때보다 실질적 지식이 국가의 부를 좌우하기 때문이다. 세계 금융 위기의 여파로 취업하지 못한 청년들이 정부를 실각시킬 정도로, 희망을 잃어가는 사람이 늘고 있다. 이들 젊은이 중 많은 수가 자신의 발전을 위해 스스로 노력할 수 있을 만큼 적절한 교육과 훈련을 받지 못했다.

좋은 나라는
그냥 만들어지지 않는다

《핀란드의 끝없는 도전: 그들은 왜 교육개혁을 멈추지 않는가?》는 핀란드 사람이 세계적인 안목으로 핀란드 교육개혁을 종합적으로 설명한 책이다. 1980년대만 해도 평범하기 그지없었던 교육제도를 핀란드 사람들이 어떻게 오늘날처럼 뛰어난 모델로 바꿔놓았는지 보여줄 것이다. 여러 국제 지표는 핀란드가 세계에서 가장 잘 교육받은 시민을 보유했으며, 모든 국민에게 균등한 교육 기회를 주고, 자원을 효율적으로 활용하고 있음을 보여준다. 최근 전 세계의 많은 학자가 핀란드 교육에 관심을 보이고 있다. 린다 달링 해먼드는 《평평한 세계와 교육The Flat World and Education》에서 이에 대해 광범위한 글을 썼다.* 앤디 하그리브스와 데니스 셜리는 《제4의 길 The Fourth Way》에서 교육제도를 성공적으로 바꾼 사례로 핀란드를 꼽았다.** 현대 교육 사상과 교육 현실을 다룬 국제 지침서나 책이라면, 핀란드 교육에 한 장章을 할애하는 것을 당연하게 생각한다. 국제 발전 기구와 컨설팅 회사, 언론 매체는 훌륭한 공교육 개혁의 성공 모델이자 '증인'으로 핀란드를 언급한다.[1] 핀란드 학교와 교사에 관한 논문 또한 중국, 한국, 일본, 프랑스, 슬로베니아, 독일 등 많은 국가에서 발표되었다.

핀란드 교육청장으로서 1990년대 초 핀란드 교육개혁에 앞장선 빌호 히르비 Vilho Hirvi 박사는 이렇게 말했다. "교양 있는 국가는 억지로 창조되는 게 아닙니다." 그는 교사와 학생이 귀를 기울이고 적극적으로 협력해야 교육개혁이 성공할 수 있다고 보았다. 당시 핀란드 교사들과 학생들은 수업을 어떻게 설계하고 무엇을 언제 공부할지 정하는 데 자율성과 융통성을 늘려야 한다고 주장했다. 히르비는 교육청 직원들에게 이렇게 말했다. "우리는 새로운 교육문화를 창조하고 있습니다. 퇴로는 없습니다." 이 새로운 교육문화의 기본 토대는 교육 당국과 학교 사이에 신뢰를 구축하는 것이었다. 핀란드는 바로 이러한 신뢰를 바탕으로 개혁을 지속적으로 추진할 수 있었을 뿐 아니라 현장에 있는 교사들 또한 개

* Linda Darling-Hammond, 2010
** Andy Hargreaves & Dennis Shirley, 2009

혁에 참여할 수 있었다.

북유럽에서
들려온 소식

1990년대 초반만 해도 핀란드 교육은 국제 기준에서 볼 때 특별한 점이 전혀 없었다. 핀란드 아이들은 모두 정규교육을 받았고, 학교 네트워크는 광범위하고 조밀했다. 핀란드인은 누구나 중등교육을 받을 수 있었고, 후기중등학교(한국의 고등학교 과정) 졸업생들은 고등교육을 선택할 수 있었으며 후기중등학교 졸업생 수는 계속 늘어나고 있었다. 그러나 국제 비교 평가를 보면 핀란드 학생들의 성적은 보통이었다. 읽기를 제외하면 전체 평균에 가까웠다. 핀란드 아이들은 읽기 영역에서만 다른 나라의 또래 학생들보다 뛰어났다.

이 기간에 핀란드는 예기치 못한 경기 후퇴로 삐걱댔고 재정 붕괴 상황까지 내몰렸다. 재정 불균형을 바로잡고 1990년 소련의 붕괴와 함께 무너진 대외 무역을 다시 활성화하려면 대담하고 즉각적인 조치를 취해야 했다. 이동통신 제품으로 세계적인 산업 브랜드로 자리 잡은 노키아는 2차 세계대전 이후 찾아온 최악의 경기 하락으로부터 핀란드를 구원하는 핵심 엔진이 되었다. 그리고 또 하나의 핀란드 브랜드로 꼽히는 페루스코울루 역시 핀란드 경제와 사회가 환골탈태하는 데 중요한 역할을 했다. 흥미롭게도, 노키아와 핀란드 공교육 제도는 역사상 같은 시기에 태동했다. 이 둘이 함께 태동한 19세기 중반은 핀란드가 국가 정체성을 형성한 황금기이기도 하다.

교육개혁은
복잡하고 느리게

세계 경기가 악화되면서 많은 학교와 대학, 교육제도 전체가 심한 타격을 받았다. 전 세계 교육 관료들은 1990년대 핀란드가 직면했던 상황과 비슷한 상황에서 자국에 적합한 교육제도를 찾으려 했다. 아일랜드와 그리스, 잉글랜드, 미국을 예로 들면 지식 기반 경제에서 가장 중요하게 생각하는 것과 학생들의 학업 사이에는 별다른 상관관계가 없었다. 지식 기반 경제에서 경쟁력을 갖추려면 생산성과 혁신 능력이 필요하다. 그런데 정작 학생들은 학교와 대학에서 배우는 내용이 따분하고, 급변하는 세상이 자신들에게 요구하는 것과는 무관하다고 느꼈다. 이 책에 나오는 핀란드 교육개혁 이야기는 자국의 교육제도를 개선하는 것이 정말 가능하긴 한지 염려하는 이들에게는 희망을 줄 것이고, 경제가 회복되는 현실에 맞게 교육정책을 가다듬을 방법을 찾는 사람들에게는 생각할 거리를 줄 것이다. 나아가, 지속 가능한 방식으로 정책과 전략을 영리하게 세우면, 실제로 조직 개선이 가능하다는 사실을 확인할 수 있을 것이다.

핀란드의 사례는 커다란 가능성을 보여줌과 동시에 인내를 요구한다. 즉각적인 결과를 확인하고 싶어 하는 요즘 시대에, 교육은 우리에게 전혀 다른 사고방식을 요구한다. 학교 개혁은 복잡하고 느린 과정을 거쳐야 한다. 서두르다가는 망치기 십상이다. 핀란드는 이 점을 분명히 보여준다. 모든 정책은 조사연구를 바탕으로 세워야 하고, 학자와 정책 입안자와 교장과 교사가 모두 협력해야 한다.

이 책은 2차 세계대전 이후 핀란드에서 이 과정이 어떻게 전개되었는지 보여준다. 세계가 칭송해 마지않는, 평등하고 우수한 핀란드 교육제도가 어떻게 만들어졌는지 전 세계 독자들에게 소개하는 첫 번째 책이라 해도 과언이 아니다. 〈뉴욕타임스〉, 〈워싱턴포스트〉, 〈런던타임스〉, 〈르몽드〉, 〈엘 파이스〉, 내셔널 퍼블릭 라디오, NBC, 도이체 벨레, BBC 등 세계 유수의 신문과 방송이 핀란드의 기적을 보도했다. 어떤 요인이 핀란드를 이렇게 탁월한 교육 국가로 만들었는지 배우려고 수많은 공식 파견단이 핀란드 교육 당국과 학교, 지역사회를 방문했다. 그러나 교육개혁에 실제로 참여한 사람들과 기관들, 그리고 인간 외적인 요인들을 정리하고 상호관계를 분석, 설명한 책은 거의 없었다.

교사, 학자, 정책가, 행정가로서 말하는 핀란드 교육

나는 개인적이고도 학술적인 방식으로 이 책을 집필했다. 나의 삶이 핀란드 교육과 밀접한 관계가 있다는 점에서 이 책은 나의 개인적인 이야기라 할 수 있다. 나는 핀란드 북부에서 태어나 그 지역에서 초등학교를 다녔다. 부모님 두 분은 내가 다니는 학교의 선생님이었다. 그래서 유년 시절의 기억 대부분은 어떤 식으로든 학교와 연결되어 있다. 나는 아이들이 떠난 텅 빈 교실에서 학교를 생각했고 이 세상이 풍요롭다는 사실을 깨달았다. 학교는 마법에 걸린 나의 집이었다. 그러니 내가 교사가 된 것은 전혀 놀랄 일이 아니다. 처음 교편을 잡은 곳은 헬싱키에 있는 중학교였다. 그곳에서 7년 동안 수학과 물리를 가르쳤다. 그 후 학교 안에서 이뤄지는 교육과 밖에서 이뤄지는 교육의 차이를 이해하기 위해 교육행정과 사범대학에 꽤 오래 몸담았다. 그리고 OECD 정책 분석가 겸 세계은행 교육 전문가, 유럽연합 집행위원회 교육 전문가로서, 핀란드가 교육 분야에서 차지하는 독특한 위치를 제대로 이해하는 데 필요한 세계적인 안목을 길렀다.

이렇게 다양한 위치에서 핀란드 대표로서 전 세계 청중과 언론의 질문에 답하려면, 핀란드 방식에 어떤 특징이 있는지 좀 더 예리하게 이해해야 했다. 나는 2000년대 초반부터 지금까지 세계 곳곳에서 핀란드 교육제도에 관해 400회가 넘는 기조연설과 200회가 넘게 인터뷰를 했다. 5만여 명이 내 이야기를 직접 들었고, 글과 뉴스를 통해 그보다 더 많은 사람들이 내 이야기를 들었다. 교육에 관심 있는 사람들과 나눈 이런 대화는 내가 책을 쓰기로 마음먹기까지 중요한 역할을 했다.

"핀란드가 교육적으로 성공을 거둔 비결이 뭡니까?", "핀란드에서는 어떻게 가장 우수한 젊은이들이 교사가 되려 하죠?", "핀란드의 인종이 다양하지 않은 것과 교육 분야에서 성공한 것 사이에 어떤 관련이 있습니까?", "학생들이 시험을 치르지 않고 교사들을 시찰하지도 않으면, 모든 학교가 제대로 일을 하고 있는지 어떻게 압니까?", "핀란드는 어떻게 경기 침체기인 1990년대에 교육제도를 혁신할 수 있었죠?"

이런 질문을 해준 사람들과 나의 견해를 날카롭게 비판해준 사람들에게 참으로 감사한다. 그들의 질문과 비판이 없었다면, 핀란드의 특이점을 예리하게 진단하고 평가할 수 없었을 것이다.

이 책은 또한 학술적인 성격을 지니고 있다. 지난 20년 동안 내가 저자로서, 비평가로서 참여한 많은 연구를 바탕으로 집필했기 때문이다. 이 책은 20여 년에 걸친 정책 분석, 교사와 행정가로 일한 경험, 그리고 수많은 세계 교육자들과 나눈 대화를 종합한 것이다. 고맙게도 핀란드 밖에서 수많은 외국 정부와 함께 일하는 시간을 충분히 갖는 특권을 누릴 수 있었고, 그 덕분에 핀란드 교육의 본질과 특성, 그리고 핀란드의 학교생활을 더 잘 이해하게 되었다.

오늘날의 핀란드를 만든
다섯 가지 원천

세계 곳곳에서 공교육 제도가 위기에 처해 있다. 미국, 영국, 스웨덴, 노르웨이, 프랑스 등 많은 국가가 고질적인 정책 실패로 모든 아이에게 적절한 학습 기회를 제공하는 데 큰 어려움을 겪고 있다. 이런 경우 당국에서는 강경책을 찾기 마련이다. 학교 간 경쟁을 더 치열하게 부추기고, 학생 성적에 대한 교사들의 책무성*을 강화하고, 이를 토대로 교사들에게 성과급을 지급하고, 문제 있는 학교를 폐교한다. 이런 조치는 모두 결점투성이 교육제도를 바로잡기 위한 고육지책이다.

이 책은 경쟁을 강화하고, 더 많은 데이터를 참조하고, 교원 노조를 폐지하고, 차터스쿨**을 더 많이 설립하고, 기업 경영 모델을 교육 분야에 도입하면 위기를 해결할 수 있을 것이라고 이야기하지 않는다. 사실은 정반대이다. 이 책의 핵심 메시지는 교육제

---

* 원래는 교육 수행 수준이나 목표 달성 수준을 관련자에게 알려야 할 의무를 가리키는 용어이나, 최근 미국과 영국에서는 학생 성적을 교사의 인사고과에 반영하고 그에 따라 성과급을 지급하는 것까지 책무성에 포함시키는 움직임이 거세게 일고 있다 – 옮긴이
** 미국의 자율형 공립학교. 주 정부의 인가charter를 받아 설립하고 주 정부의 지원과 기부금으로 예산을 충당하되 운영은 사립학교처럼 자율적으로 한다 – 옮긴이

도를 개선할 다른 방법이 있다는 것이다. 위에서 언급한 시장 중심의 개혁 사상과는 전혀 다른 방법 말이다. 이 방식에는 교사 인력을 개선하고, 시험 횟수를 최소한으로 제한하고, 책무성보다 책임과 신뢰를 더 중시하고, 모든 아이가 공평하게 교육을 받을 수 있게 투자하고, 학교와 지역 단위의 교육 주도권을 경험이 풍부한 교육 전문가들에게 이양하는 방식이 포함된다.

이것은 2009년도 OECD* PISA에서 우수한 성적을 거둔 국가들 사이에서 공통으로 발견되는 교육정책이기도 하다. 이 책을 통해 나는 자국의 교육제도를 개선할 방안을 찾고 있는 이들에게 핀란드가 흥미로우면서도 적절한 영감의 원천이 될 수 있는 다섯 가지 이유를 제시할 생각이다.

첫째, 핀란드는 독특한 교육제도를 갖추고 있다. 지극히 평범했던 핀란드 교육제도는 1970년대 말부터 약 20년에 걸쳐 현대 교육제도의 모델이자 '뛰어난 성취자'로 발돋움했기 때문이다. 핀란드가 특별한 이유는 이뿐만이 아니다. 핀란드는 학생들이 잘 배울 수 있는 교육제도, 지역이나 학교 간에 성적 격차가 거의 없을 정도로 평등한 교육제도를 만들어냈다. 핀란드가 세계적으로 보기 드물게 이러한 입지를 다질 수 있었던 이유는 합당한 재원財源

* OECD, 2010b; 2010c

을 활용하고 다른 나라보다 개혁 노력에 힘을 덜 쏟은 덕분이다.

둘째, 핀란드는 세계 여러 나라에 보편화된 시장 중심의 교육정책과는 다른 방식으로 성공적인 교육 시스템을 구축하는 방법이 있다는 사실을 꾸준한 성과로 입증했다. 앤디 하그리브스와 데니스 셜리가《제4의 길》에서 설명한 대로, 핀란드는 신뢰와 전문성, 책임 공유에 기반을 둔 개혁 방식을 택했다*. 실제로 핀란드는 학교 시찰을 하지 않고, 외부 데이터를 신뢰하지 않으며, 표준화된 교육과정과 단 한 번의 평가가 엄청난 영향력을 갖는 고부담 시험이 없으며, 학생 성적을 교사의 인사 고과 기준으로 삼지 않는다. '정상을 향해 경주한다'는 사고방식으로 교육개혁에 접근하지 않는 대표적인 나라이다.

셋째, 핀란드는 교육개혁에 성공한 결과, 미국과 캐나다, 영국이 기존에 안고 있는 고질적인 교육 문제(높은 중퇴율, 유아교사 감소, 부적절한 특수교육 등)와 교육정책을 개혁하려는 곳에서 새로운 현안으로 떠오른 문제(학생들의 학습 참여 제고, 젊은 인재 유치, 전체론적인 공공정책 수립 등)에 대한 해결책을 생각해볼 수 있도록 몇 가지 대안을 제시한다. 중퇴자를 줄이고, 교사의 전문성을 강화하고, 지적 책무성을 강화한다. 핀란드 학교가 더 세련된 방식으로

＊ Hargreaves & Shirley, 2009

학생들을 평가하고 수학과 과학, 읽기 학습을 향상시키기 위해 사용하는 방식은 성공 비결을 찾는 다른 나라에 영감을 줄 수 있다.

넷째, 핀란드는 상업, 기술, 좋은 통치 구조*, 지속 가능한 개발, 번영 지수에서 우수한 평가를 받았고, 이는 교육과 사회 다른 분야의 상호의존 관계에 관한 흥미로운 질문을 제기한다. 핀란드는 보건이나 고용정책과 같은 다른 공공정책이 장기적인 교육 발전과 교육개혁에 중요한 역할을 한다는 사실을 보여준다. 뒤에서 살펴보겠지만, 핀란드에서는 이 사실이 소득의 형평성, 사회 이동社會移動, 사회의 내적 신뢰 부분에도 그대로 적용된다.

마지막으로, 우리가 핀란드 이야기에 귀를 기울여야 하는 이유는 공교육을 더 이상 신뢰하지 못하는 사람들과 공교육 제도를 개선하는 것이 과연 가능한지 회의적인 사람들에게 희망을 주기 때문이다. 이 책은 교육제도를 탈바꿈시키는 것이 가능하다는 사실과, 개혁에는 시간과 인내와 투지가 필요하다는 사실을 함께 보여준다. 핀란드 이야기가 특히 흥미로운 이유는 핵심 정책과 개혁 조치 중 일부가 2차 세계대전 이후 핀란드 최악의 경제 위기 기간

---

* good governance, 통치 구조가 어떠해야 하는지에 관한 규범적인 개념. 좋은 통치 구조란 책임성, 투명성, 형평성, 이해관계인의 참여 및 관료들의 윤리적 행태가 확보되는 이상적인 통치 구조를 말한다 – 옮긴이

에 도입되었기 때문이다. 이 사실은 중대한 문제를 해결할 더 나은 해법은 '정상적인 상황'보다 위기 상황일 때 더 잘 촉발될 수 있음을 보여준다.

교육만 개혁한다고
달라지지 않는다

이 책은 많은 교육제도의 고질적 문제를 해결하는 가장 좋은 방법은 '교육위원회로부터 학교 운영권을 빼앗아 차터스쿨이나 다른 민영화 수단으로 학교를 더 효율적으로 운영하고자 하는 사람들에게 일임하는 것'이라고 믿는 이들의 의견에 반대한다. 핀란드 교육이념을 다른 나라에 도입하는 데는 한계가 있지만, 그럼에도 교사들의 강점에 기반을 두고, 학생들이 두려움을 느끼지 않고 편안하게 공부할 수 있는 환경을 조성하고, 교육제도에 대한 신뢰를 서서히 제고하는 기본 가치들은 다른 교육제도에도 가치가 있을 것이다.

이 책에서 보여주듯, 교육제도가 성공하거나 실패하는 단 한 가지 이유 같은 건 없다. 그보다 교육, 정치, 문화적 요인이 서로 밀접하게 연결되어 있다. 처한 상황이 다르면 이러한 요인이 작용하는 방식도 다르게 마련이다. 그럼에도 나는 1970년대 초부터 핀란드 교육정책에서 중요하게 작용한 세 가지 요소를 언급하고자 한다. 이 세 요소는 문화를 뛰어넘어 보편적으로 작용하기 때문이다.

첫 번째 요소는 좋은 공교육은 어떠해야 한다는, 영감을 불러일으키는 비전이다. 핀란드는 모든 아이들을 위해 국가가 예산을 부담하고 지역에서 운용하는 좋은 기초학교를 세우는 데 특별히 힘을 쏟았다. 이 공통의 교육목표는 여러 정권과 여러 부처의 반대에도 불구하고, 전혀 손상되지 않고 온전히 살아남아 핀란드 정·관계에 아주 깊이 뿌리 내렸다. 1970년대 초반 '종합학교'를 도입한 이래, 핀란드에서는 서로 다른 정치색을 대표하는 스무 개의 정권이 들어섰고, 거의 서른 명의 교육부 장관이 교육개혁을 추진했다. 모든 아이들이 평등한 교육을 받을 수 있는 공통의 기초학교를 세우고자 이렇게 하나 되어 헌신하는 모습을, 어떤 이들은 '핀란드의 꿈'이라 불렀다. '핀란드의 꿈'은 교육개혁에 관해서만큼은 다른 이의 꿈을 빌리는 것보다 자신만의 꿈을 갖는 것이 훨씬 낫다는 사실을 보여준다.

두 번째 요소는, 핀란드가 교육개혁을 추진하는 동안 핀란드 고유의 교육 유산에 대한 외부의 조언을 어떻게 받아들였는가 하는 점이다. 핀란드는 1917년 이후 독립 국가를 건설하는 과정에서 동맹국, 특히 스웨덴으로부터 많은 영감을 받았다. 복지국가 모델과 보건 의료 체계, 기초 교육은 이웃나라로부터 빌려온 이념의 좋은 예이다. 나중에는 교육정책도 초국가 기관, 특히 핀란드가

1969년에 가입한 OECD와 1995년에 가입한 유럽연합의 지침에 영향을 받았다.

그러나 이렇게 세계 여러 나라로부터 영향을 받고 다른 나라들의 교육이념을 빌려왔음에도, 핀란드는 결국 자기만의 방식으로 오늘날과 같은 교육제도를 만들어냈다고 나는 말하고 싶다. 나는 이를 '핀란드 방식'이라 부른다. 지난 20년 동안 세계 여러 나라의 교육정책을 지배해온 세계교육개혁운동GERM과는 사뭇 다르기 때문이다. 핀란드 방식은 핀란드의 고유한 전통 중에서도 가장 좋은 것과 현재의 좋은 관례를 보존하고, 그것들을 다른 나라들에서 얻은 혁신과 결합해 탄생했다. 신뢰성 구축, 자율성 제고, 다양성 허용은 오늘날 핀란드 학교에서 발견할 수 있는 개혁 이념 중 극소수에 지나지 않는다. 처음에는 많은 교육학 이념과 교육개혁을 북아메리카나 영국 등 다른 나라에서 들여왔다. 영국과 캘리포니아 주, 온타리오 주의 교육과정 모형, 미국과 이스라엘의 협동학습, 미국의 포트폴리오 평가, 영국과 미국, 오스트레일리아의 과학 및 수학 교습, 캐나다와 네덜란드의 또래 지원 리더십 등이 대표적이다. 그러나 교육을 향한 '핀란드의 꿈'만큼은 순수 '핀란드산'이다. 다른 나라에서 빌려온 것이 아니라는 말이다.

세 번째 요소는 교사와 교장이 학교에서 존중받고 영감을 얻으며 일할 수 있도록 근무 환경을 체계적으로 개발했다는 점이다.

이 책은 교육제도 전반에 대한 개혁을 논의할 때 거의 모든 상황에서 되풀이되는 중요한 질문, '어떻게 하면 젊고 우수한 인재들을 교직에 유치할 수 있을까?'를 제기한다. 3장에서 다루겠지만, 세계 최고 수준의 사범교육 프로그램을 만들고 교사들 월급을 후하게 지급하는 것만으로는 충분하지 않다는 사실을 핀란드는 자신의 경험을 통해 보여준다. 물론 핀란드는 세계 최고 수준의 사범교육 프로그램을 만들었다. 그리고 교사들에게 보수를 후하게 지불한다.

그러나 핀란드가 다른 나라와 구별되는 진짜 이유는 그것만이 아니다. 핀란드 교사들은 학교에서 자신의 전문 지식과 판단력을 자유롭고 광범위하게 발휘할 수 있다. 교사들은 교육과정, 학생평가, 학교 개선, 지역사회 연계 활동에 주도권을 행사한다. 세계 어느 나라에서나 교사들은 지역사회를 건설하고 문화를 전달하고자 하는 사명을 안고 교직에 몸담지만, 다른 나라 교사들과 달리 핀란드 교사에게는 운신할 수 있는 자유가 있고 뜻을 실행할 만한 힘이 있다.

핀란드가 좋은 모델이 될 수 없다고?

핀란드가 다른 나라 교육개혁의 모델이 될 수 있을

까? 많은 사람들이 핀란드가 유명하지도 않고 비효율적인 데다 엘리트주의에 젖어 있던 기존 교육제도를 공평하고 효과적인 교육제도로 탈바꿈시켰다는 사실에 매료당한다.* 핀란드는 OECD 34개국 중 국제 지표와 학생 성취도 평가에서 교육성과가 향상된 몇 안 되는 국가다. 더욱이, 핀란드를 찾는 많은 방문객은 핀란드 젊은이들이 의사나 법률가 못지않게 최고의 직업으로 교사를 선호한다는 사실과 핀란드 대학에서 경쟁이 가장 치열한 학과가 초등 사범교육학과라는 사실을 알고 깜짝 놀란다. 나는 이 책에서 핀란드 교육제도의 이런 측면을 모두 살펴볼 것이다.

　핀란드의 독특한 특성 때문에 다른 나라가 핀란드 교육제도를 모델로 삼는 것이 과연 타당한지 의심하는 이들도 있다. 가장 자주 제기되는 주장은 핀란드 사례는 극히 이례적인 것으로 미국이나 영국, 오스트레일리아, 프랑스 등 핀란드보다 규모가 큰 국가에 의미 있는 무언가를 제시하기 어렵다는 것이다. 마이클 풀란처럼 "북아메리카 교육제도를 전체적으로 개혁할 모델로 삼기에, 핀란드 상황은 북아메리카와 너무 다르다"**고 말하는 이들이 있다. 이들이 핀란드를 교육개혁 모델로 삼는 것이 적절하지 않다고 강조할 때의 요점은 두 가지이다.

---

* 　Schleicher, 2006
** 　2010, p. xiv

첫째, 핀란드는 미국 같은 나라와는 너무나 다르게 문화적, 인종적으로 동질성을 유지하고 있다. 맞는 말이다. 하지만 그것은 일본이나 중국 상하이, 한국도 마찬가지이다. 핀란드 국민 중 외국에서 태어난 비율은 2013년 5.2퍼센트였고, 핀란드어를 사용하지 않는 사람의 비율은 약 10퍼센트였다.* 핀란드가 3개 국어를 쓴다는 사실에도 주목할 필요가 있다. 핀란드어, 스웨덴어, 사미어** 가 모두 공용어이다. 소수 언어 중 가장 많이 쓰이는 언어는 러시아어, 에스토니아어, 소말리어이다. 1990년대 중반 이후 사회가 다양화되는 속도는 핀란드가 800퍼센트로 유럽에서 가장 빠르다. 1980년대 중반, 내가 헬싱키에서 처음 교편을 잡았을 때만 해도 반에서 얼굴 생김새나 사용하는 언어가 다른 학생을 찾아보기 어려웠다.

그런데 21세기에 접어들고 처음 10년 동안 외국에서 태어난 핀란드 시민은 거의 세 배로 늘었다. 핀란드는 더 이상 단일 민족국가가 아니다. 물론 인종의 다양성 면에서 미국이나 오스트레일리아 같은 다문화 국가와 비교할 수준은 아니지만 말이다.

둘째, 북아메리카의 전체적인 교육제도 개혁 모델로 삼기에

---

* Statistics Finland, 2011
** 노르웨이, 스웨덴, 핀란드 북부와 러시아 콜라반도에서 쓰는 우랄어족의 핀우그르어파에 속하는 언어. 라프어라고도 한다 – 옮긴이

는 핀란드가 너무 작은 국가라는 의견이다. 하지만 이 주장은 더더욱 수긍하기 어렵다. 교육개혁에서 크기 인자를 고려할 때 많은 연방 국가나 주州, 도道 또는 지방에서 상당히 자율적으로 학사 일정과 학교를 운영하고 있다는 점에 주목할 필요가 있다. 미국과 캐나다, 오스트레일리아, 독일도 마찬가지이다. 오늘날 핀란드 인구는 550만 명이다. 미국 미네소타 주나 오스트레일리아 빅토리아 주의 인구와 비슷하고, 캐나다 앨버타 주나 프랑스 노르파드 칼레 주의 인구보다 약간 많다. 사실상 약 30개의 미국 주州가 인구 수 면에서 핀란드와 비슷하거나 조금 적다. 메릴랜드와 콜라라도, 오리건, 코네티컷 주도 여기에 속한다. 워싱턴, 인디애나, 매사추세츠 주도 핀란드보다 인구가 조금 적거나 비슷하다. 오스트레일리아에서는 뉴사우스웨일스 주 인구만 핀란드보다 조금 많고, 다른 주는 모두 핀란드보다 적다. 프랑스의 경우 핀란드보다 인구가 많은 지역은 일드프랑스가 유일하다. 캐나다는 온타리오 주만 핀란드보다 인구가 많고 면적 또한 넓으며 다른 지역 인구는 모두 핀란드보다 적다.

만일 이들에게 저마다의 방법으로 최고의 교육정책을 세우고 개혁을 추진할 자유가 있다면, 이들 지역과 규모가 비슷한 핀란드는 특히 모델로 삼기 적합한, 흥미로운 사례가 될 것이다. 위에서 언급한 국가 중 교육 경영을 중앙에서 관리하는 경우는 프랑스가 유일하다. 그러므로 프랑스 교육정책 입안자들은 자기네보다 규모가 작은 교육제도를 개혁 모델로 삼기가 부적절하다고 주장할 수 있다.

　마지막으로 국가 간 비교 분석이 과연 타당한지, 또는 그러한 분석이 과연 신뢰할 만한지 의구심을 품는 이들이 있다. 이중에는 OECD의 PISA와 국제수학 · 과학성취도평가(이하 TIMSS), 국제읽기능력평가PIRLS 같은 학업 성취도 평가가 광범위한 학교교육을 모두 포괄하기에는 지나치게 협소한 영역에만 초점을 맞추고, 공교육의 중요한 결과인 사회성이나 도덕성 발달, 창의성, 디지털 리터러시digital literacy* 같은 능력을 무시한다고 보는 관점도 있다. 이 주장이 얼마나 타당한지는 2장을 참고하면 된다. 국가 간 비교 분석이 교육정책에 영향을 미치고 '숫자가 지배하는' 문화를 부추긴다는 우려도 커지고 있다.** 국가 간 비교 분석에 회의적인 또 다른 이들은 현재 국제 비교에서 사용하는 평가 방법이 핀란드의 수업 문화와 유독 잘 맞기 때문에 핀란드에 유리하다고 주장한다. 이들 중에는 핀란드 과학자나 외국 전문가도 있다.② 하버드대학교 하워드 가드너Howard Gardner 교수도 최근 핀란드 청중들에게 지금의 학생 평가 분석을 신중하게 받아들여야 한다고 주장했다. 이러한 분석법이 시험 과목에 늘 포함되는 교과 영역 지식과 국제

---

* 다양한 디지털 기술을 이용해 효과적이고 비판적으로 정보를 탐색, 이해, 조합하는 능력 - 옮긴이
** Grek, 2009

평가에서 사용하는 방법론에만 의존한다는 이유에서다. 게다가 이러한 분석은 대인관계 기술, 공간 능력, 창의력 등은 평가하지 않는데 오늘날에는 이러한 능력이 점점 더 중요해지고 있다.[3]

핀란드가 증명하는
모든 아이의 성공 비결

핀란드는 계속해서 다른 나라보다 우수한 성적을 보여주고 있지만, 교육개혁 정책을 권고하는 보고서에서는 이러한 성적을 대단치 않게 다루었다. 예를 들어, 세계적인 경영 컨설팅 회사 맥킨지앤드컴퍼니McKinsey & Company가 발표한 보고서에서 핀란드는 교육개혁을 추진하는 사람들이 모델로 삼을 만한 국가 명단인 '지속적인 개선가'에 이름조차 올리지 못했다.* 그러니 이 보고서를 신뢰하는 정책 입안자들이 학교 개선에 필요한 업무를 정리할 때 핀란드의 전략을 고려할 가능성은 별로 없다.

2010년 영국 학교백서**와 PISA 연구에서 미국이 얻은 교훈***, 2020년 세계은행 교육전략**** 등 최근에 나온 국가 교육 전략 및 정책 지침은, 개선을 위한 바람직한 기준으로 우수한 교육제도의

---

*   Mourshed, Chijioke & Barber, 2010
**   Department for Education, 2010
***   OECD, 2010c
**** World Bank, 2011

공통점을 거론한다. 교사의 효과, 학교의 자율, 책무성, 근거 자료 등을 강조하는 방식은 한국, 싱가포르, 캐나다 앨버타 주, 그리고 핀란드 교육제도의 핵심이지만 방식은 전혀 다르다. 앞으로 살펴보겠지만, 핀란드는 이러한 교육정책을 아주 독특한 방식으로 활용한다.

선택과 경쟁 대신 평등과 협력에 오롯이 집중하면 모든 아이가 잘 배울 수 있는 교육제도를 확립할 수 있다는 사실을 핀란드는 경험을 통해 증명한다. 핀란드 교육개혁에는 성적을 토대로 교사에게 성과급을 지불하고, 차터스쿨 또는 다른 수단으로 공립학교를 사립학교로 전환하는 전략이 끼어들 여지가 없다.

인구수가 많고 인종이 다양한 사회보다 인구수가 적고 아직까지 동질성을 유지하고 있는 핀란드 사회가 교육정책을 수립하고 개혁하기 쉬운 것은 사실이다. 그러나 이 두 요인만으로는 핀란드가 이룩한 성과를 다 설명할 수 없다. 또한 자국 또는 지역 학생들을 위해 교육제도를 개선하고자 할 때, 겨우 이 정도 요인을 핑계로 서로에게서 배우려는 시도를 중단해서도 안 된다.

물론 핀란드는 가치관, 문화 결정 요인, 사회적 결속 면에서 아주 독특한 나라이다. 핀란드인의 생활방식에는 평등, 정직, 사회 정의가 깊게 뿌리 박혀 있다. 핀란드 국민들은 자신의 삶뿐 아니라 다른 이들의 삶에 대해서도 책임을 공유해야 한다는 의식이 아주 강하다. 양육 과정은 아이들이 태어나기도 전에 시작되어 성인이 될 때까지 이어진다.

미취학 아동을 낮에 집이 아닌 시설에서 보살피는 데이케어
는 모든 아이가 일곱 살이 되어 학교에 입학가기 전까지 누릴 수
있는 권리이고, 아동기에는 누구나 쉽게 공중 보건 서비스를 받을
수 있다. 핀란드 사회에는 교육이 사회 전체에 이익이 된다는 인식
이 널리 퍼져 있다. '작은 것이 아름답다', '적을수록 좋다'와 같은
격언은 핀란드 문화를 묘사하는 일반적인 표현이다.

핀란드 교육개혁의
열 가지 기본 가치

나는 이 책을 통해 핀란드가 평등한 공교육 제도로
어떻게 실용적이고 지속 가능하고 공정한 나라를 건설했는지 설
명할 것이다. 그것도 오롯이 '핀란드 방식'으로 말이다. 노키아 최
고경영자 출신인 요르마 올릴라Jorma Ollila가 수장을 맡은 핀란드
정부 산하 국가브랜드대표단은 2010년에 이렇게 썼다. "핀란드
국민은 모든 일을 다른 사람과 똑같은 방식으로 하고 싶어 하지
않는다. 다른 사람처럼 입고 살고 싶어 하지 않는다. '용납되는 일'
을 하는 대신 자기가 합당하다고 생각하는 일을 한다."*

---

* Ministry of Foreign Affairs, 2010, p. 59

핀란드인의 이런 강한 개성이 약한 위계구조, 그리고 기꺼이 다른 사람과 협력하는 전통과 어우러져 무한한 잠재력을 발휘할 창조적인 길을 열었다. 누구나 이용할 수 있는 좋은 교육제도를 갖춘 사회를 건설하겠다는 비전과 영감은 이러한 창의적인 잠재력에서 비롯되었다.

나는 다음 열 가지 생각을 바탕으로 이 책을 썼다. 특정 지역의 발표 자료만 참고하지 않았다. 특정한 국제 평가 지수 하나만 가지고 교육의 우수성을 정당화할 생각도 없다. PISA, TIMSS처럼 활용 가능한 다양한 국제 분석 자료와 세계 교육 지표, 다양한 핀란드 공식 통계를 근거로 논지를 전개할 생각이다.

① 핀란드는 청소년들이 잘 배울 수 있고, 학교 간 성적 격차가 적고, 모든 학교가 합리적인 비용과 인간적인 노력으로 운영되는 교육제도를 갖추고 있다.

② 그러나 처음부터 그랬던 것은 아니다.

③ 핀란드에서는 교사가 명망 있는 직업이고, 많은 학생들이 교사가 되길 열망한다.

④ 이 때문에 핀란드는 세계에서 가장 경쟁력 있는 사범교육 제도를 갖추고 있다.

⑤ 그 결과 핀란드 교사들은 상당한 수준의 '전문직 자율성'을 보장받고, 교직에 있는 동안 교사로서 필요한 전문성을 키울 수 있다.

⑥ 교사가 된 사람들은 대부분 평생 교직에 몸담는다.

⑦ 16세 청소년의 절반가량이 종합학교를 졸업하기 전에 특수교육, 개인별 맞춤 지원, 개별 지도 등을 받는다.

⑧ 핀란드 교사들은 다른 나라 교사들보다 수업 시간이 적고, 학교 안팎에서 학생들의 공부 시간 역시 다른 나라 학생들보다 적다.

⑨ 핀란드 학교에는 미국을 비롯해 전 세계 많은 국가에서 활용하는 학력평가, 시험 준비, 과외공부가 없다.

⑩ 핀란드 교육의 성공 요인은 미국과 다른 나라에서 시행하는 정책과 하나같이 정반대이다. 다른 국가에서는 경쟁, 성적에 기반을 둔 책무성, 표준화, 민영화 정책이 주를 이룬다.

핀란드 교육개혁의
30년 역사를 담다

이 책은 프롤로그와 5개의 장 그리고 추천의 글로 이루어져 있다. 1장에서는 2차 세계대전 이후 핀란드가 직면했던 정치적·역사적 현실을 소개하고, 1960년대 말에 어떻게 모든 아이를 위한 공통 기초학교 설립을 추진하게 되었는지 설명한다.

나는 핀란드 교육제도를 탐방하러 온 이들에게 핀란드 역사를 소개하면서, 1970년 종합학교가 탄생하기 전의 이야기부터 들려주는 것이 중요하다는 사실을 깨달았다. 그래서 과거의 학교 시스템을 개혁한 과정도 소개하려 한다. 핀란드에서는 학생들을 두 가지 과정으로 나누고 공동 출자 방식의 민영 중등학교가 주를 이루던 교육제도를 정부가 기금을 대어 운영하는 공립 종합학교 시스템으로 바꾸어나갔다. 이것은 1970년대 후반 종합학교 개혁을 실시한 직후에 등장한 후기 의무교육의 주요 특징이기도 하다. 핀란드 학생들이 후기중등교육(일반계 고등학교 과정)을 마칠 때 치르는 대입자격시험의 주요 특징도 함께 살펴보려 한다.

2장에서는 근본적인 질문을 살펴볼 생각이다. "핀란드는 예전부터 교육 부문에서 우수한 성과를 냈는가?" 대답은 당연히 "아니오"이다. 그러면 이런 질문이 뒤따를 수밖에 없다. "좋은 교육제도는 무엇으로 이뤄지는가? 핀란드는 어떤 교육개혁을 통해 이렇게 눈부시게 성장할 수 있었는가?" 핀란드가 국가 간 학업 성취도 비교 평가에서 좋은 성적을 거둘 수 있었던 이유를 역설적으로 이해하는 통찰이야말로 2장의 핵심이다. 이 역설은 "적게 가르치는 편이 더 낫다"라는 단순한 교육개혁 원리로 구체화된다. 2장에서는 실제 사례를 바탕으로 이런 생각이 오늘날의 교육제도에 어떻게 등장하게 되었는지 설명하려 한다.

3장에서는 핀란드 교사와 사범교육을 다룬다. 핀란드에서 교사가 맡고 있는 결정적인 역할을 살펴보고, 교직의 주요 특성,

사범교육, 교사의 책임을 설명한다. 핀란드 사례를 바탕으로, 대학에 기반을 둔 수준 높은 사범교육과 지속적인 직무 능력 개발이야말로 누구보다 우수하고 열정적인 젊은이를 교직에 유치하는 필요조건임을 밝히려 한다.

그러나 이것이 다가 아니다. 우수한 인재를 유치하려면 교사가 전문직 종사자로서 존중을 받아야 한다. 또한 가슴에 품은 도덕적 목적을 학교에서 이루어나갈 수 있는 근무환경을 제공해야 한다. 그래서 3장에서는 교직과 핀란드 사범교육의 미래를 전망해보려 한다.

핀란드는 1990년대 초의 심각한 경기 후퇴와 2008년 세계 금융 위기를 기적적으로 극복했다. 이 때문에 포괄적인 정보사회와 경쟁력 있는 지식경제 건설을 계획하면서 핀란드를 모델로 거론하는 사람들이 많다.* 핀란드의 경제 회복 과정에서 중요한 것은 핀란드 경제와 공공 부문이 더 치열해진 경쟁에 적응하고 생산성을 향상시키고자 애쓸 때 교육제도 역시 꾸준히 개선되었다는 점이다.

그래서 4장에서는 이러한 경제 회복의 핵심에 자리한 핀란드 교육정책과 다른 공공정책의 상호의존에 대해 설명하려 한다.

* Castells & Himanen, 2002; Dahlman, Routti, & Ylä-Anttila, 2006

나아가 교육 부문에서 이룬 성과가 국가 경쟁력과 투명성, 복지 정책을 개선해나가는 정부 개혁과 나란히 이루어졌음을 밝히려 한다. 그리고 핀란드 교육과 경제 발전 간의 상호작용을 보여주는 실례로 노키아와 핀란드 학교 교육의 평행진화에 대해 이야기하고자 한다.

마지막 5장에서는 핀란드 교육제도를 탐방하러 온 사람들이 잘 묻지 않는 질문에 대해 살펴볼 생각이다. 바로 핀란드 학교 교육의 미래에 관해서이다. 국제 사회가 핀란드 교육을 주목하면서 발생한 폐해도 적지 않다. 2001년 후반부터 핀란드는 교육제도를 탐방하러 오는 세계 각국의 사람들을 수없이 맞이했다. 거기에 힘을 쏟다 보니, 정작 핀란드 교육제도가 앞으로 나아가야 할 방향을 고민하는 데 쓸 시간과 에너지가 부족해졌다. 따라서 5장에서는 교육개혁의 성공 요인을 정리하는 한편, 세계의 주목을 받느라 도리어 미래에 필요한 교육을 고민하지 못하는 핀란드의 현실을 돌아보려 한다. 핀란드 교육제도가 지금은 아주 우수하다는 평을 받으며 아주 잘 운영되고 있는 것 같지만, 거듭 변화가 필요하다는 사실을 환기할 생각이다.

1

핀란드의
꿈

누구나
원하는 만큼
배울 수 있다

2차 세계대전 이후 핀란드 사회는 정치 불안과 경제 체제 전환으로 혼란스러웠지만, 새로운 사상과 정책이 싹트는 시기이기도 했다. 특히 핀란드 국민들은 균등한 교육 기회를 강하게 열망했다. 무엇보다 노동자 계층이 자기 자녀들도 공교육 혜택을 받을 수 있어야 한다고 적극적으로 의견을 내기 시작했다.

그 결과, 핀란드는 본격적으로 교육정책을 논의하기 시작했다. 다양한 정치 노선을 포괄하는 학교프로그램위원회가 200번이나 모여 회의한 1956년부터 1959년은 그야말로 격동의 시기였고, 이 위원회의 끈질긴 노력은 결국 국가 전체의 비전이 되었다.

이러한 시기를 거쳐 핀란드는 학생들을 인문계와 실업계 두 과정으로 나누고 민간이 관리하던 중등학교 중심의 교육제도를 정부가 관리하고 기금을 대는 통합 교육 시스템으로 바꾸어나갔다. 이 방식은 1970년대 후반 '페루스코울루'라 불리는 핀란드 종합학교 개혁을 실시한 직후에 등장한 후기 의무교육의 가장 큰 특징이다. 일부에서는 재능이 뛰어난 아이들이 하향 평준화될 것이라며 이 제도의 도입을 반대했지만, 종합학교 개혁의 세 가지 특징은 결국 핀란드 교육제도를 오늘날 세계 최고 수준으로 끌어올리는 데 성공했다.

과연 핀란드 국가 경쟁력 1위를 가능케 한 핀란드 종합학교 개혁의 세 가지 특징이란 무엇일까?

첫째, 기회 균등의 원칙에 따라 모든 학생이 즐겁게 배울 기회를 제공받을 수 있도록 완전히 새로운 교수법과 학습법을 개발한다. 둘째, 진로 지도와 상담을 필수교육과정에 포함시킨다. 셋째, 성격이 전혀 다른 학교 즉 학구적인 중등학교와 실습 중심의 공민학교에서 일하던 교사들이 같은 학교에서 다양한 학생들과 함께 일한다는 점이다.

종합학교 개혁은 단순한 구조 개혁이 아니라 핀란드 학교의 새로운 교육 철학이었다. 이 철학에는 몇 가지 신념이 담겨 있다. 적절한 기회와 지원만 뒷받침되면 모든 학생이 배울 수 있고, 인간의 다양성을 이해하고 이를 통해 배우는 것이야말로 가장 중요한 교육목표가 되어야 하며, 학교는 '작은 민주국가'의 역할을 해야 한다는 신념이다.

새로운 종합학교는 교사들로 하여금 기존과는 전혀 다른 교수법을 활용하고, 다양한 학생이 다양하게 배울 수 있는 환경을 만들고, 교직을 사회적으로 위상이 높은 직업으로 인식하게 했다. 이러한 변화는 대대적인 사범교육 개혁으로도 이어졌으며 직무능력개발과 연구에 기반을 둔, 새로운 사범교육 관련 법률을 마련하는 계기가 되었다.

하느님, 우리를 고치소서! 우리는 낫 놓고 기역자도 모르는데, 읽는 법을 아는 것이 모든 기독교 시민의 첫 번째 의무랍니다. 법, 교회법의 힘이 우리더러 글을 깨우치라고 강요합니다. 우리가 고분고분하게 읽는 법을 배우지 않을까 봐, 국가라는 기계가 우리의 턱을 단단히 조이려고 눈에 불을 켜고 지켜봅니다. 차꼬, 까만 차꼬가 흑곰처럼 잔인한 입을 크게 벌리고 우리 형제들을 기다리고 있습니다. 지독히도 기분 나쁜 펜치를 들고 감독관이 우리를 위협합니다. 우리가 매일 열심히 공부하는 모습을 보이지 않으면, 그는 곧 협박을 실행에 옮길 겁니다.

_알렉시스 키비Aleksis Kivi, 《일곱 형제Seitsemän veljest》

남녀노소, 전국 어디서나 양질의 교육을 부담없이 받는다

핀란드 역사는 생존에 관한 이야기이다. 알렉시스 키비가 1870년에 쓴 최초의 핀란드 소설《일곱 형제》는 글을 읽고 쓸 줄 아는 것이 행복과 인간다운 삶을 누리는 비결임을 깨달은 일곱 고아 형제의 이야기이다.《일곱 형제》출간 이후 독서는 핀란드 문화에서 빠질 수 없는 요소가 되었고, 교육은 문화 및 기술 발전과 더불어 교양 있는 사회와 국가를 건설하는 주요 전략이 되었다.

오늘날 대부분의 핀란드 학교는《일곱 형제》를 핵심 교재로 채택하고 있다. 강대국들 사이에 끼어 있는 작은 국가라는 지정학적 위치 때문에, 핀란드인들은 현실을 받아들이고 기회를 잡는 법을 배웠다. 그 결과 외교, 협력, 문제해결, 합의 추구가 오늘날 핀란드 문화의 주요한 특징이 되었다. 이러한 특성은 전국 어디서나 평등하고 훌륭한 교수법이 이루어지게 했고 세계의 이목이 집중된 교육제도를 설립하는 데 중요한 역할을 했다.

지금부터 가난하고 교육 수준도 그저 그랬던 농경 국가 핀란드가 어떻게 우수한 교육제도와 세계 최고 수준의 혁신을 이룬 지식 기반 사회로 발전했는지 살펴보자. 유아교육부터 최고 학위와 성인 교육에 이르기까지 교육 범위를 확대하는 것은 핀란드가 오랫동안 추구해온 이상이다. 이러한 핀란드의 꿈을 실현할 수 있게 된 역사적·정치적 배경을 살펴본 다음, 핀란드에서 '페루스코울루'라 불리는 통일된 종합학교의 발전 과정과 핀란드가 교육적으로 성공하는 데 중요한 역할을 한 후기중등교육의 몇 가지 원칙을 살펴보겠다.[①] 끝으로 현재 핀란드 교육제도의 구조와 정책을 간략히 설명하겠다.

2차 세계대전이 핀란드에 남긴 것

전쟁은 민주국가가 상상할 수 있는 가장 심각한 위기 상황 중 하나이다. 짧은 휴전 기간을 제외하면, 1939년 12월부터 1945년 봄까지 핀란드는 계속 전쟁 중이었다. 이제 막 독립해서 인구수 400만 명이 안 되는 신생 민주국가는 엄청난 전쟁의 대가를 치러야 했다. 9만 명이 사망하고 6만 명이 평생 씻을 수 없는 상처를 입었다. 2만 5,000명이 남편을 잃었고 아이 5만 명이 고아가 되었다. 핀란드는 1944년 9월 19일 모스크바에서 소련과 평화조약을 체결했지만, 핀란드 땅에서 독일 군대를 몰아내기 위한 군사 작전은 1945년 4월까지 계속되었다.

핀란드는 가혹한 상황을 받아들여야만 했다. 영토의 12퍼센트를 소련에 넘겨주어야 했고, 핀란드 인구의 11퍼센트에 해당하는 45만 명을 이주시켜야 했다. 핀란드가 소련에 양여讓與한 것을 추산하면, 핀란드 국민총생산GDP의 7퍼센트에 달했다. 헬싱키 근처에 있던 반도를 소련군 군사기지로 빌려주어야 했고, 정치범을 풀어줘야 했고, 전시 지도자들은 전범재판소에서 법의 심판을 받아야 했다. 여러 정치 결사가 금지되었고, 공산당이 합법적인 정치 집합체로 설립되었다. 이러한 상황은 핀란드 정치, 문화, 경제에 근본적인 변화를 불러왔다. 일부에서는 전후 시대를 '제2공화국'의 출현으로 볼 정도였다.[2]

그러나 가장 중요한 사실은 핀란드가 자유를 위해 싸웠고 살아남았다는 사실이다. 2차 세계대전 기간과 그 후에 경험한 외세의 위협은 1918년에 치른 내전의 상처로 여전히 아파하던 핀란드인을 단결시켰다. 2차 세계대전 이후는 정치 불안과 경제 체제 전환으로 혼란스러웠지만, 새로운 사회사상과 사회 정책이 싹트는 시대이기도 했다. 그중에서도 특히 균등한 교육 기회에 대한 염원이 강했다. 2차 세계대전 이후 핀란드의 정치, 사회 발전을 살펴보지 않고는 왜 교육이 핀란드의 상징이 되었는지 이해하기 어렵다. 핀란드인 중에는 핀란드 교육제도의 성공 요인을 1970년보다 훨씬 이전 시대에서 찾아야 한다고 주장하는 이들도 있다. 1970년은 여러 가지 이유로 핀란드 교육의 역사적 이정표로 간주되는 해이다.

역사를 발전 기간이나 발전 단계로 나누면 이해하기가 훨씬 수월하다. 핀란드의 근래 역사도 마찬가지이다. 핀란드 교육제도의 발전과 2차 세계대전 이후 3단계 경제 발전이 어떻게 조화를 이뤘는지 안다면 많은 도움이 된다.

- 유럽 북부의 작은 농경 국가에서 산업 국가로 이행하는 과정에서 균등한 교육 기회 제고(1945~1970)
- 서비스 부문 성장과 기술 수준 향상, 기술 혁신을 통한 북유럽 복지국가 방식의 공립 종합학교 제도 구축(1965~1990)
- 첨단 지식 기반 경제라는 새로운 정체성에 어울리는 기초 교육의 질 개선과 고등교육 확대(1985~현재)*

핀란드 경제 구조는 1950년대부터 급변하기 시작해 1960년대에는 세계 기준으로 봐도 경이로울 만큼 빠른 속도로 변화했다.** 1960년대에 핀란드 사회는 조금 더 일반적인 관점에서 예전 가치

---

* Sahlberg, 2010a
** Routti & Ylä-Anttila, 2006; Aho, Pitkänen, & Sahlberg, 2006

관을 상당 부분 포기하는 것처럼 보였고, 전통적인 국가 기관도 바뀌기 시작했다. 공공 서비스, 특히 기초 교육이 눈에 띄게 바뀌었다. 얼마나 빠르고 철저하게 변화하는지, 많은 핀란드인이 깜짝 놀랐다.

2차 세계대전 종식은 핀란드 정치, 사회, 경제 구조에 급격한 변화를 촉발했고, 교육기관과 다른 사회 기관에 즉각적인 변화를 촉구했다. 실제로 교육은 전후 시대에 사회와 경제를 변화시키는 핵심 수단이 되었다. 1950년에는 도시나 규모가 큰 지역에 사는 사람들만 중등학교나 중학교를 다닐 수 있었다는 점에서 핀란드의 교육 기회는 균등하지 않았다.

청소년 대부분이 6년이나 7년의 정규 기초 교육을 받은 뒤 학교를 떠났다. 사립 중등학교 진학이 가능한 지역에서는 국가가 운영하는 기초학교 4학년이나 5학년, 또는 6학년 이후 과정에 지원할 수 있었지만, 그런 기회는 극히 제한되어 있었다. 예를 들어 1950년에 5년제 중학교와 3년제 고등학교로 이루어진 중등학교에 입학한 11세 아동은 전체의 27퍼센트에 불과했다. 의무교육 기간인 7년간의 기초 교육을 마친 뒤 더 배우고 싶으면, 지방자치단체가 운영하는 공민학교에 진학해 2~3년간 공부를 이어가는 방법이 있었다. 공민학교에서는 직업 교육과 기술 교육을 받을 수 있었지만, 도시나 규모가 큰 지역에서만 이런 교육기관을 운영했다.

1950년 핀란드에는 6년제 기초학교를 마친 아이들이 학업을 이어나갈 수 있는 중등학교가 338개 있었다.* 그중 103개를 국가가 운영하고 18개는 지방자치단체가 운영했다. 전체의 약 3분의 2에 해당하는 나머지 217개는 개인이나 민간단체가 운영했다. 기초 교육 이후의 교육을 급속히 확대하는 데서 오는 엄청난 부담을, 이들 사립학교가 흡수했다. 1950년에 있었던 중요한 사회 혁신은 사립학교가 국고보조금을 받을 수 있도록 보장하는 법률이 제정된 것이다. 이와 동시에 이들 학교에 대한 정부의 통제도 확대되었다. 국가 지원으로 사립학교의 재무 부담이 줄어든 덕분에, 사립학교를 신설해 교육에 대한 관심이 날로 커지는 국민의 요구에 부응할 수 있었다.

독립 초기의 초등학교 수업은 형식적인데다 교사 중심으로 진행되었으며 인지 발달보다 도덕 발달에 초점을 맞추었다. 일찍이 1930년대에 사회 이익과 전체론적인 대인관계 발달을 목표로 하는 교육이념이 알려져 있었지만, 학교 교육은 그러한 교육이념에 크게 영향을 받지 않았다.** 그러다 1945년부터 1970년까지 핀란드 교육정책의 세 가지 중심 테마가 이러한 전통 모델을 바꾸어 놓았다.

- 모든 사람이 더 좋은 교육을 더 많이 받을 수 있도록 교육제도를

* Kiuasmaa, 1982
** Koskenniemi, 1944

조직한다.

- 교육과정의 형식과 내용은 아이들의 개인적이고 전체적인 인격 발달에 초점을 맞춘다.

- 사범교육은 이러한 인격 발달을 이루는 데 필요한 조건에 맞춰 현대화한다. 핀란드의 꿈은 지식과 기술 위에 세워져 있다. 따라서 교육을 미래를 건설하는 토대로 이해해야 한다.*

1910년도 스웨덴 경제와 비슷한 수준이었던 1950년도 핀란드 경제 구조는 변화의 과도기에 놓여 있었다. 농업과 영세 사업에서 산업과 기술 생산으로 핵심 산업이 바뀌고 있었고, 전후 시대 새로운 정치 환경에서 노동자 계층이 적극적으로 목소리를 냈다. 이들은 자기 자녀들이 확대된 공교육의 혜택을 받을 수 있어야 한다고 주장했다. 그 결과, 1920년대에 처음 제안됐던 보편적인 접근성과 통일된 교육과정을 갖춘 종합학교 모델이 부활했고, 핀란드는 2차 세계대전이 끝나자마자 교육정책을 논의하기 시작했다. 서구 민주사회와 시장경제의 일원으로 확실히 인정받게 되자, 더 좋은 교육을 받은 국민이 필요했다. 이는 곧 국가 전체의 비전이 되었다.

---

* Aho et al., 2006

모든 학생을 위한
보편적인 기초 교육

2차 세계대전이 끝나고 처음 20년 동안 핀란드는 정치적으로 격동의 시기를 보냈다. 1944년 첫 선거를 통해 정치 무대로 복귀한 공산당은, 사회주의 사회 건설의 기본 전략으로 교육을 선택했다. 1948년 선거에서는 사회민주당이 50석, 농민중도당이 49석, 공산당이 49석을 얻어 세 정당이 거의 동일한 의석을 확보했다. 그렇게 핀란드 재건 작업이 시작되었다.

한편, 교육제도의 완전한 개혁을 추진하려면 먼저 정치적 합의가 이루어져야 했다. 1950년대에는 보수당이 인기를 끌면서 의회에서 결코 무시할 수 없는 네 번째로 큰 정치 세력이 되었다. 모든 핀란드 학생을 위한 기초 종합학교의 초석을 놓는 과정에서 정치적 성격을 띤 교육위원회가 특히 중요한 역할을 했고, 1970년에 마침내 종합학교에 대한 비전이 실현되었다.

교육위원회 가운데 특별히 주목해야 할 세 위원회가 있다. 첫 번째는 1945년 6월 정부에서 설립한 초등교육과정위원회이다. 이 위원회의 의장은 초등학교 교수법에 관한 중요한 책*을 쓴 마티 코스켄니에미Matti Koskenniemi다. 그의 수고 덕분에 교육과정의

---

* Koskenniemi, 1944

초점이 교수요목을 설명하는 데서 교육의 목적과 과정, 평가 방식을 설명하는 방향으로 바뀌었다. 덕분에 핀란드 교육과정이 국제 기준에 맞게 현대화되었고, 이러한 기조는 현 교육과정에도 그대로 유지되고 있다.

초등교육과정위원회가 핀란드 교육사에서 중요한 위치를 차지하는 데는 몇 가지 이유가 있다. 첫 번째 이유는 그동안 영향을 받은 독일의 방식에서 벗어나 핀란드의 새로운 목적을 세우는 데 주의를 기울였기 때문이다. 초등교육과정위원회는 학생들이 개인의 존재를 총체적인 관점에서 인식하도록 돕고, 기초 교육을 마친 후 상급 학교에서 공부를 계속하고 싶은 열의가 생겨나도록 하는 것을 학교의 목표로 삼아야 한다고 제안했다. 이러한 목표 아래 교육 내용은 범汎교과 영역의 5개 주제로 구성했고, 이 위원회를 모델로 1970년 종합학교 교육과정위원회가 출범했다.

두 번째 이유는 이 위원회가 300개 학교에서 교사 1,000명이 참여한 실증 연구를 바탕으로 교육과정 개혁에 착수했기 때문이다. 이를 계기로 교육정책을 입안할 때 철저한 조사연구를 바탕에 두는 전통이 생겼다.

세 번째 이유는 이 위원회의 업무 질이 아주 우수했기 때문이다. 당연한 결과였다. 1952년 초등교육과정위원회가 제출한 최종 제안서에는 체계적으로 정리한 교육 목적, 아이들의 입장을 반영한 폭넓은 시각, 세련된 설명, 풍부한 내용, 교육의 중요한 목적

중 하나인 사회 결속력 강조 등 여러 장점이 포함돼 있었다.

1952년은 전후 핀란드 역사에서 의미가 컸다. 헬싱키에서 하계 올림픽을 개최했고 미스 핀란드 아르미 쿠우셀라Armi Kuusela가 제1회 미스 유니버스 대회에서 우승했으며, 소련에 배상해야 했던 엄청난 배상금도 모두 지불했다. 세계 수준에 걸맞은 초등교육 과정을 새로 설계해, 반세기 후 교육으로 성공할 수 있는 길을 닦은 것도 1952년의 의미 있는 사건 중 하나이다.

1946년에는 핀란드 교육사에서 두 번째로 중요한 위원회인 교육제도위원회가 의무교육 규정을 도입하고 여러 교육 부문을 연결하는 공통 원칙을 마련하기 시작했다. 핀란드 교육위원회 위원장이자 핀란드 공산당의 정치적 협력자인 위르외 루우투Yrjö Ruutu 교수가 의장을 맡았는데, 당시 주요 정당 대표들이 모두 이 위원회에 참여했다. 교육제도위원회는 일에 착수한 지 채 2년이 안 되어 핀란드 교육제도를 8년제 의무 기초학교로 만들고, 사회경제적 상황과 상관없이 모든 아이가 공통된 교육을 받게 해야 한다고 제안했다. 이 기초학교는 공부에 더 재능 있는 학생에게는 '학술적인' 과목을 가르치고, 기술 익히기를 더 좋아하는 학생에게는 '직업' 교육을 시키는, 당시의 평행 교육 방식은 안 된다고 조언했다.

그러나 교육제도위원회는 기초학교에 다니는 동안 외국어를 배운 학생만 후기중등학교나 김나지움에 입학할 수 있는 기존 원칙을 그대로 유지했다. 사실, 후기중등학교나 김나지움 입학은 향후 대학 이상의 고등교육을 받을 수 있는 유일한 길이었다. 교육제도위원회는 종합학교에 대한 비전을 공식적으로 표명했으나, 대학과 중등학교 교원노조가 혹독한 비판을 쏟아내는 바람에 실행에 옮기지 못했다. 그러나 교육제도위원회의 제안 덕분에 사회 정의와 평등한 교육 기회에 관한 논의는 더 활발해졌다. 교육제도위원회가 제시한 비전은 2년 후부터 빛을 보기 시작했고, 핀란드 교육정책의 기본 토대로 단단히 자리 잡았다.

학교프로그램위원회, 200번의 논의를 거치다

1950년대에는 다른 교육 부문도 계속 발달했다. 2차 세계대전 이후 베이비붐으로 학교 수가 급격히 늘어났다. 6년제 초등학교와 중등학교에 진학하지 않는 이들을 위한 2년제 공민학교가 의무교육으로 명시되었으며 1952년 도입한 새 교육과정은 학교 내에서의 업무와 생활을 바꾸기 시작했다. 직업교육 역시 교육의 한 분야가 된 것이다. 모든 아이가 동일한 학교 교육을 받게 하겠다는 핀란드의 꿈은 살아 있었지만, 실제로는 평행 교육 구조가 여전히 남아 있었다. 그리하여 1956년에는 핀란드 교육제도를 통합하고 다양한 교육 부문을 일관성 있게 개혁하고자 학교프로 그램위원회가 설립되었다. 핀란드 교육사에서 중요한 의미를 지 니는 세 번째 교육위원회이다. 핀란드 교육위원회 위원장이자 사 회민주당원인 레이노 헨리크 오이티넨Reino Henrik Oittinen의 주도로 설립된 학교프로그램위원회는 '핀란드 교육'이라는 큰 꿈을 향해 한걸음 더 나아갔다.

학교프로그램위원회는 국제 교육정책에 대한 참신한 분석을 바탕으로 업무를 추진했다. 당시 북유럽 국가들이 교육정책과 관 련해 많은 내용을 공유하고 있다는 지적은 특히 중요한 의미가 있 었다. 당시 영국과 미국은 교육 기회의 균등한 제공을 우선순위로 삼았고, 학교프로그램위원회 역시 이를 전략적 정책으로 삼았다. 다양한 정치 노선을 포괄하는 학교프로그램위원회가 200번 가까 이 모여 회의한 1956년부터 1959년까지는, 그 어느 때보다 격동 의 시기였다. 세계적인 경기 침체, 국가 안팎으로 치열한 정치 갈 등, 소련의 스푸트니크호 발사는 전 세계 교육개혁에 영향을 끼쳤 다. 그럼에도 학교프로그램위원회는 끈기 있게 노력했고 이 위원 회에서 한 일은 핀란드 교육개혁 역사의 초석이 되었다.

학교프로그램위원회가 1959년 여름에 발표한 보고서는, 향 후 핀란드 의무교육이 다음과 같은 구조를 갖춘 9년제 공립 종합 학교를 바탕으로 해야 한다는 내용이 주를 이루었다.

- 모든 학생은 4학년 때까지 공통 교육을 받는다.
- 5학년과 6학년은 중학교 과정으로 이루어지며, 실용 과목에 집중할지 외국어에 집중할지 직접 선택한다.
- 7학년부터 9학년까지는 직업과 관련해 실용적인 공부를 하는 학급, 외국어를 공부하는 '보통' 학급, 두 가지 외국어를 공부하는 심화 학급으로 나눈다.

학교프로그램위원회는 종합학교 구조와 관련해 정치적 의지를 통합하지는 못했다. 사실, 위원회 내부에서도 주요 정책 원리를 둘러싼 의견 차이가 컸다. 학교프로그램위원회가 제안한 제도는 훗날 지방자치단체가 사립 중등학교와 공립 공민학교를 설립·운영하는 구조로 서서히 융합되었고, 이를 통해 사립학교의 역할이 줄어들었다.

무엇보다 학교프로그램위원회의 활동을 계기로 교육의 핵심 가치에 관한 심도 깊고 의미 있는 논의가 이루어졌다. 핵심 질문은 "모든 아이가 똑같이 교육받고 비슷한 학습 목표를 성취하는 것이 원칙적으로 가능한가?"였다. 이 질문에 대해 많은 의견이 오갔다. 초등학교 교사들은 모든 학생이 똑같이 배울 수 있다고 생각했으나 대학에서는 회의적이었고, 정치인들의 의견은 제각각이었다.

그러나 정치와 경제 발전이 시급했던 당시에는 선택의 여지

핀란드의 꿈: 누구나 원하는 만큼 배울 수 있다

가 없었다. 기회와 적절한 지원이 뒷받침되면 누구나 외국어를 배울 수 있고 사람들이 생각하는 것보다 더 수준 높은 교육을 받을 수 있다는 의견을 받아들여야 했다. 정치인들 입장에서는 기존 교육 구조를 그대로 받아들이기가 더 어려웠다. 이 구조가 핀란드 사회에 불평등을 지속시킬 뿐 아니라 불평등이 더 깊고 단단히 뿌리내리게 하며, 장기적인 관점에서 지식사회를 건설하고자 하는 국가의 목표를 이룰 수 있을지도 확신하지 못했기 때문이다.

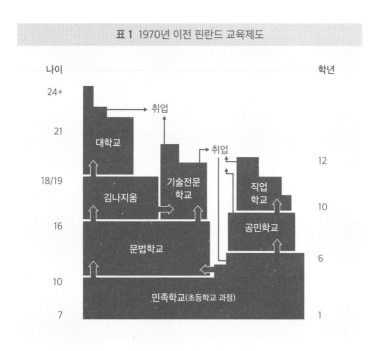

표 1 1970년 이전 핀란드 교육제도

표 1은 1970년대 초까지 11세 또는 12세 학생을 두 학급으로 나누는 평행 교육제도의 특징을 잘 보여준다. 일단 진로를 정하고 나면, 학급을 옮길 수 있는 가능성은 사실상 없었다.

1960년대 초 핀란드 일반교육위원회는 학교프로그램위원회가 1959년 처음 제시한 안案을 더 정교하게 설계했고, 이 안은 1963년 11월 22일 마침내 의회에 상정되었다. 논의는 치열했다. 통합된 공립학교에서 모든 아이를 똑같이 가르친다는 계획이 승인되면, 핀란드의 미래가 더 우울해질 것이라고 전망하는 이들도 있었다. 지식 수준은 떨어지고, 국가의 인적 자원을 낭비하고, 핀란드 경제가 뒤처질 것으로 전망했다. 하지만 새 교육제도는 최종 표결에서 찬성 123표, 반대 68표로 통과되어 마침내 핀란드에 새로운 학교가 탄생했다.

페루스코울루, 핀란드의 꿈을 실현하다

핀란드가 오늘날 세계 최고 수준의 교육 국가로 명성을 얻게 된 구조적 토대가 바로 '페루스코울루'라는 새로운 종합학교이다. 이 종합학교를 정치인과 당국자들만의 힘으로 만들었다고 주장하는 것은 적절하지 못하다. 학교 현장에서 일하는 사람들과 학자들을 비롯한 많은 이들이 새로운 학교 제도를 만드는 데 힘을 보탰다. 핀란드 시민단체들의 기여는 특히 의미 있다. 이들 단체가 핀란드 교육개혁에 미친 영향을 자세히 분석하는 것은 이 장의 주제와 맞지 않지만, 시민 단체가 교육정책 발전에 참여한 대표적인 예를 꼽으라면 핀란드 초등학교교사협회FPSTA의 역할을 들 수 있다. 초등학교교사협회는 일찍이 1946년 통일된 기초학교 제도 수립을 지지했다. 1950년대 중반, 초등학교교사협회는 통일된 종합학교 제도를 위한 학교 발전 프로그램을 제시했다. 여기에는 철저한 논증을 거친 자세한 계획안이 담겨 있었다.

초등학교교사협회가 제안한 프로그램이 특이했던 이유는 노조에 기반을 둔 협회의 호소문과 달리 진보적이고 미래 지향적이었기 때문이다. 이 프로그램은 핀란드 초등학교 교사의 거의 90퍼센트를 대표하는 초등학교교사협회 회원들의 폭넓은 지지를 받았다. 초등학교교사협회 계획안은 완성하기까지 5년이 걸렸는데, 이를 계기로 핀란드 사회에 평등과 사회정의를 제고해야 한다는 국가 담론이 활성화되었다. 초등학교교사협회가 제시한 계획안은 학교와 교사가 근본적인 변화를 받아들일 준비가 되어 있다는 사실을 명확히 보여주는 증거였다. 이것이 무엇보다 중요했다.

1955년과 1956년의 핀란드 중등학교 입학생 수는 약 3만 4,000명이었다. 5년 뒤에는 입학생 수가 21만 5,000명으로 증가했고, 1965년에는 27만 명, 1970년에는 32만 4,000명으로 급증했다.* 핀란드 부모들은 자녀가 더 나은 삶을 살기를 바라는 마음으로 보다 개선된 종합적인 기초 교육을 받기를 바랐고, 옛 교육제도로는 이러한 요구에 부응하기 어려웠다. 이런 사회적 압력은 교육정책에 관한 논의에 개인의 성장 잠재력이라는 새로운 화두를 던졌다. 연구자들에 따르면 국민들의 이러한 요구 덕분에 개인의 능력과 지능은 사회가 요구하는 수준까지 올라갔고, 교육제도는 그러한 한계와 필요를 반영해왔을 뿐이다.

공정한 사회를 위한 새로운 학교의 탄생

1960년대 후반에는 새 법안(1966)과 국가 교육과정(1970)이 마련되었다. 당시 사회 정책의 기조는 모든 계층에 평등과 사회정의의 가치를 강화하는 것이었다. 저명한 핀란드 정치학자 페카 쿠우시Pekka Kuusi의 말대로, 복지국가의 이상을 추구하는 데 드는 경비는 산업사회를 유지하기 위해 사회적 비용을 지불하는 대신 생산성을 향상시키는 데 투자하는 비용으로 이해되었다.**
1972년에는 새로운 종합학교 제도를 실행에 옮길 준비를 갖추었다. 계획안에 따라, 개혁의 물결은 핀란드 북부 지방에서 시작해 1978년 남부 지역으로 확산될 터였다.

* Aho et al., 2006
** Kuusi, 1961

옛 교육 체계에는 근본적으로 '모든 사람이 모든 것을 배울 수는 없다'는 믿음이 깔려 있었다. 다시 말해, 배우고 익히는 재능은 사회 구성원에게 고르게 분배되는 것이 아니라고 믿었다. 당시 핀란드 사회에는 미국에서 발표된 '콜맨 보고서'가 공명했는데, 이 보고서는 아동의 기질과 성격은 가정에서 결정되며 학교 교육은 실질적인 영향을 끼치지 못한다고 보았다.* 새 종합학교는 이러한 믿음을 버리고, 모든 아이에게 더 수준 높은 교육을 시켜서 더 공정한 사회를 건설하는 것을 중요하게 여겼다.

표 2에서 보듯, 종합학교의 중심 사상은 기존의 중등학교와 공민학교, 초등학교를 9년제 공립 종합학교로 통합한 것이다. 이는 초등학교 4년을 마친 학생을 더 이상 중등학교와 공민학교로 나눠 배치하지 않는다는 의미였다. 거주지나 사회경제적 배경, 관심사와 상관없이 모든 학생은 각 지역에서 운영하는 9년제 기초학교에 입학하게 되었다. 앞에서 이야기한 대로, 이 제도 이면에 깔린 사상은 새로운 것이 아니지만 이를 실행에 옮기는 일은 가히 혁명적이었다. 새 교육제도를 비판하는 사람들은 사회적, 지적 배경이 전혀 다른 아이들에게서 똑같은 학습 성과를 기대할 수 없다는 입장을 고수했다. 반대파들은 재능이 부족한 아이들로 인해 전반적인 학업 성취도가 하향 평준화될 테니, 산업 선진국으로 발돋

---

* Coleman et al., 1966

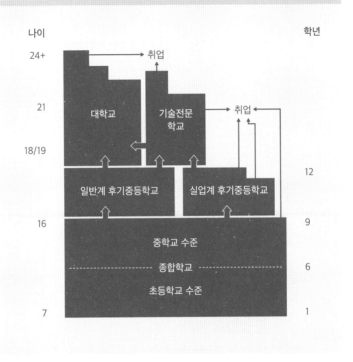

표 2 1970년 이후 핀란드 교육제도

움해야 할 핀란드의 미래가 위태로워진다고 주장했다.

1972년, 계획에 따라 핀란드 북부부터 새로운 제도를 시행했다. 종합학교의 교육과정은 전국에 있는 학교에서 가르쳐야 할 내용과 조직, 속도를 주도했다. 학생 입장에서 보면 종합학교가 모두 비슷한 구조로 되어 있는 것 같지만, 학교는 새 교육과정에 따라

핀란드의 꿈: 누구나 원하는 만큼 배울 수 있다

능력과 성격이 천차만별인 아이들을 각자 다르게 지도할 도구를 제공받았다. 외국어와 수학을 예로 들면, 7학년부터 9학년 학생들이 각자 수준에 따라 기초반, 중급반, 심화반 중 하나를 선택할 수 있게 수업을 구성했다. 기초 학습 프로그램의 교수요목은 이전의 공민학교 수준에 맞추었고, 심화 학습 프로그램은 예전 중등학교 수준에 맞추었다. 교수요목을 이렇게 다양화한 이유는, 외국어를 필수 과목으로 지정해 저마다 수준이 다른 모든 학생에게 가르치려면 수업 과정도 그만큼 다양해야 했기 때문이다.

1979년에는 남부 지역이 마지막으로 새로운 종합학교 제도로 전환했고 1985년에는 모든 과목에서 능력별 반 편성이 폐지되었다.

종합학교 개혁, 새로운 교육 철학을 뿌리내리다

종합학교 개혁은 특별히 세 가지 측면에서 핀란드 교육제도를 발달시켰는데, 이는 나중에 우수한 교육제도를 만드는 수단이 되었다.

첫째, 생활환경과 열정이 전혀 다른 학생들을 같은 교실에서 함께 가르치려면, 완전히 새로운 교수법과 학습법이 필요했다. 기회 균등의 원칙에 따라 모든 학생은 즐겁게 배우고, 출세할 기회

또한 공평하게 제공받았다. 특수교육이 필요한 학생의 경우, 교사가 학습장애 혹은 개인적인 장애 여부를 초기에 알아보고 즉시 치료를 지원해야 성공할 수 있다고 보았다. 따라서 특수교육은 학교 교육과정에서 빠뜨릴 수 없는 부분이 되었고, 모든 지방자치단체와 학교는 특수교육이 필요한 학생을 위해 전문가를 채용했다.

둘째, 진로 지도와 상담이 필수교육과정이 되었다. 당시에는 학생이 의무교육이 끝날 때까지 계속 같은 학교를 다닐 경우, 기초학교를 마친 뒤 진로를 선택하기 위해 체계적인 상담을 받아야 한다고 보았다. 진로 지도는 학생들이 자신의 미래와 관련해 좋지 않은 선택을 할 가능성을 최소화하기 위해 마련했다. 원칙적으로 학생들은 일반계 후기중등학교(한국의 고등학교)에 진학하거나 직업학교에 진학하거나 취업하는 등 세 가지 진로 중 한 가지를 택할 수 있었다. 진로 지도와 상담은 이내 전기중등교육과 후기중등교육의 토대가 되었으며, 핀란드에서 재수와 중퇴율이 낮은 이유를 설명하는 중요 요인이기도 하다.[*] 진로 지도는 정규교육과 직업 세계를 연결하는 다리 역할도 한다. 종합학교 학생들은 진로 지도 과정의 일부로 각자 직장을 선택해 2주간 실습을 받는다.

셋째, 성격이 전혀 다른 학교에서 근무하던 교사들, 다시 말해 학구적인 중등학교와 실습 중심의 공민학교에서 일하던 교사

---

* Välijärvi & Sahlberg, 2008

핀란드의 꿈: 누구나 원하는 만큼 배울 수 있다

들이 같은 학교에서 다양한 학생들과 함께 일하게 만들었다. 요우니 밸리애르비Jouni Välijärvi 교수가 설명한 대로, 종합학교 개혁은 단순한 구조 개혁이 아니라 핀란드 학교의 새로운 교육 철학이었다.* 이 철학에는 몇 가지 신념이 담겨 있다. 적절한 기회와 지원만 뒷받침되면 모든 학생이 배울 수 있고, 인간의 다양성을 이해하고 이를 통해 배우는 것을 중요한 교육목표로 삼아야 하며, 학교는 수십 년 전에 존 듀이John Dewey가 주장한 대로 '작은 민주국가'의 역할을 수행해야 한다는 신념이었다.

새로운 종합학교는 교사들로 하여금 기존과는 전혀 다른 교수법을 활용하고, 다양한 학생이 다양하게 배울 수 있는 환경을 만들고, 교직을 사회적으로 위상이 높은 직업으로 인식하게 했다. 이러한 변화는 1979년의 대대적인 사범교육개혁으로 이어졌다. 또한 직무능력개발과 연구에 기반을 둔, 새로운 사범교육 관련 법률을 마련하는 계기가 되었다.

종합학교의 등장이 가져온 또 다른 결과는 후기중등교육의 빠른 확대이다. 부모들은 자기 자녀가 더 공부하기를 바랐고, 아이들도 더 수준 높은 자아계발을 원했다. 지금부터 후기중등교육이 핀란드의 인적 자본을 개선하는 길을 어떻게 열었는지 살펴보자.

* Välijärvi et al., 2007; Hautamäki et al., 2008

핀란드의 국민적 합의란 무엇인가?

1963년 11월, 핀란드 의회는 종합학교 개혁에 원칙적으로 합의했다. 만장일치는 아니었다. 찬성표는 농민당과 좌파 의원들에게서만 나왔다. 핀란드 교육사에서 가장 중요한 합의로 꼽을 만한 이 결정은 농민당의 지지와 공익에 대한 국민적 합의가 없었다면 불가능했을 것이다.

농민당은 오랫동안 '종합학교 제도'라는 발상에 반대했다. 그러나 농민당의 소장파 의원들은 기존 교육제도를 발전시켜야 핀란드 경제의 구조조정과 도시화가 가능하다는 사실을 이해했다. 특히 도심과 스웨덴으로 인구가 급속히 빠져 나가고 있는 시골 지역에서 수준 높은 교육을 받을 수 있게 하는 일이 중요했다. "농민당은 왜 모든 아이를 위해 공통 종합학교를 세운다는 교육개혁을 지지했을까?" 하는 질문은 흥미롭다. 초등학교교사협회와 가까웠던 새로운 세대의 정치인들은 모든 아이가 비슷한 학습 목표를 가지고 같은 학교에서 배울 수 있다고 확신하게 되었다. 핀란드 대통령이자 전 농민당원인 우르호 케코낸Urho Kekkonen도 이 개혁을 지지한 사람이다.

핀란드 모든 아이들을 위한 공통 공립학교를 세운다는 꿈은 핀란드 민족학교가 탄생한 1860년대부터 존재하던 소망이었다. 1963년 의회에서 최종 결정을 내리기까지의 시간은 그저 정치적 과정이었을 뿐이다. 정치적 지지를 얻어야 정권이 바뀌어도 개혁을 계속 진행할 수 있는 만큼, 핀란드 정치 엘리트들이 종합학교 개혁에 아주 열성적으로 임한 것은 틀림없는 사실이다. 지속 가능한 교육정책의 토대는 그렇게 마련되

핀란드의 꿈: 누구나 원하는 만큼 배울 수 있다

었다. '국민적 합의' 원칙은 수십 년이 지난 오늘날까지 똑같이 이어져

왔다.

종합학교 개혁을 실행에 옮기기 위해서는, 여러 다른 정치적 타협 또한

필요했다. 파울리 케투넨Pauli Kettunen 교수는 북유럽 복지국가가 정치적

이상으로 건설되었다고 말한 바 있다. 해방된 농노들의 유산, 자본주의

정신, 사회주의 유토피아 위에 복지국가가 세워졌다는 말이다. 이 세 가

지 이상의 기본 요건인 평등, 효율, 연대는 서로를 풍요롭게 하는 국민

적 합의 속에서 자연스레 녹아들었다. 나는 이것이야말로 핀란드 교육

정책의 단단한 근본 뿌리라고 생각한다.

— 에르끼 아호Erkki Aho, 핀란드 국가교육청장(1973~1991)

후기중등교육의
확대

일반계 중등학교는 '일반계 후기중등교육에 관한

법률'이 구제도를 폐지하고 모듈식* 교육과정을 도입한 1985년까

지 전통적인 학교에 어울리는 조직을 갖추고 있었다. 기존의 2학

기 제도는 학교에서 수업 계획을 어떻게 설계하느냐에 따라 학년

* 교육과정이 여러 개의 개별 단위로 되어 있어서 학생들이 몇 개씩 선택할 수 있는 방식 – 옮
긴이

당 5개 또는 6개 학기로 대체되었다. 이는 학생들이 자기가 선택한 과정을 성공적으로 마치는 6주나 7주 단위로 교수 과정과 학습 과정을 재편성한다는 의미이다. 이러한 변화로 학교는 진도표를 재조정할 수 있게 되었고, 이 기간 동안 수업을 다양하게 배정할 수 있는 유연성이 생겼다. 이는 지역 교육과정 설계에까지 영향을 끼쳤다.*

1990년대 중반에는 연령별 반 편성 체계가 반이 없는 체계로 대체되었다. 따라서 새로운 일반계 중등학교는 학급이나 학년 구분이 없다. 새로운 교육과정은 학생들의 인지발달을 이해하는 것을 더욱 강조하고, 각 학교만의 장점과 해당 지역의 강점을 최대한 활용하도록 장려했다. 이로써 학생들은 수업 내용과 순서를 고려해 예전보다 자유롭게 계획을 세우고 수업을 선택할 수 있게 되었다. 하지만 필수과목 18개는 모든 학생이 배워야 한다. 또한 38개의 수업 중 최소 75개 과정을 성공적으로 마쳐야 한다. 이중 약 3분의 2가 필수과목이고 나머지는 학생들이 자유롭게 선택한다. 대개는 80개에서 90개 과정을 수강한다.

학생 및 학교 평가는 일반계 중등학교 학습의 본질에 영향을 끼치는 부차적인 요인이다. 교사들은 6주 또는 7주 과정이 끝날 때마다 각 학생의 성취도를 평가한다. 이는 학생들이 매 학년마

---

* Välijärvi, 2004

다 과목당 대여섯 번씩 평가를 받는다는 뜻이다. 필수 과정을 마친 뒤에 치르는 대입자격시험은 외부에서 주관하는 고부담 시험이다. 이 시험은 교육과정과 수업에 막대한 영향을 끼친다. 핀란드 교사와 학교장들은 대입자격시험이 결국 '시험 대비용 수업'을 양산하고, 그 결과 교육과정을 제한하며 학생과 교사의 스트레스를 가중시킨다고 비판한다. 수학, 과학 교사 출신인 나도 이 의견에 동의한다.

실업계 중등학교도 새로운 사회 변화에 맞춰 상당 부분을 고쳐나갔다. 지식 기반 경제 사회의 기대에 부응하기 위해 직업교육의 체계와 교육과정과 방법론을 쇄신했고, 필수 노동 지식 및 기술을 가르친다. 핀란드의 주요 정책 목표 중 하나는 후기중등교육 단계에서 직업교육의 매력을 끌어올리는 것이었다.* 현재 종합학교를 졸업하고 후기중등교육을 받는 학생의 42퍼센트 이상이 직업학교를 선택하고 있다.

직업교육은 체계를 단순화했다. 오늘날 취업 자격을 얻으려면 3년간 정규 과정에 상응하는 120학점을 이수해야 한다. 수업 시간의 4분의 1은 일반 과정 또는 선택 과정에 배정한다. 600개가 넘던 직업 자격의 수는 52개로 줄이고 관련 수업도 113개로 줄였

---

* Ministry of Education, 2004

다. 원칙적으로는 실업계 후기중등학교 학생들도 대입자격시험을 치를 수 있지만, 실제로 응시하는 경우는 거의 없다. 후기중등교육을 제공하는 교육기관은 다른 학교에 자신이 배우고 싶은 과정이 있을 경우 실업계 학생이 일반계로 옮기거나 일반계 학생이 실업계로 옮길 수 있도록 전학을 장려해야 한다.

실업계 후기중등학교는 노동시장의 요구뿐 아니라 후기중등교육기관의 개혁, 그중에서도 특히 모듈식 체계에 맞게 교육과정과 수업 프로그램을 바꾸었다. 새 교육과정은 좀 더 일반적인 지식 및 기술에 대한 요구와 각 직업이 요구하는 전문 역량이 균형을 이루도록 설계되었다. 전문 지식과 기술을 얼마나 잘 습득했는지에 대한 평가는 세 이해당사자, 즉 학교와 고용주, 피고용인을 대표하는 이들이 공동 작업을 통해 개발했다.

실업계 후기중등학교의 지도 및 훈련 방법은 서서히 변화되어왔다. 훈련의 최소 6분의 1은 실습에 할애하고 있을 만큼 실습은 교육과정에서 빼놓을 수 없는 부분이다. 실업계 후기중등학교에는 대안 워크숍, 도제 양성, 가상 학습이 보편화되어 있다. 실업계 후기중등학교는 결과를 토대로 예산을 지원하는 재정 체계를 갖추고 있는데, 교직원 개발에 예산의 6퍼센트를 할애한다. 또한 교사들의 교육학적 지식과 기술을 높이는 데 점점 더 많은 예산을 투자하고 있다.

학생 지도의 목적은
시험 합격이 아니다

후기중등학교에 진학할 때 학생들이 진로를 잘 선택할 수 있도록 돕는 핵심 요소는 두 가지이다. 첫째, 학교생활에서 시험이 필수인 다른 나라 학생들과 달리 핀란드 학생들은 후기중등학교에 입학할 때까지 고부담 표준화 시험을 치르지 않는다는 점이다. 교사 책무성 정책이 서로 다른 지역에서 근무하는 교사들을 비교 분석한 결과, "일부 교사들의 경우 외부 평가의 압력에 따라 체계적인 수업 모형과 학업 성취도와 관련해 극적인 결과를 내놓았다".* 위험을 감수하지 않으려는 태도와 고부담 시험은 결과적으로 권태와 공포를 가중시켰다.

위의 분석 결과는 핀란드의 중학교 교사 대부분이 생각하는 학생 지도의 목적이 시험 합격이 아니라 학습을 돕기 위함이라는 사실도 보여준다. PISA 연구에서도 이러한 주장을 뒷받침할 만한 증거가 많이 나왔다. 핀란드 학생들은 다른 나라 학생들에 비해 수학 공부를 덜 걱정한다.**

학생들의 후기중등학교 선택을 돕는 두 번째 요인은 기초학교에서 폭넓게 이루어지는 상담과 진학 지도이다. 폭넓은 진학 지

* Berry & Sahlberg, 2006
** Kupari & Välijärvi, 2005

도와 상담을 통해 학생들은 의무교육을 마친 뒤 어떤 학교에 진학할지 충분히 생각하고 준비할 기회를 얻는다. 중학교 3년 과정인 종합학교 고학년 시기에 모든 학생은 일주일에 두 시간씩 진학 지도와 상담을 받는다. 이 때문에 잘 알지도 못하는 상태에서 진학 문제를 결정할 위험을 줄이고, 후기중등학교에 진학해서도 가장 중요한 공부에 집중할 수 있다.

오늘날 핀란드 학생들은 종합학교에서 후기중등학교로 넘어가는 시점에 지식, 기술, 태도 면에서 예전보다 더 높은 수준을 갖추고 있다. 후기중등교육개혁은 핀란드 학교 조직에 근본적인 영향을 끼쳤다. 특히 교수 및 학습 방법에 큰 영향을 끼쳤다. 수업, 연령별 반 편성, 일정한 진도표, 교실 자습 중심의 설명에 기반을 두었던 전통적인 학교는 학생들에게 좀 더 유연하고 개방적이며 활발한 상호작용이 이루어지는 학습 환경을 제공하는 방향으로 서서히 변화했다. 또한 이러한 환경에서 학생들의 적극적인 참여를 최우선으로 생각한다.

따라서 후기중등학교를 체계적으로 바꾸어 나가고 학교 개선 작업을 계속 진행하려면, 학교와 교실 양쪽에서 모두 활용할 수 있는 대안적인 교육방식과 교수법이 풍부해져야 했다.

진정한 대안으로서의
직업교육

종합학교 개혁은 명확한 결과를 도출해냈다. 종합학교 졸업생 수가 증가함에 따라 후기중등교육에 대한 요구도 그만큼 증가했다. 매년 종합학교를 졸업한 학생 중 약 94퍼센트가 곧바로 일반계 또는 실업계 후기중등학교에 진학해서 학업을 이어가거나 종합학교 10학년에 추가 등록한다. 종합학교를 졸업한 뒤 곧바로 정규교육을 이어가지 않는 일부 학생은 비정규교육 프로그램에 등록하고 나중에 성인 교육 프로그램에 참여해 다시 공부한다. 종합학교를 마치면 일반계 또는 실업계 후기중등학교에 진학하거나 종합학교 10학년에 추가 등록하거나,[3] 종합학교를 끝으로 정규교육을 마무리할 수 있다. 많은 학생이 직업교육을 진정한 대안으로 받아들였다. 실습을 점점 더 강조하는 교육과정 때문이기도 하고, 직업학교에서 자격을 갖춘 뒤 고등교육기관에서 학업을 이어나갈 기회가 많기 때문이기도 하다.

2009년에는 종합 기초교육을 마친 사람들 가운데 94.5퍼센트가 후기중등학교에 바로 진학하거나 종합학교 10학년에 추가 등록해서 수업을 받았다. 2009년에 일반계 후기중등학교와 실업계 후기중등학교에 등록한 학생 비율은 각각 50.6퍼센트와 41.9퍼센트였다. 학생 수를 모두 계산해보면, 2009년과 2010년에 처음으로 일반계 후기중등학교로 진학한 사람보다 실업계 후기중등학교에 등록한 사람이 더 많았다(전체 등록 비율에는 직업학교에 등록한 16세 이상이 포함된다). 2009년에 후기중등교육에 진학하지도, 종합학교 10학년에 추가 등록하지도 않은 비율은 약 5.5퍼센트, 다시 말해 3,500명이었다.

이들 중 일부는 예술, 공예, 수동 매매 같은 다른 교육 프로그램에 등록했다. 전반적으로 보면 성공했다고 할 수 있지만, 비교적 많은 아이들이 의무교육 이후 학업을 중단했고, 이것은 오늘날 핀란드 교육제도가 해결해야 할 가장 중요한 과제 중 하나이다.

자발적으로 종합학교를 1년 더 다니는 10학년 제도는 핀란드 청소년에게 의미 있는 선택지가 되었다. 2003년에 기초학교에서 추가로 1년을 더 공부한 1,800명 중 83퍼센트가 일반계 또는 실업계 후기중등학교에 등록했다(각각 35퍼센트와 48퍼센트). 10학년에 등록한 학생 중 1년을 못 채우고 중간에 그만둔 사람은 2퍼센트도 되지 않았다. 기초학교 졸업 후 바로 후기중등교육에 등록하지 않는 비율이 2.5퍼센트를 넘지 않도록 하겠다는 목표는 어마어마하게 높은 수준이고, 이 목표를 달성하려면 학교뿐 아니라 교육 당국에서 체계적인 조치를 취해야 한다.

현 교육정책에 따라 앞으로는 기초학교 10학년 제도의 혜택을 받는 학생이 더 많아질 것이다. 모든 학생이 진로 상담을 받게 될 것이며, 기초학교와 후기중등교육기관도 계속해서 적합한 교수법을 계발할 것이다.

핀란드의
의무교육 기간이 짧은 이유

핀란드에서는 9년제 종합학교 이후에 하는 모든 교육이 의무가 아니라는 점을 주목할 필요가 있다. 핀란드 교육정책은 후기중등교육을 의무화하는 대신, 개인의 선택으로 후기중등교육을 받는 모든 사람에게 동등한 기회를 주는 동시에 의무교육을 마치고 계속 교육을 받는 청소년에게 인센티브를 주는 데 더 힘을 쏟는다. 1970년대에 종합학교를 도입한 이후 핀란드 교육정책은 의무교육을 마치고 계속 교육을 받는 모든 청소년에게 교육의 장을 제공하는 것을 목표로 삼았다.*

오늘날 대다수의 일반계 후기중등학교와 실업계 후기중등학교는 지방자치단체에서(일부는 지역에서) 운영한다. 따라서 의무교육 이후의 교육을 제공하고 교육 승인에 관한 정책을 결정하는 일은 지방자치단체가 한다. 그러나 이것이 곧 지방 교육 당국에서 모든 것을 마음대로 한다는 뜻은 아니다. 교육과정, 교사의 자격 요건, 전반적인 교육 환경에 대한 기대는 전국적으로 상당 부분

* Aho et al., 2006

통일되어 있고, 이를 기반으로 공통의 학교 문화를 만들어나가고 있다.

후기중등교육이 의무가 아니기 때문에 의무교육 이후 교육의 질과 효과를 가늠하는 중요한 지표 중 하나는 수료율이다. 정부는 새로 도입한 교육 효율화 시스템의 일부로 1999년부터 후기중등교육에 관한 체계적인 데이터를 수집하고 수료율을 분석해왔다. 실업계 후기중등학교나 일반계 후기중등학교의 이상적인 수료 기간이 3.5년이라면, 학생 4명 중 3명은 그 기간 안에 학업을 성공적으로 수료했다.

핀란드의 졸업률은 다른 나라에 비해 전반적으로 높은 편이다. 정해진 기간 안에 의무교육을 수료하지 못한 비율은 0.2퍼센트에 불과하다. 2008년 핀란드 후기중등교육 졸업률이 93퍼센트인 데 비해 캐나다는 76퍼센트, 미국은 77퍼센트였고 OECD 평균은 80퍼센트였다.*

후기중등학교의 개인별 학습 계획은 연령대나 학급에 구속받지 않는다. 그래서 어떤 학생은 다른 학생보다 학업을 마치는 시간이 더 오래 걸린다. 어떤 학생은 직업 자격이나 졸업장을 받지 못하고 학교를 떠나기도 한다. 따라서 중퇴율은 중등교육의 질과 효과를 평가하는 부차적인 기준이 된다.

* OECD, 2010a

핀란드의 꿈: 누구나 원하는 만큼 배울 수 있다

통계에 따르면, 근래에 일반계 후기중등학교 학생 가운데 매년 약 2퍼센트가 다른 형태의 후기중등교육 또는 직업훈련기관으로 옮기지 않고 학업을 중단했다.* 거의 같은 수의 학생이 일반계 후기중등학교에서 실업계 후기중등학교로 옮겼고 그곳에서 학업을 마쳤다. 실업계 후기중등학교의 상황은 그보다 더 나빴다. 예를 들어, 2008년 실업계 후기중등학교 학생의 약 10퍼센트가 처음 선택한 공부를 중단했고, 그중 다른 학교나 기관에서 학업을 계속한 비율은 약 2퍼센트였다.

정규교육과 훈련을 도중에 그만두는 비율이 서서히 줄어들고 있고, 후기중등교육의 중퇴율은 대다수 다른 나라보다 실질적으로 낮다. 모든 후기중등교육을 놓고 보면, 학생의 약 5퍼센트가 2008~2009년도에 학업을 중단한 뒤 곧바로 다른 학업을 이어가지 않았다. 교육 실패와 중퇴를 예방할 필요성이 가장 크게 두드러지는 곳은 실업계 후기중등교육과 고등교육이다. 중앙 정부는 결과를 바탕으로 재정을 지원하기 때문에 학교 입장에서도 학생들이 학업을 계속하게끔 독려할 필요가 있다. 이 제도는 2000년대 초에 실업계 후기중등교육에 도입되어 2015년까지 모든 후기중등교육에 적용될 예정이다.

* 위원회 보고서, 2005

결과를 토대로 교육기관과 훈련기관에 대한 재정 지원 지수를 계산하면, 중퇴율 감소와 수료율 향상은 예산 총액을 늘리는 긍정적인 요소로 작용한다. 총 교육 예산에서 재정 지원 지수가 미치는 비율은 일부이지만, 학교와 교사가 학업 중단으로 이어질 수 있는 문제를 조기에 인지하고 예방하는 데 관심을 기울이고, 학생의 건강한 학교생활과 직접적인 학습 지원을 위해 즉각 조치를 취하게 하는 효과는 충분하다. 게다가 기본적으로 학교에 대한 정부의 재정 지원이 해당 학교의 학생 수와 연결되어 있기 때문에 중퇴를 예방하는 것은 예산을 확보하는 데도 긍정적인 영향을 끼친다. 특별히 실업계 후기중등학교에서는 실습 성적이 우수한 학생들의 학업 중단을 막기 위해 획기적인 해결책을 개발했다. 예를 들어, 학생들이 구체적으로 설계하고 만들 수 있는 실습 중심의 워크숍은 학교를 그만둘 위험이 있는 학생에게 후기중등교육의 매력과 학업의 타당성을 이해시키는 방법으로 널리 쓰이고 있다.

아주 특별한
대입자격시험

일반계 후기중등학교 필수 과정을 통과한 학생에게는 대입자격시험에 응시할 자격이 생긴다. 이 시험은 대입자격시험위원회가 주관하고 전국의 모든 학교에서 동시에 실시된다. 실업계 후기중등학교를 졸업한 학생이 치르는 국가시험은 따로 없다. 대신 실업계 후기중등학교에서는 자격시험의 형식과 내용을 평가한다. 과정을 무사히 수료한 학생들은 고등교육기관, 즉 폴리테크닉*이나 대학교에 지원할 수 있지만 고등교육기관 입학생 중 실업계 후기중등학교 졸업생은 얼마 되지 않는다.

대입자격시험은 1852년 헬싱키대학교 입학시험으로 처음 등장했다. 학생들은 이 시험을 통해 자신의 학문적 지식이 충분하다는 사실을 입증해야 했고 라틴어에도 능통해야 했다. 오늘날 대입자격시험의 목적은 학생들이 국가 핵심 교육과정에서 요구하는 지식과 기술을 완전히 이해했는지 여부뿐 아니라 일반계 후기중등학교의 학습 목표에 맞게 충분히 성장했는지 여부를 알아보는 데 있다. 학생들은 최소 네 과목의 시험을 치른다. 응시생이 일반계 후기중등학교에만 해당되는 대입자격시험을 통과하면 고등교육기관에서 학업을 계속할 자격을 얻는다.

대입자격시험위원회는 시험 실시, 문제 출제, 답안지 채점을 담당한다. 대학과 교육청의 자문과 추천을 받아 교육부에서 위원회 의장과 위원을 임명한다. 준準위원 330명으로 구성된 위원회가 시험 출제, 채점을 돕는다. 시험지 인쇄와 배포 등은 사무국에

---

* 대학 수준의 과학·기술 전문학교 – 옮긴이

서 담당한다. 시험에 드는 총 비용은 연간 1,000만 달러에 이르고, 이 비용은 모두 응시료로 충당한다. 핀란드 교육제도는 이러한 일에 공공자금을 쓰지 않는다.

1년에 두 번, 봄과 가을에 모든 일반계 후기중등학교에서 실시하는 대입자격시험은 학생 입장에서 부담이 매우 크다. 응시생은 연속 3회의 시험 기간, 즉 18개월 안에 선택한 시험을 모두 치러야 하지만, 한 번에 끝낼 수도 있다. 시험은 최소 4개 영역으로 이루어진다. 모든 응시생은 반드시 모국어 시험을 치러야 하고, 제2자국어(핀란드어나 스웨덴어), 외국어, 수학, 그리고 일반 학문(사회과학과 자연과학) 등 4개 영역 중 나머지 3개를 선택한다. 응시생들은 1개 이상의 과목에 대해 추가 시험을 치를 수 있다. 모든 시험은 지필이고 대개는 논술 위주의 주관식이다. 시험을 치를 때 참고해야 하는 자료의 양도 계속 늘어나고 있다. 2016년부터는 대입자격시험을 컴퓨터로 치를 예정이다.

몇몇 시험은 두 가지 수준으로 출제되는데, 고등학교에서 어떤 과정을 공부했는지 여부와 상관없이 응시생이 문제지를 선택할 수 있다. 수학, 외국어, 제2외국어는 심화 과정 수준과 일반 과정 수준으로 출제되는데 응시생은 최소 1개의 선택 과목에서 심화 과정 수준을 통과해야 한다. 시험에 통과하면 두 번 이상 추가 시험을 치러서 점수를 높일 수 있지만 일반 학문은 여기에 해당되

핀란드의 꿈: 누구나 원하는 만큼 배울 수 있다

지 않는다. 대입자격시험을 통과한 학생은 점수를 높이기 위해 한 번 더 시험을 치르거나 이전에 시험을 치르지 않았던 과목에 대해 추가 시험을 치를 수 있다. 응시생은 필수 시험을 모두 통과한 뒤에 합격증을 받는다.

실업계 후기중등학교 학생은 국가시험 대신 학교 차원에서 학습 결과 및 기술을 평가하는 시험을 치른다. 평가 원리는 학생들 내면의 긍정적인 자아상을 개발하고 다양한 능력을 갖춘 개인의 성장을 독려하는 것이다. 학생들은 자신을 직접 평가할 뿐 아니라 교사와의 면담을 통해서도 평가를 받는다. 또한 실무교육 강사가 업무 현장 평가에 참여한다. 수행 평가 점수는 1점(만족)부터 3점(우수)까지이며, 국가가 주관하는 직업교육시험이 없기 때문에 교육청에서 교내 수행 평가가 합당한 수준을 갖추었음을 보증하는 추천서를 발급해준다.

직업교육과 관련해서 각 학교별 증명서의 수준을 어떻게 보장할 것인지는 지금도 논란이 되고 있다. 2005년에 증명서 발급에 관한 법령이 통과되어, 증명서에는 교사 평가와 더불어 학생이 교육과정을 통해 직업 능력을 성취했는지 여부를 입증하는 내용이 포함된다. 학생의 기량에 대한 입증은 각 직장에서 실무교육을 받는 기간에 이루어진다. 경영진과 직원 대표도 평가에 참여하는데, 이 프로그램에 따라 학생들은 학업을 마칠 때까지 4회에서 10회에 걸쳐 자신의 기량을 평가받는다.

핀란드
교육개혁 3단계

    핀란드에서는 교육개혁의 지형에 대한 탐구가 많이 이루어지지 않았다. 따라서 '무슨' 일이 '왜' 일어났는지 생각을 정리하는 개념 모형과 변화 이론을 제시하는 것도 괜찮을 것이다. 1970년대 종합학교 개혁 이후, 핀란드 교육개혁은 다음 세 단계로 설명할 수 있다.*

- 교수 및 학습의 이론적 · 방법론적 기반 재고(1980년대)
- 네트워크 형성과 자기 주도적 변화를 통한 개선(1990년대)
- 구조개혁 및 행정의 효율성 강화(2000년~ 현재)

    이 과정은 표 3에 잘 나와 있다. 각 단계는 특정한 정책 논리와 변화된 이론을 보여준다. 종합학교 설립으로 이어진 구조 개혁은 1980년대 초에 완료되었으며 그 후에는 학교 현장에서의 지식과 학습에 관심이 집중되었고, 이것은 종합학교의 주요 철학으로 자리잡았다.

    두 번째 단계는 핀란드 교육행정의 자유화에서 시작되었다.

---

*   Sahlberg, 2009

표 3 1980년대 이후 핀란드의 3단계 교육개혁

지식의 개념
학습의 개념
교수법
교육과정

가치관
학습 공동체
관계망 형성
평가

기초 교육
구조
생산성
질적 지표

1980년대

1990년대

2000년~현재

교수 및 학습의
이론적·방법론적
기반 재고

네트워크 형성과
자기 주도적
변화를 통한 개선

구조개혁 및
행정의 효율성
강화

이 단계의 특징은 학교 간 자발적인 네트워크 형성과 개인 간의 협동이다.

세 번째 단계는 공공 부문의 생산성을 높여야 할 필요성이 대두되면서 시작되었다. 2001년 12월, 처음으로 PISA 결과가 발표되면서 가속화된 이 단계는 2008년 세계 경기 침체로 다시 한 번 강조되었다. 이 단계에서는 교육구조 및 행정 개혁에 집중하는 한편, 효율을 높이려다 교육제도의 균형을 깨뜨리는 일이 발생하지 않도록 주의하고 있다. 이 세 단계를 좀 더 자세히 살펴보자.

1단계: 교수 및 학습의 이론적 · 방법론적 기반 재고(1980년대)

1970년대 말과 1980년대 초에 새로운 종합학교 제도 내에서 시작한 여러 연구 및 개발 사업은 당시 교육 관행에 대한 비난으로 이어졌다. 특히 교사 중심의 교수법이 도마에 올랐다. 새 교육제도는 시민들이 비판적이고 독립적으로 사고할 수 있도록 교육하는 것이 공교육의 역할이라는 철학적, 교육적 가정과 함께 시작되었다. 당시 학교 발전의 주요 화두 중 하나는 지식의 개념을 좀 더 역동적으로 실현하는 것이었다. 교사들은 수업에 대한 새로운 접근법이 의미 있는 학습과 이해로 이어진다고 믿었다.* 이러한 변화의 중요한 동인은 바로 정보통신 기술의 발달이었다. 하지만 어떤 이들은 교실에 컴퓨터 보급을 확대하면 산발적인 지식과 불필요한 정보, 기술결정론을 비롯한 여러 가지 문제가 발생할 것이라고 염려했다.

기술 발전은 곧 과학 학습의 혁명을 의미했다. 구성주의 학습이론이 등장하면서 신경과학이 발전할 조짐을 보이자, 인지심리학이 우세해졌다. 핀란드 교육 연구원들은 학교에서 이루어지는 학습과 지식에 관한 기존의 개념을 분석하는 데 매력을 느꼈다. 교사 친화적이고 영향력 있는 읽기 교재가 여럿 발행, 배포되었다. 대표적인 교재가 《지식의 개념》(1989), 《학습의 개념》(1989),

---

* Aho, 1996

《학교 변화의 가능성에 관하여》(1990) 등이다. 1990년대 말까지 "지식이란 무엇인가?", "학생은 어떻게 배워야 하는가?", "학교는 어떻게 변해야 하는가?"와 같은 질문은 직무능력개발과 학교 개선의 공통 주제였다.*

국제적인 관점에서 볼 때 핀란드 교육개혁의 첫발은 상당히 의외였다. 핀란드 교사들이 지식과 학습의 이론적 기반을 탐구하고 그에 맞게 학교 교육과정을 재설계하던 그 시기에, 영국과 독일, 프랑스, 미국 교사들은 늘어난 학교 시찰, 외부에서 정한 논란 많은 학습 기준, 교직을 그만두고 싶을 정도로 불안을 야기하는 경쟁 구조와 씨름하고 있었다. 예를 들어 영국과 미국에서는 학교 지식에 대한 심도 깊은 분석과 학습에 대한 새로운 연구결과가 주로 학자들 사이에서만 발표되거나, 가장 진보한 교사들과 지도층에게만 전달되었다. 1990년대에 여러 OECD 국가에 불어닥친 시장 중심의 교육개혁 바람에 핀란드가 영향을 받지 않은 이유는, 아마 핀란드 교육개혁의 철학적 성격 때문이었을 것이다.

이 시기에 핀란드 교육이 발전해온 과정은 진정 핀란드다웠지만, 다른 북유럽 국가는 물론이고 미국, 캐나다, 영국 등 외국에서 들어온 지식과 사상도 중요한 영향을 끼쳤다. 특히 미국에서 개발해 핀란드에 도입한 교수법과 학생 평가방식(특히 장학 및 교

---

* Lehtinen et al., 1989; Miettinen, 1990; Voutilainen, Mehtäläinen, & Niiniluoto, 1989

육과정의 세계화를 지향하는 교육협의체 ASCD가 개발한 방식)이 중요한 역할을 했다. 두 가지만 예를 들면 다음과 같다.

첫째, 핀란드는 대규모 협동 학습을 도입한 첫 번째 국가 중 하나이다. 처음에는 몇몇 핀란드 대학을 선정해서, 나중에는 일선 학교에서 협동 학습을 실시했다. 미네소타대학교의 데이비드 존슨David Johnson과 로저 존슨Roger Johnson, 스탠퍼드대학교의 엘리자베스 코헨Elizabeth Cohen, 존스홉킨스대학교의 로버트 슬래빈Robert Slavin, 텔아비브대학교의 슬로모 샤란Shlomo Sharan과 야엘 샤란Yael Sharan의 연구·개발은 핀란드 읽기 교재에 나타난 철학적 원리에 따라 교수·학습을 탈바꿈시키는 데 중요한 역할을 했다.

둘째, 1980년대 후반 핀란드 교육청은 과학 수업의 교수법을 다양화하기 시작했다. 이 작업의 영감과 아이디어는 브루스 조이스Bruce Joyce와 마샤 웨일Marsha Weil이 주로 개발하고 비벌리 샤워스Beverly Showers가 함께 연구한 교수 모형에서 얻었다. 브루스 조이스는 1980년대에 핀란드를 방문했는데, 그의 연구와 다양한 교수법은 핀란드 학교 개혁사에 사라지지 않을 인상을 남겼다. 수많은 핀란드 학교에는 오늘날까지 그 흔적이 남아 있다.

교육심리학 분야의 데이비드 베를리너David Berliner, 사범교육 분야의 린다 달링 해먼드, 교육개혁 분야의 앤디 하그리브스와 마이클 풀란Michael Fullan은 1970년대 이후 발전하는 핀란드 교육을 면밀히 연구했고, 이들의 연구결과가 다시 핀란드 학교에 도입되었다. 핀란드가 미국과 영국, 캐나다의 교육사상으로부터 좋은 영향을 받을 수 있었던 비결은, 새로운 교육학 모형을 도입하기에 적합한 핀란드 학교 제도에서 찾을 수 있다. 핀란드 사람들은 흥미롭게도 국제 사회에서 계속해서 중요한 의미를 갖게 될 새로운 교육 관행을 스스로 개발했다.

이러한 1단계 교육개혁이 핀란드 학교의 교수 · 학습에 실제로 어떤 영향을 끼쳤는가에 대한 신뢰할 만한 연구는 별로 이루어지지 않았다. 그 당시 핀란드의 핵심 인물이자 앞서 언급한 읽기 교재의 일부를 집필한 에르노 레흐티넨Erno Lehtinen 교수는 그 영향에 대한 판단을 조심스럽게 유보했다.

> 지식과 학습의 개념에 관한 논의는 교사들이 교수 · 학습에 관해 이야기하는 방식에도 분명 영향을 끼쳤다. 이해, 비판적 사고, 문제해결력, 학습법은 사회화에 대한 전통적 가치, 사실과 이상에 대한 숙달된 가르침이 특징이던 이전의 담론을 대체했다. 확장된 지식과 학습의 개념은 1990년대 중반 학교 교육의 모든 단계에서 새로운 교육과정을 도입하는 데 반영되었고, 2000년대 국가 교육과정 개혁에도 활용되었다.*

* Lehtinen, 2004, p. 54

1단계 교육개혁은 전통적인 신념에 도전하고, 혁신을 모색하고, 학습의 질을 높이기 위해 최상의 방법을 찾아내는 학교의 능력을 더욱 신뢰한다는 특징을 지닌다. 지식과 학습에 대한 깊은 이해는 학교의 도덕적 기반을 강화했다. 핀란드 종합학교 교육에 대한 최근의 평가는 다음과 같다. "교사들은 교수·학습 환경을 다양화하는 데 의식적으로 관심을 기울인다. 교사들은 다양한 교수법을 활용하는 것이 교육과정을 계획하고 학급 활동을 지도하는 데에도 중요하다고 생각한다."[*]

이 말을 학교가 조금이나마 교수·학습 부분에서 진보했다는 뜻으로 받아들여도 될 것이다.

2단계: 네트워크 형성과 자기 주도적 변화를 통한 개선(1990년대)

1994년도 핀란드 교육과정 개편은 1970년대 통합 학교 개혁과 함께 핀란드에서 중요한 교육개혁으로 간주된다. 교육과정을 설계하고 이와 관련해 변화를 실행에 옮기는 과정에서 지방자치단체와 학교가 적극적으로 참여한 것이 개혁의 원동력이었다. 정부는 다른 학교와 협력하고 학부모, 기업, 비정부기구와 네트워크를 형성하도록 일선 학교를 독려했다. 협력적이고 자발적인 이 운동은 중앙정부 차원의 아쿠아리움 프로젝트Aquarium Project로 결실

---

[*] Atjonen et al., 2008, p. 197

을 맺었다. 아쿠아리움 프로젝트란 모든 핀란드 학교와 교장과 교사가 서로 네트워크를 형성할 수 있게 하는 전국 학교 개선 계획이다.④ 이 프로젝트의 목적은 학교를 적극적인 학습 공동체로 탈바꿈시키는 것이었다. 마르티 헬스트룀Martti Hellström은 이 프로젝트를 "모든 적극적인 교육자에게 열려 있는 독특하고 자발적인 학교 개선 네트워크"*라 평가했는데, 핀란드 교육행정에도 유례가 없었고 다른 나라에서도 찾아보기 어려운 형태였다.

아쿠아리움 프로젝트는 각 학교에 전통적인 지역사회의 활동과 현대적인 소셜 네트워크를 접목한 새로운 환경을 제공했다. 이 프로젝트는 앨버타학교개선계획AISI의 발상과 밀접한 관련이 있다. 앨버타학교개선계획은 캐나다 앨버타 주에서 공공자금으로 추진한 학교 및 교사 장기 발전 프로그램이다.** 네트워크와 자기 통제를 통한 학교 개선 사업은 핀란드와 앨버타 주의 학교가 개선 사업에 좀 더 적극적으로 참여하도록 영향을 끼쳤다. 이 사업에 참여한 대다수 교사가 경기 침체와 재원 감축 기간에도 자기가 속한 학교를 성공리에 개선할 수 있으리라 믿었다는 사실이 특히 중요하다. 학교 운영 구조가 다른데도 불구하고, 아쿠아리움 프로젝트와 앨버타학교개선계획은 대학에서 교육학을 전공한 학교장들과 교사들 사이에 지역 혁신과 연구 활동을 활성화시켰다. 헬스트

* Hellström, 2004, p. 179
** Hargreaves et al., 2009

룀(2004)과 무가트로이드(2007)가 강조했듯, 아쿠아리움 프로젝트와 앨버타학교개선계획은 통제권과 능력이 시스템이 아닌 학교에 있다는 사실을 조명했다.

1997년 초, 아쿠아리움 프로젝트에 참여한 163개 지방자치단체와 700개 학교에서 1,000개가 넘는 프로젝트를 추진했다. 교사 5,000명과 학교장 500명은 학교 개선 사업에 직접 참여한 것으로 추정된다. 이 프로젝트는 지방 분권과 학교 자율성 제고와 학교 정체성 강화를 지지하는, 1990년대에 새롭게 대두된 교육이념과 부합했다. 아쿠아리움 프로젝트는 학교를 개선해 나가기 위해 책임을 공유하고, 개인별 맞춤 교육을 진행하고, 학습의 질을 높이기 위해 함께 노력하는 전략을 강조했다.

그런 의미에서 아쿠아리움 프로젝트는 신자유주의 교육정책과 일치하는 면이 없지 않았다. 이따금 이런 특징은 교육 부문에서 학교 간 경쟁을 심화시키는 신호처럼 보이기도 했다. 학교 선택이 경쟁을 조장하는 것은 사실이다. 그러나 학교 개선 네트워크는 학교 간에 지나치게 경쟁하는 분위기를 더 우수한 학교가 되기 위해 '서로' 노력하는 분위기로 바꾸어놓았다. 사회적 측면에서 아쿠아리움 프로젝트는 생각을 공유하고, 문제를 함께 해결하고, 이를 통해 다른 학교를 경쟁자로 여기지 않는 태도를 지향했다. 또한 경쟁과 행정적 책무성 대신 균등한 교육기회와 사회적 책임이라는 가치를 신뢰했다. 아마 이런 특성이 아쿠아리움 프로젝트의 아킬레스건으로 작용했을 것이다. 아쿠아리움 프로젝트는 행정 효율 강화와 구조개혁 시대의 여명기라 할 수 있는 1999년 초에 정치적 결정으로 종료되었으니 말이다.

3단계: 구조 개혁 및 행정의 효율성 강화(2000년 이후)

2001년 12월 4일에 나온 첫 번째 PISA 결과는 모든 사람을 깜짝 놀라게 했다. 읽기, 수학, 과학 세 가지 영역에서 표준화 시험을 실시한 결과, 핀란드가 OECD 국가들 중 가장 우수한 학업 성취도를 보였다. 새로 도입된 이 국제 비교 연구에 따르면 일본이나 한국, 홍콩 학생과 핀란드 학생의 격차가 줄어든 것으로 나타났다. 핀란드 학생은 특히 동아시아 학생들 사이에 보편화되어 있던 개인 과외나 방과 후 수업, 많은 숙제가 없이도 PISA가 요구하는 지식과 기술을 모두 학습한 것으로 보였다. 게다가 핀란드의 경우 표본 학교들 간의 성적 격차도 유독 작았다.

첫 번째 PISA 결과를 받아든 핀란드 교육계는 처음에 혼란스러워했다. 세계 언론은 핀란드 교육의 비결을 알고 싶어 했다. 이 결과가 나오고 18개월 동안 외국 사절단 수백 명이 학교 운영 방식과 교사들의 교수법을 배우기 위해 핀란드를 찾았다. 외국인 방문객들은 '핀란드의 기적'에 관해 질문을 쏟아냈지만, 정작 핀

표 4 2009년 OECD 회원국의 국가별 평균 PISA 점수와
사회경제적 지위에 따른 학생들의 읽기 점수 변동률

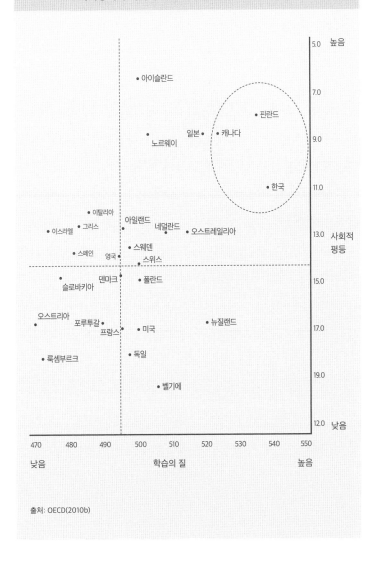

출처: OECD(2010b)

핀란드의 꿈: 누구나 원하는 만큼 배울 수 있다

란드 사람들은 그 질문에 신뢰할 만한 답변을 내놓을 준비가 되어 있지 않았다.

2003년과 2006년, 2009년에 나온 PISA 결과는 핀란드의 명성을 한층 더 높이고 강화했다. 핀란드 교육에 대한 세계 언론의 관심도 그만큼 커졌다. 표 4에서 보듯, 핀란드 교육의 힘은 우수하고 평등한 학습에 있다. 핀란드와 캐나다, 한국은 학생의 사회경제적 지위와 상관없이 일관된 학습 결과를 내놓았다. 이에 비해 프랑스와 미국은 평균 점수도 낮고 성적 격차도 컸다.

PISA 연구는 균등한 교육기회라는 이상을 바탕으로, 교사를 교육개혁의 중심에 두는 정책이 학습 성과에 긍정적인 영향을 끼친다는 것을 보여주었다. PISA 자료를 더 자세히 분석한 결과, 거주지와 같은 지리 관련 인자도 학생들의 성적 격차와 향후 진로를 설명하는 중요한 요인이었다.* 최근에는 핀란드에서도 사회경제적 요인에서 비롯된 학생들의 성적 격차가 확실히 커지고 있고, 학업 성취도를 평가하는 국제 비교 분석의 한계와 관련해 회의적인 시각을 보이는 교사와 연구자도 늘어나고 있다.

다른 국제 교육 지표, 학교에 대한 국민의 만족도, PISA 연구 등을 종합할 때, 핀란드 교육제도가 국제 기준에서 상당히 우수하다고 결론 내려도 좋을 것이다. 핀란드 교육정책 입안자와 학

---

* Välijärvi, 2008

교 개선 기관의 입장에서 이것은 넘어서야 할 시험대가 분명하다. 이미 좋은 평가를 받고 있는 제도를 쇄신하려고 하면 더 큰 저항에 부딪히게 마련이다. 최근 핀란드 초등학교와 중등학교 개혁에 다소 보수적인 기조가 나타나는 이유도 이것으로 설명할 수 있다. 구조개혁은 의무교육 기간과 후기중등교육 운영, 전체 교육 체계의 효율에 관한 규제 변경에 초점을 맞추었다. 2000년 이후 핀란드 학교 제도 발전의 주된 항목은 다문화주의, 특수교육, 초등학교와 전기중등학교 사이의 행정 라인 폐지 등이었다. 2000년대 초에 일반계 후기중등학교의 교육과정 체계를 개정했지만, 큰 변화는 없었다. 효율성과 생산성 강화에 초점을 맞춘 결과 핀란드 여러 지역에서 학교 예산이 줄어들었다. 이것은 전보다 적은 재원으로 이전만큼 혹은 이전보다 더 많은 일을 해야 한다는 의미이다. 많은 학교장과 교사가 이러한 재원 감축을 상쇄할 새로운 학교 개선 방향을 기다리고 있다.

핀란드에서 교육은
공익 사업

이 책의 핵심 메시지 중 하나는 동시대의 여러 교육 제도와 달리 핀란드 교육제도는 시장 중심의 경쟁과 고부담 시험 정책에 오염되지 않았다는 것이다. 표준화 시험을 통한 경쟁과 선택이 과연 학교에 유익하게 작용할지, 핀란드 교육계가 회의적이었기 때문이다. 궁극적으로 고부담 시험의 성공 여부는 이 정책이 학습에 긍정적인 영향을 끼치는지 여부에 달렸지, 특정 과목의 점수가 올랐는지에 달린 것이 아니다.* 만약 학습에 아무 영향을 끼치지 못한다면 시험은 편향된 교육으로 이어질 것이고, 그렇다면 고부담 시험의 효과를 의심해보아야 한다. 핀란드 교육 당국, 특히 교사들은 잦은 외부 시험과 책무성 강화가 학생과 학습 효과에 과연 유익할지 확신하지 못했다.

교육정책은 필연적으로 다른 사회 정책, 나아가 그 나라의 전반적인 정치와 밀접한 관련이 있다. 핀란드가 좋은 통치구조와 훌륭한 교육제도를 갖춘 지식경제 사회로 발전할 수 있었던 핵심 요인은, 핀란드라는 나라가 앞으로 나아가야 할 방향과 관련된 대다수 주요 쟁점에 대해 광범위한 합의를 이끌어내는 능력이었다. 결론적으로 핀란드는 '지속 가능한 리더십과 변화'를 뒷받침하는 정책을 특히 더 잘 시행한 것 같다.** 핀란드에서는 교육을 공익으로 간주한다. 그만큼 교육은 국가 건설에서 아주 중요한 역할을 담당한다. 학업 성취도 향상을 목표로 설계한 교육정책은 학교가 학생에게 최적의 학습 환경을 제공해주어 일반적인 학교 교육의 목표를 달성하도록 하는 데 중점을 둔다.

* Amrein & Berliner, 2002
** Hargreaves & Fink, 2006

핀란드는 일찍이 교육개혁을 추진하면서 학습을 변화시키는 핵심 요소는 어떤 기준이나 평가, 대안 교육이 아니라 교사와 교수법이라는 생각을 가져왔다. 1990년대에는 핀란드 학교에서 교사의 전문성이 차츰 강화되면서 효과적인 교수법과 교실 및 학교의 교육학적 설계법이 널리 보급되었다. 핀란드 교육제도에 새로

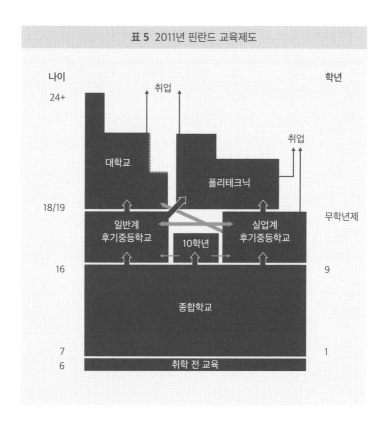

표 5 2011년 핀란드 교육제도

도입된 이런 유연성 덕분에 학교 간에 서로 배울 수 있게 되었고, 학교 교육을 체계화하는 혁신적인 접근법을 채택함으로써 좋은 관행을 보편화시킬 수 있게 되었다. 또한 교육 당국은 교수법 레퍼토리를 계속 확대하고 모든 학생의 필요에 맞춰 교육 내용을 개별화하도록 교사와 학교를 격려했다. 표 5에 핀란드 교육제도의 구조와 내부 역학이 잘 드러나 있다.

표 5만으로 개별화 교육의 원칙과 오늘날 핀란드 학교에서 일반화되어 있는 '모든 학생에 대한 체계적 돌봄'을 모두 보여줄 수는 없다. 핀란드 교육 당국은 교수·학습을 지원하는 강력한 제도를 계속 시행하도록 일선 학교에 권장한다. 예를 들어, 모든 학교에서 전체 학생을 대상으로 무상급식, 보건서비스, 심리상담, 학생지도를 시행하고 있다. 학교와 지방자치단체의 교사회, 학교 개선 기관의 고유한 네트워크는 핀란드 교육제도의 또 다른 강점이다. 나는 이러한 원리가 핀란드 학교 제도를 세계에서 가장 개별화된 학교 제도로 만들었다고 생각한다.

OECD 교육국장이자 PISA 총책임자인 안드레아스 슐라이허Andreas Schleicher는 핀란드 교육을 분석한 끝에, 혁신을 자극하고 확산시키기 위해 학교 간 네트워크를 형성한 것이 성공요인 중 하나라는 결론을 내렸다. 그는 "학교 간 학업 성취도 격차가 5퍼센트 미만일 정도로 교육제도 전반에서 일관된 성취도를 보여준 것은 어느 정도 예상한 결과"라며 그 비결을 학교 간 네트워크에서 찾을 수 있다고 분석한다.*

　그러면 이런 질문이 나올 수 있다. 핀란드 교육제도는 원래 그렇게 우수했을까? 그렇지 않았다면, 다시 이렇게 묻지 않을 수 없다. 어떤 요인이 핀란드의 교육 개선에 이바지했을까?

*　Schleicher, 2006, p. 9

2

핀란드의 역설

덜 가르칠수록 우수하다

핀란드에서는 수업 시간을 늘리거나 시험을 자주 치르거나 학생들에게 공부를 열심히 하라고 강요하지 않는다. 오히려 '덜 가르칠수록 효과적이다'라는 신념을 바탕으로 정반대 정책을 펼치고 있다. 그런데도 "핀란드 교육제도는 어떻게 그렇게 우수한 교육 성취도를 보이고 있을까?"

PISA는 세계 각국의 교육 수준을 평가할 때 다음 네 가지가 꾸준히 발전했는지 여부를 살핀다. 첫째, 성인 인구의 학력 수준 향상. 둘째, 학생의 성취도와 학교의 성과 면에서 형평성 확대. 셋째, 국제 평가에서 입증된 학업 성취도 향상. 넷째, 국가가 지원하는 적정 수준의 총교육비와 높은 효율성이다. 2장에서는 이 네 가지 기준을 중심으로 핀란드가 모든 국민에게 평등한 교육 기회를 제공함으로써 어떻게 교육 참여도를 향상시킬 수 있었는지, 많은 비용을 들이지 않고도 어떻게 모든 학교가 수준 높은 교수법을 펼쳐왔는지 살펴본다.

첫째, 핀란드에서는 성인 인구의 50퍼센트 이상이 평생교육 프로그램에 참여한다. 중요한 점은 개인이 부담하는 교육비가 매우 적다는 사실이다. 세계 교육 지표에 따르면, 핀란드 국민들이 종합학교부터 대학 진학 때까지 사용하는 총 교육비 중 개인이 부담하는 비율은 2.5퍼센트이다. OECD 국가의 평균은 17.4퍼센트이다.

둘째, 교육의 형평성이란 단순히 교육받을 수 있는 기회가 모두에게 평등하게 제공된다는 의미가 아니다. 진정한 교육 형평성이란 다양한 상황에 놓인 모든 사람이 양질의 교육을 받을 수 있도록 보장한다는 뜻이다. 핀란드는 1980년대 중반 능력별 반 편성을 폐지하고 모든 학생에게 똑같은 학습 목표를 설정한 이후, 우등생과 열등생 간의 격차가 줄기 시작했다. 2000년에 처음 실시한 PISA 연구 결과, 핀란드는 OECD 국가 중 학업 성취도 격차가 가장 작았으며 이러한 경향은 2003년, 2006년, 2009년으로 갈수록 더 강해졌다.

셋째, 핀란드 학생들은 다른 나라 학생들에 비해 수학, 과학 성적이 월등하게 높다. 초등학교 교사를 양성할 때부터 수학, 과학 교육을 강조한 덕분이다. 대부분 핀란드 초등학교에는 수학과 과학 분야에서 최소 석사 학위를 취득한 전문 교사들이 있다. 이들은 문제해결 능력에 중점을 두고, 학생들의 실생활과 연결시키는 방식으로 수업을 진행한다.

넷째, 핀란드는 모든 교육 과정에 국민의 참여를 늘리고, 국민 대다수가 훌륭한 교육을 받을 수 있게 한다. 고등교육과 성인교육을 포함, 거의 모든 교육비를 국가가 전적으로 지원하는 점이야말로 핀란드의 가장 큰 특징 중 하나라 할 수 있다.

모든 사람이 같은 방식으로 생각한다는 것은

아무도 생각하고 있지 않다는 말이란다.

_할머니가 내게 가르쳐주신 성공의 비결

핀란드에 없는 세 가지 _
풍족한 예산, 빈번한 시험, 빽빽한 수업

오늘날 핀란드는 세계에서 가장 잘 교육받은 나라 중 하나로 인정받고 있지만, 사실 '겸손한' 사람들의 나라인 핀란드는 교육 부문에서 세계 최고가 될 생각이 전혀 없었다. 핀란드 사람들이 경쟁을 좋아하는 것은 맞다. 하지만 핀란드의 전형적인 특징을 꼽자면 경쟁보단 협동을 들 수 있다.

1990년대 초, 국제 비교 연구에서 핀란드의 교육 수준이 딱 중간으로 나타나자 핀란드 교육부 장관은 이웃 나라 스웨덴을 방문했다. 스웨덴 교육부 장관은 1990년대 말이면 스웨덴의 교육제도가 세계 최고가 될 것이라고 이야기했다. 그러자 핀란드 교육부 장관은 스웨덴에 비하면 핀란드의 목표는 훨씬 '겸손'하다고 답했다. "우리는 스웨덴을 앞지르는 것으로 충분합니다." 이는 형제처럼 가까운 두 나라의 관계와 공존을 보여주는 대표적 일화이다.

핀란드의 역설: 덜 가르칠수록 우수하다

사실 북유럽 국가들 사이에는 경쟁의식보다 동지애가 더 강하다. 실제로 북유럽 국가들은 교육제도는 물론이고 사회적 가치와 원리를 많이 공유하고 있다.

이번 장에서는 다음 질문들을 탐구하고자 한다. 핀란드 교육제도는 항상 그렇게 우수한 성취도를 보여주었을까? 성공한 교육제도란 대체 무엇을 의미할까? 혹은, 이렇게 물을 수도 있다. 어떤 요인이 핀란드의 교육 개선에 이바지했는가? 단일 민족 사회와 우수한 교육성과는 어떤 상관관계가 있을까?

또한 핀란드가 모든 국민에게 평등한 교육기회를 제공함으로써 어떻게 교육 참여도를 향상시킬 수 있었는지, 많은 비용을 들이지 않고 어떻게 대다수 학교와 교실에서 수준 높은 교수법을 펼쳐왔는지에 대해서도 살펴볼 것이다. 핀란드는 교수·학습 시간을 늘리거나 시험 횟수를 늘리거나 학생들에게 숙제를 더 열심히 하라고 강요하지 않았다. 오히려 정반대였다.

핀란드에서 얻은 교훈의 핵심은 세계 교육정책 포럼의 제안과는 전혀 다른 방식으로 좋은 공교육 제도를 세울 대안이 있다는 점이다.

세계의 주변부에서
주목할 대상으로

1980년대 핀란드 교육제도에는 세계 교육자들의 관심을 끌 만한 요소가 별로 없었다. 핀란드는 교육정책의 많은 부분을 이웃나라 스웨덴에서 빌려왔다. 국제 비교 분석을 보면 핀란드는 딱 한 부분에서만 특출했다. 핀란드의 10세 아동은 세계에서 읽기 능력이 가장 뛰어났다.* 그 외에 다른 국제 교육 지표에서는 스웨덴, 영국, 미국, 독일과 같은 전통적인 교육 강국의 그늘에 가려져 있었다. 주목할 점은 비교적 짧은 기간에 핀란드가 딱 중간 수준밖에 안 되던 교육제도를 세계 최고 수준으로 탈바꿈시킴으로써 인적 자본을 개선했다는 점이다. 이는 핀란드가 다른 나라와 차별화된 교육정책을 펼친 덕분이다. 사실, 핀란드에서 실시한 일부 교육개혁은 세계 기조에서 확실히 벗어나 있다. 그래서 얼핏 보면 상당히 모순 같다.

2000년에 첫 번째 PISA 연구 결과가 발표되기 전까지 많은 국가들은 자국의 교육제도가 세계 최고 수준이고 자국 학생들이 다른 어느 나라 학생들보다 뛰어나다고 생각했다. 독일, 프랑스, 노르웨이, 영국은 물론이고 소련과 미국도 그렇게 생각했다. 국제

---

* Allerup & Medjing, 2003; Elley, 1992

핀란드의 역설: 덜 가르칠수록 우수하다

올림피아드처럼 수학, 물리, 화학(나중에는 컴퓨터과학, 생물, 철학까지) 실력을 겨루는 국제 학술 대회는 물론이고 교육 성과와 교육비, 대학 졸업률 같은 지표는 이들 국가가 자국의 교육제도를 높이 평가하는 근거가 되었다. 국제 학술 경시대회에서 고등학생들은 각 분야의 고급 지식을 증명하기 위해 경쟁했다. 이런 게임에서 성공하려면, 당연히 특별한 재능을 일찌감치 알아보고 영재들에게 최적의 교육 기회를 제공하는 교육제도를 갖추어야 했다. 중국, 미국, 구소련처럼 학생 수가 많은 다인구 국가는 학술 올림피아드 성적을 기반으로 우수한 교육 국가라는 명성을 얻었다. 흥미롭게도 중유럽과 동유럽의 여러 국가들, 이를테면 헝가리, 루마니아, 불가리아가 국제 올림피아드에서 상위권에 올랐다. 표 6은 핀란드가 수학 올림피아드에 처음 참가한 1959년 이후 핀란드의 성적을 보여준다.

학술 올림피아드에서 거둔 높은 성적은 해당 국가의 교육제도 수준을 측정하는 대체물로 쓰이곤 했다. 핀란드 학생들의 수학 올림피아드 성적을 인구 규모에 맞춰보면, 세계 25위에서 35위 사이를 오간다. 2001년까지만 해도, 그리고 그 후에 치른 몇 번의 경시대회에서도 핀란드 학생들의 수학 및 과학 지식과 기술 수준은 기껏해야 국제 평균 정도라는 것이 일반적인 인식이었다.

우수한 교육제도 덕분에 국제 사회의 이목이 핀란드에 집중되는 현 상황에서, 1970년대 이후 핀란드 학생의 학업에 실제로

표 6 1959년 이후 상위권 국가의 고등학생들과 핀란드 고등학생들의
수학 올림피아드 성적

국가	메달			참가 횟수	참가 학생 수
	금	은	동		
중국	101	26	5	23	134
미국	80	96	29	34	216
소련	77	67	45	29	204
헝가리	74	138	77	48	324
루마니아	66	111	88	49	332
러시아	65	28	9	17	102
불가리아	50	89	88	49	336
일본	23	52	30	19	114
캐나다	16	37	66	28	168
스웨덴	5	23	66	41	271
네덜란드	2	21	48	38	250
노르웨이	2	10	24	25	142
핀란드	1	5	47	35	224
덴마크	0	3	18	18	102

핀란드의 역설: 덜 가르칠수록 우수하다

진전이 있었는지 묻는 것은 중요하다. 어떤 의미에서는 그러한 진전이 분명하게 확인되었고, 그 결과 "교육개혁을 성공으로 이끈 요인은 무엇인가?"라는 질문이 제기되었다. 교육제도를 국제적으로 비교할 때는 학생의 학업 성취도만 단순 비교하지 않고 더 폭넓은 시각으로 접근하는 것이 중요하다. 이러한 분석에서 중요한 것은 지난 30년간 다음 네 가지가 꾸준히 진보했는지 여부이다.

① 성인 인구의 학력 수준 향상
② 학생 성취도와 학교의 성과 면에서 형평성 확대
③ 국제 평가에서의 학업 성취도 향상
④ 국가가 지원하는 총교육비의 적정 수준과 높은 효율성

성인 인구의
학력 수준 향상이 가능했던 이유

1960년대까지만 해도 핀란드는 비교적 교육 수준이 낮았다. 교육비를 충당할 여력이 있고 중등학교나 대학교 근처에 사는 사람들만 교육을 받을 수 있었다. 1970년대 초 종합학교가 문을 열었을 때, 핀란드 성인의 4분의 3은 기초학교 이상의 교육을 받지 못했다. 학사 학위를 소지한 사람이 7퍼센트에 불과할 정도로 학위 소지자가 드물었다.

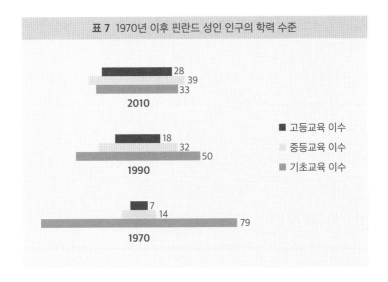

표 7 1970년 이후 핀란드 성인 인구의 학력 수준

2010
28
39
33

1990
18
32
50

1970
7
14
79

■ 고등교육 이수
□ 중등교육 이수
■ 기초교육 이수

    표 7에서 보듯 1970년 이후 15세 이상 핀란드 성인의 학력은 전체적으로 상승했다.* 현재 상황은 고도 지식경제의 인적 자본 피라미드와 거의 일치한다. 학사 학위를 소지한 사람이 약 30퍼센트이고, 후기중등교육을 수료한 사람이 약 40퍼센트에 달한다.

    이 표는 1970년 이후 핀란드에서 기초교육부터 고등교육에 이르기까지 모든 교육 과정에 국민들의 참여도가 꾸준히 증가했음을 보여준다. 특히 1980년대에는 후기중등교육이 급성장했고,

---

*   Sahlberg, 2006b

1990년대 이후부터는 대학 수준의 고등교육과 성인교육이 빠르게 성장했다. 1970년대 핀란드 개혁을 주도한 교육정책은 균등한 교육 기회 제공, 교육의 질 향상, 모든 교육과정에 대한 참여도 제고를 우선시했다. 그 결과, 해당 연령 집단의 99퍼센트 이상이 기초학교인 종합학교를 무사히 마쳤고, 약 95퍼센트가 기초학교 졸업 직후 후기중등학교나 종합학교 10학년(3퍼센트)에서 학업을 이어나갔다. 또한 후기중등학교 입학생의 93퍼센트가 대학 수준의 고등교육에 지원할 수 있는 졸업장을 받았다.*

핀란드 성인 인구의 50퍼센트 이상이 평생교육 프로그램에 참여하고 있다. 중요한 점은 이처럼 모든 교육 과정에 국민의 참여도가 높아졌는데, 학생이나 학부모가 교육비를 부담하지 않는다는 점이다. 최근의 세계 교육 지표에 따르면, 핀란드에서 기초학교부터 대학 과정까지 교육기관에 지불하는 총 교육비 중 개인이 부담하는 비용은 2.5퍼센트에 불과하다. 이에 비해 OECD 국가의 평균은 17.4퍼센트이다.** 미국은 33.9퍼센트, 캐나다는 25.3퍼센트를 개인이 부담한다.

2010년 기준으로 20년 넘게, 핀란드는 7세 아동이 한 시민으로서 정규교육을 받는 기간을 예측하는 '학교생활 기대 수명'이

*   Statistics Finland, n.d.a
**   OECD, 2010a

세계 최고 수준이다. 국가가 교육비를 지원하기 때문에 사회경제적 여건에 상관없이 모든 사람이 교육이 받을 수 있어서이다. 두 유형의 고등교육기관은 해당 연령층의 3분의 2에게 학업 기회를 제공한다. 핀란드에서는 대학과 폴리테크닉 교육이 무료이고, 후기중등교육을 무사히 마친 사람은 누구나 고등교육을 받을 수 있는 기회를 얻는다. 핀란드 고등교육의 당면 과제는 학생들이 이전보다 빨리 학업을 마치고 하루 빨리 취업할 수 있게 하는 것이다. 핀란드 정부는 학생들이 제때에 졸업하도록 학자금 지원*과 보상에 관한 새로운 조건을 도입하고 있다.

학생 성취도와
학생 성과의 형평성 확대

교육의 형평성은 북유럽 복지국가의 중요한 특징이다. 교육의 형평성이란, 단순히 교육받을 수 있는 길이 모든 사람에게 평등하게 열려 있다는 의미가 아니다. 교육의 형평성은 다양한 상황과 형편에 놓인 모든 사람이 양질의 교육을 받을 수 있도록 보장함을 목표로 한다.

* 정부에서 매달 지원하는 무상 학자금 지원 및 주거비 보조는 사회보장기관과 학생이 재학 중인 교육기관과의 협력을 통해 이루어진다. 지원되는 액수는 교육기관에 따라 차등을 둔다. 이 밖에도 학생의 나이, 거주하는 주택의 종류, 결혼 여부, 아르바이트 등을 통한 학생 본인의 수입도 수령받는 지원액에 영향을 미친다 - 옮긴이

    핀란드에서 형평성이란 균등한 교육 기회를 토대로 사회적으로 공정한 제도를 포괄적으로 갖추는 것을 의미한다. 1970년대에 추진한 종합학교 개혁 덕분에 핀란드 전역에는 양질의 교육을 받을 수 있는 기회가 상당히 균등하게 확산되었다. 1970년대 초반, 종합학교가 문을 열었을 때는 학생 간 학업 성취도 격차가 뚜렷했다. 새로운 교육제도와 옛 교육제도를 병행하느라 학교마다 교육 방향이 전혀 달랐기 때문이다(표 1 참조). 이런 지식 격차는 당시 핀란드 사회의 사회경제적 격차와 일치했다. 1980년대 중반에 들어서면서 학생들의 학습 성과가 균등해지기 시작했지만, 수학과 외국어는 능력별 반 편성으로 인해 학업 성취도 격차가 여전히 큰 편이었다.

    1980년대 중반, 종합학교에서 능력별 학급 편성을 폐지하고 모든 학생에게 똑같은 학습 목표를 설정한 뒤로, 우등생과 열등생 간의 격차가 줄어들기 시작했다. 이는 능력이나 관심사와 상관없이 모든 학생이 같은 학급에서 수학과 외국어를 공부한다는 의미였다. 이전까지는 수학과 외국어 성적을 토대로 학급을 세 단계로 편성했다. 반 편성에 학부모나 또래의 입김이 작용하기도 했다.
    학습 성과가 이전보다 균등해졌다는 것은 OECD가 2000년에 처음 실시한 PISA 연구를 통해 확실히 입증되었다. 2000년 평가에서 핀란드는 전체 OECD 국가 중 읽기, 수학, 과학 영역에서

표 8 2009년 PISA 읽기 평가로 본 학교 내, 학교 간 성적 격차

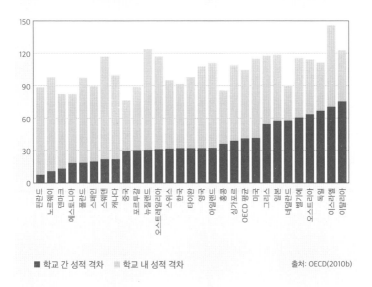

■ 학교 간 성적 격차   ▦ 학교 내 성적 격차   출처: OECD(2010b)

학교 간 성취도 격차가 가장 작았다. 2003년 평가에서도 비슷한 경향을 보였고, 2006년과 2009년 평가에서는 이러한 경향이 더 강해졌다.* 표 8은 2009년 읽기 영역 평가에서 OECD 국가의 학교 내, 학교 간 성적 격차를 보여준다.**

*   OECD, 2001; 2204; 2007; 2010b
** 　 OECD, 2010b

이 표에 따르면, PISA 읽기 평가에서 핀란드는 학교 간 성적 격차가 약 7퍼센트인데, 다른 OECD 국가의 학교 간 성적 격차는 약 42퍼센트이다. 2009년 평가에 나타난 핀란드 학교들 간의 성적 격차는 이전 결과와 비슷한 수준이다. 표에서 알 수 있듯, 핀란드에서는 학교 간 학업 성취도 격차가 작고 거의 대부분의 성취도 격차는 교내에서 나타난다. 이는 핀란드에 아직 학업 성취도 격차가 남아 있는 이유를 학생들의 타고난 재능 차이에서 찾을 수 있음을 의미한다. 바꿔 말하면, 학교 간 격차는 일반적으로 사회 불평등과 관련 있다는 뜻이다.

핀란드에는 이런 격차 요인이 작다. 학교에서 사회 불평등에 잘 대응하고 있다는 뜻이다. 노턴 그럽Norton Grubb 교수가 핀란드의 교육 형평성에 대해 논평한 대로, 이는 핀란드가 교육개혁을 통해 비교적 짧은 시간에 평등한 교육제도를 구축하는 데 성공했음을 시사한다. 평등한 교육제도 구축은 1970년대 초 핀란드가 의제로 삼은 교육개혁의 주된 목표였다.*

*   OECD, 2005a; Grubb, 2007

특수교육은 장애 아동의
전유물이 아니다

핀란드 종합학교에서 빠뜨릴 수 없는 요소는 특수교육이 필요한 학생에 대한 체계적인 보살핌이다. 핀란드에서는 특수교육이 교육과 보육에서 중요한 부분을 차지한다. 학습 장애나 사회성 결핍, 문제 행동을 조기에 인지해 개개인에게 최대한 일찍, 적절한 전문 지원을 제공한다는 것이 핀란드 특수교육의 기본 개념이다.

특수교육의 목표는 각자 능력에 따라, 또래들과 함께 학교를 마칠 기회를 평등하게 제공함으로써 학생들을 돕고 지원하는 데 있다. 핀란드 종합학교에서 제공하는 특수교육에는 크게 두 가지 방식이 있다. 첫 번째는 학생을 일반 학급에 그대로 두고 소그룹으로 시간제 특수교육을 제공하는 방식이다. 학습 장애가 심각하지 않은 경우로, 특수교육 교사가 그룹 수업을 담당하는데, 해당 학생의 능력에 맞춰 개인별 학습 계획을 짜주기도 한다. 특수교육이 필요한 학생들은 일반 교육과정이나 조정된 교육과정에 따라 학업을 마칠 수 있고 학생 평가는 개인별 학습 계획을 토대로 이루어진다.

두 번째 방식은 특별 그룹이나 특수 학급에 편성되어 종일제 특수교육을 받는 것이다. 경우에 따라서는 별도 기관에서 교육을

핀란드의 역설: 덜 가르칠수록 우수하다

받기도 한다. 이 경우 특수 그룹이나 학급, 기관으로 옮기려면 심리 전문가나 의료진, 또는 사회복지 전문가의 보고서를 토대로 특수교육이 필요하다는 결정이 있어야 하고, 반드시 학부모 의견도 들어야 한다. 핀란드에서는 특수 학급으로의 이동 여부를 해당 학생이 거주하는 지역의 지방자치단체 교육위원회가 담당한다. 대개는 몇 달 안에 처리될 정도로 꽤 빨리 결정된다. 특수교육을 받는 학생들에게는 학업을 잘 마칠 수 있도록 학교 교육과정에 기초해 개인별 목표를 조정한 맞춤형 학습 계획을 짜준다.

2008~2009년에는 전체 종합학교 학생의 약 3분의 1이 위에서 언급한 두 가지 특수교육 가운데 하나에 등록했다. 종합학교 학생 중 5분의 1 이상이 말하기, 읽기, 쓰기의 가벼운 기능 장애를 고치거나 수학, 외국어 학습 장애를 해결하는 시간제 특수교육을 받았다. 전일제 특수교육 그룹이나 특수 학급, 또는 특수교육기관으로 옮긴 학생은 각각 8퍼센트였다. 지난 10년 사이에 전일제 특수교육을 받은 학생 수는 두 배로 증가했다. 동시에 특수교육기관의 수는 1990년대 초부터 꾸준히 감소했다.

시간제 특수교육을 받는 학생들은 해마다 다르다. 이는 16세에 의무교육을 마친 학생 중 절반가량이 학교를 다니는 동안 어느 시점에 특수교육을 받는다는 뜻이다. 요즘 학생들에게는 특수교육이 전혀 특수하지 않다. 이 사실은 특수교육에 종종 따라붙는 부정적 낙인을 상당히 줄여준다. 실업계 후기중등학교에서는

2008~2009년에 전체 학생의 약 10퍼센트가 특수교육을 받았다.

　종합학교 개혁 초창기에 핀란드는 특수교육이 필요한 학생을 돕는 조기 개입 및 예방 전략을 채택했다. 학습장애나 발달장애 가능성이 있는 개개인을 유아 발달 기간에 진단하고 아이들이 입학하기 전에 치료하는 것이다. 상태가 심각하든 경미하든, 특수교육이 필요한 모든 학생은 초등학교 저학년 때 주로 읽기, 쓰기, 산수에 대한 특별 지원을 받는다. 그러니 핀란드에서 초등학교 저학년 때 특수교육을 받는 학생의 비율은 대다수 다른 국가보다 비교적 높은 편이다.

　표 9에 나와 있듯, 핀란드에서 특수교육을 받는 학생 수는 초등학교 말에 감소했다가 교재 중심으로 수업하는 중학교 과정으로 올라갈 때 조금 증가한다. 중학교 때 특수교육에 대한 요구가 증가하는 이유는 학생들의 능력이나 선행학습 여부에 상관없이 모든 학생에게 특정한 학습 목표를 설정하는 통일된 교육과정 때문이다. 국제적으로는 문제가 발생하기 이전에 예방하는 전략보다 문제가 발생하는 초등학교, 중학교 과정에서 문제를 바로잡는 전략이 보편적이다.* 표 9에서 보듯, 문제가 발생할 때 바로잡는 전략을 택한 국가들에서는 초등학교나 중학교 과정에서 특수교육

---

* Itkonen & Jahnukainen, 2007

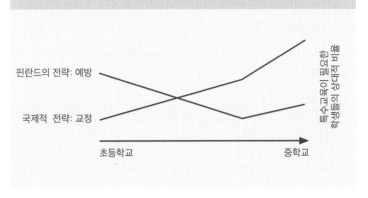

표 9 핀란드와 기타 국가에서 초등학교 및 중학교 과정에서
시간제나 종일제로 특수교육을 받는 학생들의 비례 수 추정치

핀란드의 전략: 예방

국제적 전략: 교정

특수교육이 필요한
학생들이 상대적 비율

초등학교   중학교

이 필요한 학생 수가 상대적으로 증가하는 것을 알 수 있다.

핀란드의 교육 형평성이 높은 이유는 비단 교육적 요인 때문만이 아니다. 핀란드 사회복지 제도의 기본 구조는 7세에 양질의 교육을 잘 받을 수 있도록 모든 아이와 그 가족에게 평등한 조건을 부여하는 중요한 역할을 한다. 핀란드에서는 영유아 보육, 연령 집단의 약 98퍼센트가 다니는 무료 자영自營 보육원, 포괄적인 공공의료 서비스, 그리고 학교생활을 시작하기 전에 학습장애나 발달장애 가능성을 찾아내는 예방조치가 모두에게 열려 있다. 학교에서는 가정의 사회경제적 형편에 상관없이 매일 모든 학생에게 건강에 좋은 무료 점심을 제공한다.

미국의 아동 빈곤율이 전체 아동의 20퍼센트가 넘는 데 비해 핀란드는 4퍼센트 미만으로 아주 낮은 편이다. 또한 이제 막 학업을 시작한 아이들을 성적에 따라 등급을 매기지 않기 위해, 종합학교에 입학하고 처음 5년은 대개 점수를 매기지 않는다. 핀란드는 학교에서 학생을 실패자로 만드는 구조적 요인을 제거하는 것을 초등교육의 중요한 원칙으로 삼아왔다. 핀란드 학교에서 성적에 대한 과도한 의존과 유급留級이 차츰 사라진 것도 이 때문이다.

이 책에서 중점적으로 다루는 분야는 초등교육과 중등교육이지만, 세계에서 가장 공평한 교육제도로 꼽히는 핀란드의 고등교육도 주목할 가치가 있다. 토론토에 있는 고등교육전략협회 HESA는 여러 국가를 대상으로 고등교육의 형평성 및 평등에 관한 문제를 비교 연구한다. 이 기관은 17개국의 고등교육 비용 및 접근성을 비교 조사해 '세계 고등교육 순위'를 발표하는데*, 이 조사는 비용의 적절성을 평가하는 여섯 가지 지표와 접근성을 평가하는 네 가지 지표에 관한 자료를 제시한다. 2010년에 비용 및 접근성 면에서 가장 높은 점수를 받은 나라는 핀란드였다. 실제로 핀란드에서는 현재 후기중등학교 졸업생의 60퍼센트 이상이 고등교육에 등록한다. 핀란드에서는 모든 고등교육을 무상으로 지원한다.

* Usher & Medow, 2010

핀란드 학생들이
수학, 과학을 잘하는 이유

궁극적으로 한 국가의 교육제도의 질을 결정하는 기준은 학생이 학교에서 배우고 싶어 하는 것을 얼마나 잘 배우느냐이다. 교육제도에 대한 국제 비교 평가는 학업 성취도 점수를 중시한다. 요즘 학생들의 학습 성취도를 1980년대 학생들의 학습 성취도와 비교하기는 어렵지만, 국제교육성취도평가협회IEA 연구와 PISA 연구를 바탕으로 1970년대 이후 핀란드 학생들의 학습 성취도가 향상되었다는 몇 가지 증거를 제시할 수 있다.* 학생들의 학습 성취도가 '일반적'으로 향상되었는지 여부를 단정 짓기는 불가능하니, 몇 과목만 개별적으로 살펴보자.

수학은 학업 성취도 평가의 대용물로 자주 활용된다. 1981년에 20개국 8학년을 대상으로 평가했던 제2차 수학성취도국제비교연구SIMS, 1999년에 38개국 8학년을 대상으로 평가했던 제3차 수학·과학성취도추이변화국제비교반복연구TIMSS-R, 2000년에 OECD 30개국의 15세 학생을 대상으로 평가했던 PISA 연구가 대표적이다. 핀란드는 1980년 이후부터 이 국제 비교 연구에 참가해왔다. 각 연구에 참여하는 국가가 항상 같지 않고 IEA와 OECD

---

* Kupari & Välijärvi, 2005; Martin et al., 2000; Robitalille & Garden, 1989

의 조사 방법이 다르기 때문에 기준 값이 되는 국제 평균이 비교 대상으로 충분하거나 일관성 있는 그림을 제시하지는 못한다.

표 10은 제1차 수학성취도국제비교연구가 시작된 1960년대 초부터 주요 국제 학생 평가 연구에서 받은 핀란드의 성적을 보여 준다.* 이들 연구는 대개 초등학교(10세)와 중학교(14세), 고등학교(17세) 말에 독해, 수학, 과학 세 영역에서 학생들의 성취도를 비교한다.

1981년에 발표된 제2차 수학성취도국제비교연구에서 핀란드 학생들의 수준은 전 영역에서 국제 평균이었다. 중등교육 부문에서 핀란드의 평균 점수는 헝가리, 네덜란드, 일본보다 확실히 뒤처졌다. 1999년 제3차 수학·과학성취도국제비교연구에서 핀란드는 38개 참가국 중 수학은 10위, 과학은 14위에 올랐다. PISA가 처음 실시된 2000년 이후 핀란드는 OECD 전체 국가 가운데 수학 점수가 가장 높은 상위 그룹에 속했다. 과학 점수 역시 제2차 과학성취도국제비교연구 이후 비슷하게 향상되었다.

핀란드 학생들이 읽기 영역에서 항상 세계 최고의 성적을 거두었다는 점은 주목할 만하다. 핀란드 4학년 학생들은 1980년대 말에 있었던 읽기능력국제비교연구에서 가장 우수한 점수를 받았고 15세 학생들은 네 번에 걸친 모든 PISA 평가에서 가장 높은 점

---

* Salberg, 2009

표 10 1960년대 이후 국제 학생 비교 연구에서 핀란드 학생들의 성적

평가 연구	평가 대상	참가국 수	핀란드 순위
IEA 제1차 수학성취도 국제비교연구(FIMS) 1962~1967	13세, 고등학교 졸업생	12	중위권
IEA 제1차 과학성취도 국제비교연구(FISS) 1967~1973	10세, 14세, 고등학교 졸업생	18	중위권
IEA 읽기능력 국제비교연구 1967~1973	10세, 14세, 고등학교 졸업생	14	중위권 (1개 영역에만 3위)
IEA 제2차 수학성취도 국제비교연구(SIMS) 1977~1981	13세, 고등학교 졸업생	19(13세) 15(고등학교 졸업생)	중위권
IEA 제2차 과학성취도 국제비교연구(SISS) 1980~1987	초등학교, 중학교, 고등학교 졸업생	23	10세: 상위권 14세: 중위권
IEA 쓰기능력국제비교연구 1980~1988	초등학교, 중학교, 고등학교 졸업생	14	중위권
IEA 읽기능력국제비교연구 1988~1994	9세, 14세	32	상위권
IEA 제3차 수학·과학성취도 국제비교연구(TIMSS)	4학년, 8학년	1955: 45 1999: 38 2003: 50 2007: 59	중위권 이상 (1999년에만 참가)
IEA 읽기능력향상 국제비교연구(PIRLS)	4학년	2001: 35 2006: 45	불참
IEA 국제시민교육연구 (CIVED/ICCS)	8학년	1999: 31 2009: 38	상위권
IEA 국제학업성취도평가 (PISA)	15세	2000: 43 2003: 41 2006: 57 2009: 65	상위권

수를 받았다.

핀란드 학생들의 수학 성취도가 이처럼 눈에 띄게 향상된 이유를 무엇으로 설명할 수 있을까? 이 문제를 다룬 몇 가지 연구가 있지만, 신뢰할 만한 답보다는 추측과 정성분석定性分析을 더 많이 내놓았다.*

이들이 주목한 원인은 크게 세 가지이다. 첫째, 교육과정을 설계하고 초등교사를 양성하는 과정에서 수학을 강조했다. 예를 들어, 헬싱키대학교에서는 매년 초등교사 교육 프로그램에 참여하는 학생의 약 15퍼센트가 수학을 전공한다. 이들은 졸업 후 중학교에서도 수학을 가르칠 수 있는 자격을 갖추게 된다. 그 결과 대부분의 핀란드 초등학교에는 수학 교수·학습의 본질은 물론 평가까지 이해하는 전문가들이 있다.

둘째, 핀란드의 사범교육과 수학 교육과정은 문제해결능력에 중점을 둠으로써 수학을 학생들의 실생활과 연결시킨다. PISA 연구에서 수학 평가는 단순히 교육과정과 교수요목을 통달했는지를 확인하는 대신 문제를 해결하고 새로운 상황에서 수학을 사용하는 능력을 확인하는 데 바탕을 두고 있다.

셋째, 핀란드에서는 과목별 교수법, 그리고 수학 교수들과 교육학 교수들 간의 긴밀한 협력을 바탕으로 수학 교사 교육이 이루

---

* Hautamäki et al., 2008; Linnakylä, 2004; Ofsted, 2010; Välijärvi et al., 2007

어진다. 이 때문에 석사 학위를 취득한 초임 교사들은 수학을 어떻게 가르치고 배워야 하는지 체계적인 지식과 이해력을 갖추게 된다. 수학 교수들과 교육학 교수들은 수학 교사의 전문 능력을 강화해야 한다는 책임을 공유한다.

의무교육이 끝나는 시점에 자국 학생의 학업 성취도를 평가하는 세계적인 척도로 PISA를 채택하는 나라가 점점 늘고 있다. 2009년에 치른 네 번째 PISA 평가에는 OECD 34개국 전체와 그 밖의 31개 국가 또는 주州가 참여했다. PISA는 청소년들이 실생활에서 문제에 부딪힐 때 지식과 기술을 활용하는 능력을 확인하는 데 초점을 맞춘다. OECD에서 밝힌 대로 "이러한 방향은 교육과정의 목표와 목적의 변화를 반영한다. 최근의 교육과정은 특정 교과 내용을 단순히 통달했는지 여부가 아니라, 학교에서 배운 것으로 학생들이 무엇을 할 수 있느냐에 더 관심을 기울인다".*

핀란드는 2000년과 2003년 PISA 연구에서 OECD 국가 중 상위권에 올랐고 성적이 더 향상될 가능성을 보인 유일한 국가이다. 2006년 PISA 연구에서 핀란드는 학생들의 성취도를 조사한 모든 영역에서 높은 성적을 유지했다. 2006년 PISA 연구가 중점을 둔 과학 분야에서 핀란드 학생들은 전체 56개국 또래 학생들보

* OECD, 2007, p.16

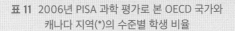

표 11 2006년 PISA 과학 평가로 본 OECD 국가와
캐나다 지역(*)의 수준별 학생 비율

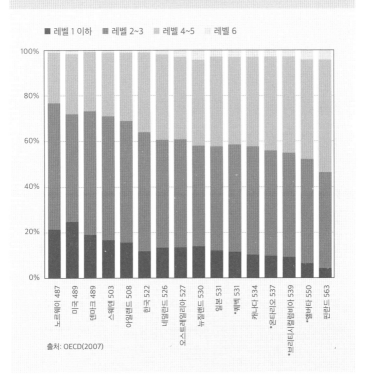

■ 레벨 1 이하   ■ 레벨 2~3   ▨ 레벨 4~5   □ 레벨 6

출처: OECD(2007)

다 뛰어난 성적을 올렸다. 그중 일부가 표 11에 나와 있다.*

2009년 PISA 연구에서 핀란드는 비교적 낮은 비용과 전체적

* OECD, 2007, p.16

핀란드의 역설: 덜 가르칠수록 우수하다

으로 높은 성적, 그리고 균등한 학습 성취도로 OECD 국가 중 가장 높은 점수를 받았다. PISA의 국가 학습 분석표에서 중요한 점은 최우수 학생(레벨 6) 수가 많고 성적이 부진한 학생(레벨 1 이하)의 비율은 낮다는 점이다. 핀란드 학생의 절반 이상이 레벨 4 이상이다. 미국은 전체 학생의 약 4분의 1이 레벨 4에 도달했고, 캐나다 앨버타 주와 브리티시컬럼비아 주, 온타리오 주, 퀘벡 주에서는 학생들의 40퍼센트 이상이 최소 레벨 4의 성취도를 보였다.

표 12는 PISA 과학 성취도 평가에서 핀란드 학생들의 학업 성취도가 시간이 지나면서 어떻게 달라졌는지를 다른 OECD 국가와 비교해 보여준다.* PISA 자료에 따르면, 다른 교육 강국과 달리 핀란드 학생들은 학업 성취도가 꾸준히 향상되었다. 주어진 교육제도 안에서 교사의 가르침이 결과에 영향을 미쳤다면, 그것은 모두 최근의 교육개혁이 아니라 1990년대에 실시한 교육정책과 교육개혁의 영향을 반영한 것이라는 점에 주목할 필요가 있다.

그러면 이즈음에서 다시 의문이 떠오른다. 핀란드 학생들이 과학을 유난히 잘하는 이유는 뭘까? 핀란드 과학 교육자들은 다음과 같은 요인을 제시한다.

첫째, 지난 20년 동안 초등교사 양성 교육이 과학 교수·학습을 재설계하는 데 집중한 결과, 학생들이 과학을 경험과 실습을

---

* OECD, 2001, 2004, 2007, 2010b

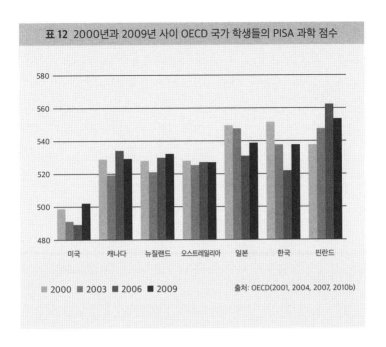

표 12 2000년과 2009년 사이 OECD 국가 학생들의 PISA 과학 점수

■ 2000 ■ 2003 ■ 2006 ■ 2009   출처: OECD(2001, 2004, 2007, 2010b)

통해 배울 수 있게 되었다. 둘째, 이와 동시에 초등학교 초임 교사 중 과학교육을 전공한 사람이 점점 늘고 있다. 헬싱키대학교 졸업생의 10퍼센트 이상이 석사 과정에서 과학교육을 전공했다. 통상적인 사범교육 프로그램의 일부인 대학 교육은 교육학을 익히고 지식을 창조하는 과학적 과정을 이해하는 데 집중한다. 따라서 종합학교의 과학교육 과정도 학술적 지식에 바탕을 둔 전통적인 교육과정에서 실험과 문제 중심으로 바뀌었다. 이러한 변화 뒤에는

모든 초등학교 과학교사의 직무능력개발을 위한 국가 차원의 엄청난 지원이 있었다. 셋째, 과학 학부를 포함해 모든 핀란드 대학의 사범교육이 새로운 학교 교육과정의 요구에 맞게 조정되었다. 오늘날, 핀란드의 과학교사 교육은 미국과 영국의 사상 및 혁신에 영감을 받은 동시대 과학 교수·학습과 관련한 교육학 원리와 일치한다.

"핀란드 국민이라 행복해요."

읽기, 수학, 과학 외의 다른 과목에 초점을 맞추어 학생들의 학업 성취도를 평가하는 국제 평가는 많지 않다. IEA 국제시민교육연구(이하 ICCS)가 그중 하나로, 이 연구는 시민교육의 환경과 성과를 평가하기 위해 마련한 IEA의 세 번째 연구이다.*

1999년 IEA 국제시민교육연구에 의거한 2009년 ICCS는 유럽, 라틴아메리카, 아시아-태평양 지역 38개국 중학생(주로 8학년)들이 시민으로서 자신의 역할을 다할 준비를 어떻게 하고 있는지 연구했다. 이 연구의 핵심은 시민 혹은 시민권과 관련된 광범위한 문제에 대한 학생들의 지식을 평가하는 것이다. 이 연구에서 '시

---

* Schulz, Ainley, Fraillon, Kerr, & Losito, 2010

표 13 2000년 국제시민교육연구(ICCS)에 참여한
OECD 국가 8학년 학생들의 시민 지식 점수

출처: Schulz et al.(2010)

핀란드의 역설: 덜 가르칠수록 우수하다

민 지식'이란 사회나 시민에 관한 내용을 인지하는지 여부를 가리
킨다. 시민 지식은 지식과 이해, 추론을 포괄하는 광범위한 용어로
시민교육 프로그램의 핵심이자 효과적인 시민 참여를 위해 꼭 필
요한 지식이다.

　2009년 ICCS에 따르면 핀란드 8학년 학생들은 덴마크 8학
년 학생들과 더불어 시민 지식 평균 점수가 가장 높았다(표 13 참
조). PISA와 TIMSS와 비슷하게, 2009년 ICCS에서 핀란드는 학
교 간 성적 격차가 가장 작았다. 2009년 ICCS 연구는 국가 차원
에서 인간개발지수HDI와 시민 지식이 아주 밀접한 관계가 있음을
보여준다. 국가 간 시민 지식 격차의 54퍼센트는 HDI의 차이로
설명할 수 있다.

　이것은 국가의 평균적인 시민 지식이 그 나라의 전반적인 발
전 및 행복과 관련이 있음을 보여준다. 교육 성취도에 관한 다른
국제 비교 연구 결과와 비슷하지만, 그렇다고 이것이 반드시 시민
지식과 그 국가의 총체적 발전의 인과관계를 가리키지는 않는다.
역설적으로, 이 연구는 핀란드 청소년들이 일상생활에서 정치문
제와 사회문제에 참여하고 있다는 생각을 가장 적게 한다는 사실
도 드러냈다.

　2000년 이후 네 번에 걸쳐 실시한 PISA 연구는 핀란드의 교
육 성취도가 모든 영역에서 일관되게 향상되었음을 보여준다. 핀

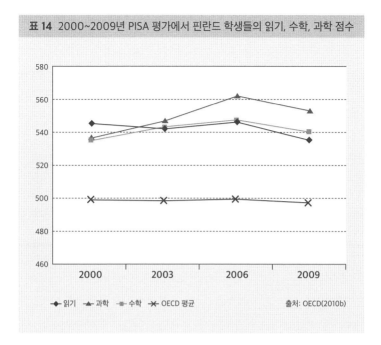

표 14 2000~2009년 PISA 평가에서 핀란드 학생들의 읽기, 수학, 과학 점수

◆ 읽기 ▲ 과학 ■ 수학 ✖ OECD 평균   출처: OECD(2010b)

란드 학생들은 읽기, 수학, 과학 영역에 대한 네 번의 평가에서 모두 높은 평균 점수를 기록했다. 학생들에 대한 국제 비교 연구로 평가한 핀란드 교육정책의 질은 1970년대 초부터 꾸준히 향상되었다. 2009년의 PISA 연구는 2000년 이후 읽기 능력에 초점을 맞춘 제2차 연구였다.

따라서 2009년 PISA 연구는 학생들이 자신이 읽은 내용을 얼마나 잘 이해하고 활용할 수 있는지 동향을 살필 수 있는 아주

핀란드의 역설: 덜 가르칠수록 우수하다

특별한 기회였다. 표 14에 나와 있듯, 2009년 평가에서 학생들의 평균 성적이 2000년에 비해 조금 떨어지기는 했지만, 핀란드 학생들의 읽기 능력은 국제적으로 높은 수준을 유지하고 있다. 그러나 2009년 PISA 결과에서 걱정스러운 점은 핀란드 청소년들이 10년 전보다 즐거움을 위해 독서를 하는 비율이 낮아졌다는 사실이다. 15세 핀란드 아이들의 절반이 취미로 책을 읽지 않는다고 답변했다. 이러한 현상은 핀란드 내에서 실시한 독해 및 독서 습관 연구에서도 분명하게 확인되었다.

OECD에 따르면, "핀란드는 중등학교 학생들의 학업 성취도 면에서 세계 최고에 속하고, 지난 10년 동안 그 자리를 지켜왔다. 또한 모든 학교가 놀라울 정도로 고르게 높은 성적을 냈다. 핀란드 학교들은 가정환경이나 사회경제적 지위 혹은 능력에 상관없이 모든 학생을 잘 보살피는 것으로 보인다."* 핀란드 교육 성취도의 강점은 학생들의 학습 수준이 일관되게 높고, 이러한 특성이 전국 모든 학교에서 동일하게 나타난다는 점이다.

---

* OECD, 2010c, p.117

핀란드는 PISA 결과에
연연하지 않는다

　　PISA는 2000년에 처음 실시한 이후, 연구에 참여하는 국가의 교육정책뿐 아니라 세계 교육개혁에도 엄청난 영향을 끼쳤다. 아시아, 유럽, 북아메리카에서 PISA는 교육개발의 중요한 명분이 되었고, 이제 다른 지역 국가들도 PISA에 관심을 보이고 있다. 미국, 영국, 뉴질랜드, 독일, 한국, 일본, 폴란드에서 대규모 교육개혁이 시작되었고, 새로운 국가기관이 설립되었으며, 수많은 대표단이 훌륭한 교육 '비결'을 알아내기 위해 핀란드, 캐나다 앨버타 주와 온타리오 주, 싱가포르, 한국 등 PISA에서 우수한 성적을 거둔 국가나 지역을 방문했다. 평가에 참가한 65개 이상의 국가 또는 지역에서 PISA는 교육정책 개발의 중요한 자료이자 대규모 교육개혁의 이유가 되고 있다.

　　외국에서 예상하는 것만큼 핀란드 교육가들이 PISA 결과에 흥분하지 않는다는 사실을 알면 놀라는 사람이 많을 것이다. 많은 교사와 학교장은 PISA가 학교 학습의 스펙트럼 가운데 아주 좁은 영역만 평가한다고 생각한다. PISA가 이전移轉 불가능한 교육정책 및 실무 전파를 부추기고, 이것은 결국 교육개혁을 지나치게 단순하게 바라보게 만들 것이라고 우려하는 이들도 있다. 스포츠 경기처럼 국가 간 비교나 경쟁을 너무 강조하면, 더 좋은 결과를 얻기 위해 일시적으로 성적을 올리는 비윤리적인 방법을 선택할 수 있기 때문이다.

학업 성적만으로 어떤 교육제도가 훌륭하고 어느 나라의 교육 성취도가 높다고 평가할 수는 없다. 핀란드 교사들 중에는 학업 성적을 기준으로 교육제도의 질을 판단하는 지금의 동향이 결국 사회나 미술, 체육, 음악 과목을 침해하고 전인발달을 방해하며 교육과정과 수업을 제한하지 않을까 걱정하는 이들도 있다.

실제로 이런 국제 시험이 정말로 평가하는 것이 무엇이냐, 나아가 PISA 결과가 교육제도의 질을 판단하는 유일한 기준이 될 수 있느냐를 두고 많은 논쟁이 벌어지고 있다. 교육학 문헌에서 이에 관한 찬반양론을 모두 접할 수 있다.* 각국 학생을 비교 평가하는 자료가 PISA 하나가 아니고, 실제로 다른 국제 연구에서는 PISA보다 다양한 측면에서 학생들의 학습을 평가하고 있다는 점에 주목해야 한다.

그럼에도 PISA 연구는 모든 OECD 국가를 포괄하고 학교에서 가르치는 교육과정 이상의 능력에 집중하는 유일한 국제 표준 도구이다. 또한 핀란드 교육자들 사이에서 학생의 성취와 성공을 시험 점수만으로 판단하는 방식을 비판하는 목소리가 갈수록 커지고 있다는 점에 주목할 필요가 있다. 나를 포함한 많은 사람들

---

* Adams, 2003; Bautier & Rayon, 2007; Bracey, 2005; Dohn, 2007; Goldstein, 2004; Prais, 2003; Prais, 2004; Riley & Torrance, 2003; Schleicher, 2007; Mortimore, 2009

이 학습법에 대한 학습과 대인관계 능력, 자아인식, 창의성을 비롯한 더 넓은 학습 방법이 이러한 평가에 반영되기를 바라고 있다.

교육비가
거의 들지 않는 나라

핀란드는 모든 교육 과정에 국민의 참여를 늘리고, 국민 대다수가 훌륭한 교육을 받을 수 있게 하고, 전국 대부분의 학교가 비교적 높은 학습 성과를 내게 함으로써 교육제도를 개혁할 수 있었다. 이 모든 성과는 고등교육과 성인교육을 포함해 교육에 필요한 비용을 거의 전적으로 국가가 지원함으로써 거둘 수 있었다. 그렇다면 과연 핀란드 납세자들은 교육비로 얼마나 많은 돈을 지불할까?

OECD 국가가 각 교육과정에 지출하는 교육비를 종합한 자료에 따르면, 핀란드가 공적으로나 개인적으로 교육에 투자한 비용은 1995년에서 2004년 사이 실질적으로 34퍼센트 증가했다. 같은 기간 OECD 국가의 평균 교육비 증가율은 42퍼센트였다. 2007년에 핀란드가 교육기관에 지출한 총 경비는 GDP의 5.6퍼센트였다.* 이는 OECD 국가의 평균인 5.7퍼센트보다 적고, 미국

---

* Sahlberg, 2009; OECD, 2010a

핀란드의 역설: 덜 가르칠수록 우수하다

(GDP의 7.6퍼센트)과 캐나다(GDP의 6.1퍼센트)보다는 훨씬 적다. 앞에서 언급했듯이 핀란드가 교육기관에 지출하는 전체 경비의 2.5퍼센트만이 개인이 부담한다.

교육비와
학업 성취도의 상관관계

표 15는 2006년 PISA 과학 평가에서 각국 학생들이 받은 평균 점수와 학생 1인당 교육비 누계를 미국달러 구매력평가지수PPP를 기준으로 환산, 요약한 것이다.* 이 자료는 핀란드가 합리적인 비용으로 우수한 성과를 냈음을 보여준다.

또한 이 표는 PISA 연구에서 평가한 것처럼 교육제도의 질과 교육에 대한 재정 투자 수준 사이에 상관관계가 없다는 사실도 보여준다.

예를 들어 미국과 노르웨이는 교육비 지출 수준이 가장 높은 편에 속하지만, 학생들의 성적은 낮은 편이다. 물론 이 사실이 교육비와 학습 성취도 간의 인과관계를 보여주지는 않지만, 회귀분석을 해보면 교육비와 학생의 성취도 간에 아주 작게나마 부정적인 상호의존(R2=0.03) 관계가 있음을 알 수 있다.

***   OECD, 2007; 2010a

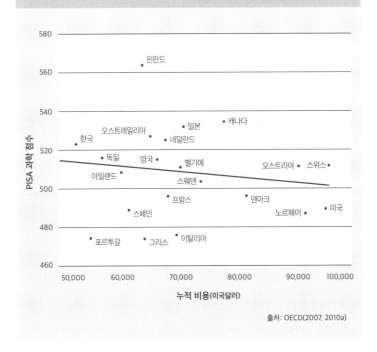

표 15 OECD 국가의 6세에서 15세 사이 학생 1인당 교육비 누계와 2006년 PISA 과학 성적의 관계

출처: OECD(2007, 2010a)

따라서 학업 성취도를 높이려면 교육비 수준보다 효율에 더 주목해야 한다. 돈이 교육제도의 문제점을 '해결'해주는 경우는 극히 드물다.

특수교육 활성화로
유급을 방지한다

교육에 드는 비용 중 하나는 유급이다. 유급은 흔히 학생의 장애나 문제를 처리하는 방법으로 사용된다. 그러나 유급은 도움이 필요한 학생을 제대로 돕지 못하는 비효율적인 방법일 뿐 아니라 교육제도에도 비경제적이다. 그렇다면 핀란드에서는 세계 공통으로 나타나는 이 현상에 어떻게 대처하고 있을까?

핀란드 역시 예전의 시스템 하에서는 초등학교에서 유급을 당하는 학생이 심심찮게 있었고, 문법학교에서는 유급이 필요불가결한 교육 원칙이었다. 경우에 따라서는 초등학교 4학년 말에 치르는 문법학교 입학시험의 지식과 기술을 익히기 위해 3학년 과정을 반복하기도 했다.

9년제 종합학교가 도입된 시기에는 문법학교 각 학년의 약 12퍼센트가 다음 학년으로 진급하지 못했다. 당시 유급은 학교나 학년 사이에 고르게 분포되어 있지 않았다. 예를 들어, 일반계 후기중등학교에서는 6명 중 1명이 한 학년을 더 다녔다. 계산해보면 후기중등문법학교 졸업생의 절반가량이 학교를 다니는 어느 시점에 한 학년 또는 그 이상을 반복해서 다녔다는 이야기이다.*

---

* Välijärvi & Sahlberg, 2008

뿐만 아니라 상당수 학생이 학업을 마치기 전에 중퇴했다. 한 학년에서 다음 학년으로 올라가지 못하게 되었을 때 중퇴하는 경우가 많았다. 가장 흔한 이유는 수학과 제2외국어인 스웨덴어였고, 일부 학생은 태도 문제로 유급을 당하기도 했다.

종합학교는 형평성의 가치를 토대로 세워졌고, 모든 학생이 종합학교 상급 학년에서 선택별 반 편성을 통해 공통의 학문적·사회적 목표를 성취할 수 있다는 사상으로 움직였다. 예전 시스템에서 유급은 교사들이 학생을 차별하는 수단이었다. 1970년대 초 새로운 시스템이 도입될 때 유급 문제는 익히 잘 알려져 있었다. 한 학년을 다시 다녀야 한다는 말은 어린 학생들을 의기소침하게 만들었고, 기대했던 학업 성취도 거의 이뤄지지 않았다.* 결국 유급은 학습 장려 효과가 거의 없는 비효율적인 방식이었다. 한 학년을 통째로 반복하는 방식은 해당 학년의 교육과정 중 그 학생에게 특별히 필요한 내용에 집중하지 않기 때문이다. 이미 잘 이수한 과목을 다시 공부하는 방식이 학생이나 교사에게 자극이 될 리 만무하다. 유급 제도는 다음 학년으로 진급하는 데 필요한 지식과 기술을 가장 효과적으로 성취하는 방법을 마련하기는커녕, 개선이 필요한 영역을 구체적으로 명시한 학습계획도 없이 학생들을 이전 학급으로 돌려보냈다.

* Brophy, 2006; Jimerson, 2001

종합학교 개혁 초기에는 유급을 개인의 학습장애나 사회성 결핍을 고치기에 부적절하고 잘못된 전략으로 보았다. 초등학교의 경우 한두 과목에 어려움을 겪는 유급생에게는 행동과 성격에도 문제가 있는 '실패한' 학생이라는 꼬리표가 붙기 일쑤였다. 이러한 오명은 학생들의 자존감에 아주 부정적인 영향을 끼쳤고, 당연히 배움에 대한 의욕과 노력에도 악영향을 끼쳤다. 또한 이런 오명은 학생의 학습 능력에 대한 교사의 기대감까지 떨어뜨렸다.

유급은 학생이 성인이 된 후에도 악순환을 만들어냈다. 학업 실패는 사회에서 개인의 역할과도 연결되었고 배움과 교육에 호의적이지 않을 것이라는 인식으로 이어졌다. 주체성이 강하고 친구, 교사, 부모와 관계가 좋은 아이들만 실패자라는 기억을 잊어버릴 수 있었다. 핀란드의 경험은 유급이 대개의 경우 학습장애나 사회성 결핍과 같은 문제를 극복하는 데 도움이 되기보다는 사회 불평등을 가중시킨다는 점을 보여준다.

따라서 종합학교는 유급 정책 및 관행을 신속히 바꾸었다. 새로운 시스템이 도입되고 유급 문제가 완전히 없어지지 않았을 때도 종합학교에서 유급을 당한 학생 수는 크게 줄었다. 개인별 맞춤 학습과 개별화는 모든 학생을 위해 학교 교육을 체계화하는 기본 원리가 되었다. 각 학생의 특성과 필요에 따라 학습을 체계화하면 모든 학생이 공통된 학습 목표를 성취할 수 있다는 가정 역시 또 하나의 토대가 되었다.

유급과 능력별 반 편성은 분명히 이러한 이상과 반대되는 것이었다. 다양한 학생들은 같은 학급에서 함께 노력하고 공부하는 법을 배워야 한다. 학습 환경을 정성들여 만들고 학교에서 교육 방법을 선택할 때는 학생들의 다양한 성격과 능력, 성향을 고려해야 했다. 교사에게는 이것이 가장 어려운 도전 중 하나였다. 심지어 오늘날에도 학교에서는 갈수록 다양해지는 학생들을 위해 교육적으로나 경제적으로 최적의 해법을 찾고 있다.

핀란드에서 유급의 최소화가 가능했던 주된 이유는 한 학교도 빠짐없이 특수교육을 필수로 여겼기 때문이다. 모든 학생은 정상적인 학교 교육의 일환으로 조기에 전문가로부터 개인 맞춤형 지원을 받을 권리가 있었다. 오늘날에는 이러한 특별지원이 다양한 방식으로 이루어진다. 앞에서 언급했듯이, 핀란드에서는 특수교육이 일반 학교 교육 안에 점점 더 체계화되고 있다. 특수교육은 핀란드 학교에서 형평성을 높이고 학업 실패를 방지하는 핵심 역할을 한다.

일반계든 실업계든 후기중등학교는 1년 단위로 구분하는 학년별 교육 과정보다 단원별로 나누어 모듈식으로 설계한 교육 과정을 운영한다. 따라서 핀란드 후기중등학교에서는 한 학년을 통째로 다시 다니는 전통적인 유급이 없어졌다. 요즘 학생들은 학교 또는 다른 교육기관에서 제공하는 강의 커리큘럼을 보고 개인별 학습 일정을 세운다. 따라서 후기중등학교의 학업은 탄력적이며, 학생이 선택한 강의는 개인별 능력과 상황에 따라 각기 다른 속도로 이수할 수 있다. 만족스럽게 통과하지 못한 과목이 생기면, 한 학년을 처음부터 끝까지 한 번 더 다니는 대신 해당 과정만 다시 듣는다. 다른 학생보다 과정을 좀 더 빨리 마치거나 시간이 더 필요한 경우도 있지만, 대부분의 학생은 3년이라는 정해진 시간 안에 후기중등학교를 졸업한다. 이런 비非학급 구조로 인해 같은 반 학생들이 한 수업에서 다른 수업으로, 한 학년에서 다음 학년으로 이동하는 학급 제도가 사라졌다.

핀란드는 조기 개입 원칙과 결합된 자동 승급 정책을 선택했다. 노턴 그럽 교수가 지적한 대로, 모든 학교가 동태적 불평등에 이토록 주목한다는 사실은 핀란드가 다른 나라와 구별되는 점이다.* 그러려면 아이들이 학업 진로를 생각할 때 체계적인 상담과 지도가 이어져야 한다. 오늘날, 16세에 9년제 종합학교를 졸업하는 학생들 중 학교생활을 하는 어느 시점에서 한 학년을 다시 다닌 비율은 2퍼센트가 안 된다. 다른 북유럽 국가도 핀란드와 비슷한 수준이지만, 그밖의 다른 유럽 국가는 유급 비율이 훨씬 높다. 프랑스는 40퍼센트, 벨기에와 네덜란드, 스페인은 30퍼센트 이상, 독일과 스위스는 25퍼센트의 학생이 학교 교육을 받는 과정에서

* Grubb, 2007

유급을 당한다.*

핀란드의 비결,
'시수'와 '미니멀리즘'

핀란드의 성공을 지켜본 사람들은 핀란드가 이처럼 국제적으로 좋은 평가를 받는 이유를 알고 싶어 한다. 그리고 그런 이유로 핀란드를 방문한 사람들의 눈길을 끄는 것은 훌륭한 건물에서 공부하는 차분한 아이들과 잘 교육받은 교사들이다. 각 학교가 상당히 높은 자율성을 바탕으로 운영된다는 점도 눈에 띈다. 중앙의 교육행정이 학교의 일상 업무에 개입하는 경우는 거의 없고, 학생들이 생활하면서 겪는 문제는 학교에서 체계적으로 해결하며, 도움이 필요한 학생에게는 정확하고 전문적인 도움을 주는 모습도 눈길을 끈다.

핀란드 같은 일류 교육 국가의 관행을 자국에 벤치마킹하는 데는 이러한 요소가 대체로 유용하게 쓰일지 모른다. 그러나 핀란드가 교육적으로 성공한 진짜 비결은 대부분 아직 밖으로 드러나지 않았다.

---

* Välijärvi & Sahlberg, 2008

- 교육개혁 과정은 어떠했는가?
- 교육제도가 잘 작동하게 하는 데 다른 분야의 공공정책은 어떤 역할을 하는가?
- 문화는 어떤 역할을 하는가?
- 핀란드 교육가들은 핀란드만의 방식을 만드는 과정에서 세계교육개혁운동을 얼마나 참고했는가?

핀란드는 여러모로 '역설'의 나라이다. 일류 이동통신사업의 본고장이자 휴대폰 보급률이 가장 높은 국가 중 하나인데, 정작 핀란드 사람들은 말수가 적다. 사회적 교류보다 고독을 즐기는 내성적인 성격이지만, 한편으로는 탱고를 아주 좋아한다. 매년 탱고 페스티벌을 열고 탱고 퀸과 탱고 킹을 선발하기까지 한다. 혹독한 기후에도 세계에서 가장 행복한 사람들로 손꼽히고, 세계에서 가장 번영한 나라에서 산다.

핀란드 문화를 한마디로 표현하라면 흔히 시수sisu라는 단어를 떠올린다. 시수는 역경에 맞서는 의지력, 투지, 결의에 찬 행동을 가리키는 핀란드어이다. 그러나 핀란드에는 이러한 문화 안에 침착함과 부드러움이 공존한다.* 실제로, 핀란드 교육의 특징을 이해하는 데는 순수한 논리보다 역설이 더 도움이 된다.

* Lewis, 2005; Steinbock, 2010

핀란드는 사회의 다양한 방면에서 미니멀리즘을 좋아한다. 예술, 음악, 디자인, 건축 모두 작고 명료하고 단순한 생각에서 영감을 받는다. 핀란드 사람들은 "작은 것이 아름답다"고 생각한다. 사업, 정치, 외교에서도 직설과 간소한 절차를 신뢰한다. 핀란드인은 문제에 관해 이야기하는 대신 문제를 해결하고 싶어 한다. 핀란드에서 발명과 혁신이란 단순한 생각으로 큰 차이를 만드는 것이다. 그러니 똑같은 원칙과 가치가 핀란드 교육에 구현되었다고 해도 그리 놀랄 일은 아니다. 핀란드 교육의 가치 중 하나는 교육정책과 교육개혁을 고려할 때 무엇보다 교수·학습을 우선시하는 것이다. 무엇보다 핀란드 사람들은 같은 공부를 더 많이 하는 것이 반드시 학업 향상에 도움이 된다고 믿지 않는다.

핀란드의 역설 1, 적게 가르쳐야 많이 배운다

핀란드의 경험은 학생들의 저조한 학업 성취도를 끌어올리기 위해 학습 시간과 교수 시간을 늘리는 교육개발의 전형적인 논리에 이의를 제기한다. 예를 들어, 학생들이 수학을 잘 따라가지 못할 때 가장 흔한 해결법은 수업 시간과 숙제를 늘리도록 교육과정을 개정하는 것이다. 또한 대부분의 교육제도는 교사에게 교수 시간을 늘리라고 요구한다.

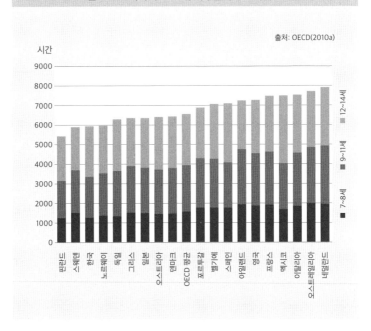

학생이 얼마나 많은 교육을 받고, 교사가 학생을 가르치는 데 얼마나 많은 시간을 보내는지 국가 간 차이를 생생하게 보여주는 두 가지 국제 지표가 있다.

우선 표 16을 보면, OECD 국가의 공공기관이 정한 7세에서 14세 아동의 총 교육 시간에는 큰 차이가 있다.* PISA 연구에 따르면, 공교육 수업 시간과 학생들의 학업 성취도 사이에는 상관관계가 아주 적다. 흥미롭게도, PISA 평가에 포함된 모든 영역에서 학업 성취도가 높은 핀란드, 한국, 일본은 정규 수업 시간에 덜 의존하는 데 비해 학업 성취도가 훨씬 낮은 이탈리아, 포르투갈, 그리스는 학생들이 정규 수업을 훨씬 더 많이 받게 했다.

이러한 차이를 학년으로 전환하면, 이탈리아 15세 학생들은 또래 핀란드 학생들보다 학교를 최소 2년 더 다니는 셈이다. 더욱이 핀란드 아이들은 7세에 입학하는 데 비해, 이탈리아에서는 많은 아이가 5세에 학교에 들어간다. 따라서 이 경우에는 정규 학습 시간이 2년 더 추가되는 셈이다.

OECD 데이터베이스에는 미국이나 캐나다의 의무교육 기간과 관련해 비교할 수 있는 자료가 없다. 그러나 미국과 캐나다 몇몇 주州의 추정치에 따르면 7세에서 14세 학생의 총 교육 시간이 약 7,500시간이다. 프랑스와 영국, 멕시코 학생의 총 교육 시간도 그와 비슷하다. 거기다 OECD 통계에 따르면, 핀란드의 15세 학생들은 다른 나라에 사는 또래 학생들보다 숙제하는 시간이 적다. 이것은 학생들이 방과 후에도 계속 바쁘게 공부하도록 '최소 숙제 시간'과 그 밖의 다른 수단을 도입한 다른 나라들과 핀란드의 또 다른 놀라운 차이이다.

*   OECD, 2010a

표 17 2008년 OECD 국가들의 전기중등학교 연평균 수업 시간

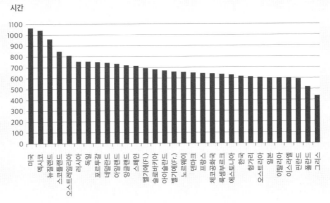

출처: OECD(2010a)

핀란드 학생들은 다른 나라 학생들보다 학교에서 보내는 시간이 짧다. 그럼 수업이 끝난 뒤에 아이들은 무엇을 할까? 학교에서 제공하는 프로그램이 없다면, 원칙상 집에 가도 된다. 그러나 대개는 각 학교에서 저학년을 위한 방과 후 활동과 고학년을 위한 공부 모임이나 놀이 모임을 마련하도록 권장한다. 핀란드 청소년 협회와 스포츠 협회는 청소년들의 학습과 성장에 도움이 되는 활동 기회를 제공한다. 10세에서 14세 아이들 중 3분의 2, 15세에서 19세 아이들의 절반 이상이 적어도 1개 이상의 청소년 협회에

속해 있다. 핀란드에서 이들 비정부 단체의 네트워크라 불리는 제 3섹터Third Sector는 핀란드 청소년의 자아계발과 사회성 계발, 나아가 핀란드 학교의 학업 성취도에 크게 기여한다.

양과 질의 역설을 설명하는 또 다른 방법은 각국 교사가 근무시간을 어떻게 보내는지 살펴보는 것이다. 표 17에 나와 있듯, 여기에도 국가 간에 상당한 차이가 있다.*

전기중등학교에서 근무하는 교사들은 연평균 약 600시간을 가르친다(45분짜리 수업 800회). 매일 4번의 수업을 하는 것이다. OECD에 따르면, 미국 전기중등학교 교사의 연평균 수업 시간은 1,080시간이다. 50분짜리 수업이나 다른 지도를 매일 6번 이상 한다는 뜻이다. 캐나다는 비교할 수 있는 자료가 없지만, 연평균 약 900시간을 가르치는 것으로 추정된다. 수업 시간이 적을수록 교사가 학교 개선과 교육과정 설계, 전문 역량 개발에 힘쓸 시간이 많아진다.

그러면 핀란드와 미국 전기중등학교의 수업은 얼마나 다를까? 우선, 미국 교사의 주당 수업 시간은 핀란드 교사의 거의 두 배에 이른다. 매일 6시간씩 가르치는 것은 고된 일이다. 그래서 많은 교사가 수업이 끝나면 너무 지쳐서 다른 일을 전혀 하지 못한다. 따라서 교사의 업무는 주로 교실 안과 밖에서 하는 수업으로

---

* OECD, 2010a

한정된다.

전형적인 핀란드 전기중등학교 교사는 하루 평균 4개의 수업을 한다. 교사들은 수업 회당 보수를 받지만, 그럼에도 매일 다른 교사와 함께 수업을 계획하고 배우고 돌아볼 시간이 있다. 핀란드 교사들은 수업 외에도 다른 책임을 많이 맡고 있다. 학생의 학업 성취도와 전반적인 발달 사항을 평가하고, 학교 교육과정을 준비하고 꾸준히 개발하고, 학생들의 건강과 행복을 위한 여러 가지 계획에 참여하고, 추가 도움이 필요한 학생들에게 보충 지원도 한다. 교사의 업무에 대한 독특한 정의와 성격 덕분에 핀란드 학교는 대개가 전문적인 학습 공동체이다. 물론 예외는 있다. 그럼에도 대부분의 초등학교가 진정으로 전문 학습 공동체의 역할을 한다. 이 공동체에서 교사란 학생과 함께하는 교실에서의 업무와 동료와 협력하는 교무실에서의 업무를 병행하는 전인全人 직업이다.

흥미롭게도 가장 최근에 실시한 연구에 따르면, 핀란드 학생들이 다른 나라 학생들보다 학교에서 불안과 스트레스를 덜 경험하는 것으로 나타났다.* PISA 보고서는 핀란드 학생 중 집에서 수학 숙제를 할 때 불안을 느끼는 학생은 7퍼센트에 불과했다고 밝혔다. 반면 일본과 프랑스는 각각 52퍼센트와 53퍼센트였다.** 세

* OECD, 2004, 2007
** Kupari & Välijärvi, 2005

계 곳곳의 외신 기자들도 비슷한 의견을 내놓았다. 스트레스와 불안이 없고 느긋한 학습 문화는 핀란드 학교가 전체적으로 높은 학업 성과를 내는 데 제대로 한몫한다.

핀란드 교육자들은 숙제를 많이 한다고 꼭 더 잘 배우는 것이 아니라고 믿는다. 지적으로 전혀 자극이 되지 않는 일을 지루하게 반복한다면 특히 더하다. 그런데 불행하게도 학교에서 내주는 숙제는 주로 그런 것들이다. 전국 조사와 국제 연구에 따르면, 핀란드 초등학교와 전기중등학교 학생들의 숙제가 가장 적다. 〈월스트리트 저널〉은 핀란드 학생이 하루에 30분 이상 숙제를 하는 경우는 거의 드물다고 보도했다.* 초등학교와 전기중등학교에 다니는 많은 학생이 학교를 나서기 전에 대부분의 숙제를 마친다. OECD에 따르면, 핀란드의 15세 학생들은 학교에서 제공하는 수업 외에 개인 과외나 보충 수업을 받지 않는다. 이러한 견지에서 보면 핀란드 학생들이 국제 시험에서 높은 평가를 받은 것은 놀라운 일이다. 한국과 일본, 싱가포르, 중국 상하이 등 읽기, 수학, 과학 평가에서 핀란드와 마찬가지로 높은 점수를 받은 나라나 지역에서는 대부분의 아이들이 주중에 정규 수업을 마치고 몇 시간씩 개인 과외나 입시 대비 수업을 받는다. 물론 주말과 휴일도 예외가 아니다.

* Gameran, 2008

핀란드의 역설 2,
시험이 적을수록 더 많이 배운다

세계 교육개혁의 기조에는 경쟁과 선택, 잦은 외부 시험이 교육의 질을 높이는 전제조건이라는 가정이 깔려 있다. 영국의 1988년 교육개혁법 이후, 시험에 기반을 둔 책무성 정책이 전 세계의 수많은 학교 시스템에서 표준화 시험 빈도를 늘려왔다.* 학생과 학교의 성적이 매년 얼마나 향상되었는가에 대한 판단은 거의 예외 없이 외부에서 주관한 읽기, 수학, 과학 표준화 시험을 근거로 이루어졌다. 그렇다면 경쟁과 선택, 그리고 시험에 기반을 둔 책무성 정책이 교육개혁의 주요 동인이었던 이들 교육제도는 다른 나라에 비해 발전하고 있는가?

비교를 위해 PISA 데이터베이스를 이용하면 도발적인 답이 나온다. 미국과 영국, 뉴질랜드, 일본, 그리고 캐나다 일부 지역과 오스트레일리아를 기준으로 활용할 수 있다. 표 18은 2000년부터 2006년까지 세 번에 걸친 PISA 연구에서 이들 국가의 15세 학생들의 평균 수학 성적이 어떻게 바뀌었는지 핀란드 학생들과 비교해 보여준다.**

시험에 기반을 둔 책무성 정책을 실시하는 모든 국가에서 학

---

* Hargreaves & Shirley, 2009
** OECD, 2001, 2004, 2007; Sahlberg, 2010a

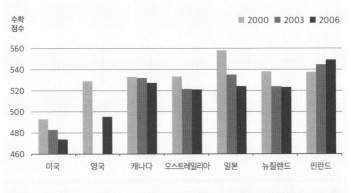

표 18 2000~2006년 3회에 걸친 PISA 평가에서
OECD 국가 15세 학생들이 받은 수학 점수

출처: OECD(2001, 2004, 2007)

생들의 수학 성적은 비슷한 추세로 하락했다. 매회 평가 때마다 성적이 떨어졌음을 알 수 있다. 과학이나 읽기 성적을 살펴보아도 상황은 크게 다르지 않다. 이들 국가는 1990년대에 심화된 표준화 시험으로 학교의 책무성을 강화하는 것을 공통된 정책 대안으로 삼았다. 반대로 핀란드에서는 그 시기에 교사의 전문성과 학교 중심의 교육과정, 신뢰에 기반을 둔 교육 리더십, 네트워크를 통한 학교 간 협력을 강조하는 교육정책을 택했다. 표가 보여주듯, 핀란드는 다른 나라와 달리 2000년에 이미 높은 수준이었던 평균 성

핀란드의 역설: 덜 가르칠수록 우수하다

적이 꾸준히 향상되었다.

이 결과가 시험 중심의 교육개혁 정책이 실패했다는 증거일 수는 없지만, 경쟁에 기초한 공공정책을 옹호하는 많은 이들의 주장처럼 빈번한 표준화 시험이 교육의 질을 높이는 필요조건은 아니라는 사실을 확인할 수 있다. 학교 교육을 꾸준히 향상시키는 다른 길이 있다는 것, 이것이 우리가 핀란드의 경험을 통해 얻은 교훈이다.

핀란드 학생들은 다른 나라 학생들처럼 많은 시험을 치르지 않는다. 그렇다고 핀란드 학생들이 평가를 전혀 받지 않는다는 의미는 아니다. 사실은 정반대이다. 핀란드의 학생 평가는 세 부문으로 나눌 수 있다.

첫째, 교사들이 하는 학습 과정 평가이다. 여기에는 교수·학습의 일부로써 학생들에 대한 진단 평가, 형성 평가, 총괄 평가가 포함된다. 어느 학교에서든 이 평가는 순전히 교사들의 책임이다. 모든 교사는 다양한 평가 방법을 고안하고 업무에 활용한다. 교사들의 교실 밖 업무 중 상당 부분을 차지하는 것이 학습 과정 평가이다.

둘째, 매 학기가 끝난 뒤에 학생들의 발달을 평가하는 종합 평가이다. 학생들은 학문적 과목과 비학문적(실용) 과목, 품행과 참여도를 두루 평가한 성적표를 받는다. 학생들의 성적표는 교사들이 함께 내리는 전문적인 평가이다. 학생 평가 지침을 토대로 이 평가 기준을 정하는 것은 학교의 몫이다. 이는 곧 모든 성적표가 표준화된 객관적 기준에 근거한 것이 아니기 때문에 서로 다른 학교에서 발행한 성적표를 똑같이 비교할 수는 없다는 뜻이다. 그러나 많은 교사가 표준화된 평가 기준을 세우고 표준화 시험을 치르는 것이 학교를 비인격화하고 '시험 대비 수업'을 유도해 오히려 더 문제가 될 것이라고 생각한다.

셋째, 외부 평가이다. 정기적인 국가 평가는 연령 집단(예를 들면 6학년과 9학년)의 약 10퍼센트를 포함하는 표본추출법으로 이루어진다. 외부 평가에서는 3~4년 주기로 읽기, 수학, 과학, 그 밖의 다른 과목에 대한 학습을 평가한다. 어떤 과목을 포함시킬지는 국가의 필요나 요청에 따른다. 이 표본에 포함되지 않은 학교는 다른 학교 성적과 비교할 기준을 마련하기 위해 핀란드 교육청에서 이 학교의 시험지를 하나 이상 구매한다. 학년 집단에 속한 전체 학생의 약 5분의 1이 자발적인 평가에 참여한다. 일례로 학생이 500명인 어느 학교는 결과 분석을 포함해 각 시험에 미국달러로 약 5,000달러를 지불했다.

핀란드 국가 예산에서 전체 학교의 연례 학생 평가 비용은 500만 달러 미만이다. 북아메리카 지역 중 핀란드와 규모가 같은 매사추세츠 주나 앨버타 주에서는 학생 평가 예산으로 이보다 열 배 많은 돈을 쓴다.

시험 자체는 나쁜 것이 아니고 나는 시험에 반대하는 사람도 아니다. 문제는 시험에 대한 부담이 커지고 결과가 좋지 못하다고 교사나 학교에 제재를 가할 때 생긴다. 고부담 시험을 책무성 정책의 일환으로 활용하는 많은 국가에서 우려스러운 보고가 나오고 있다.* 교사들이 이들 시험 때문에 교직을 그만두거나, 시험을 치르는 과목에 우선순위를 두거나, 지식을 이해하기보다 정보를 반복 학습하고 암기하는 방식으로 교수법을 조정하는 일이 생겨나고 있다. 핀란드에서는 후기중등교육을 마치고 대입자격시험을 치르기 전까지 표준화된 고부담 시험을 보지 않기 때문에 교사가 잦은 시험에 방해받지 않고 교수·학습에 집중할 수 있다.

잉글랜드와 웨일스, 캐나다 앨버타 주의 최근 정책을 보면 경쟁과 시험에 대한 의존이 약해지고 있다는 다른 징후가 나타나고 있다. 이들 지역에서는 전국 단위의 표준화 시험을 일부 금지하고, 표준화 시험 대신 학생과 학교를 평가하는 좀 더 영리한 방법을 도입했다.

예를 들어, 앨버타 주에는 의사결정자들이 관할 구역의 전반적인 교육 수준을 알 수 있도록 읽기, 수학, 과학 성적을 평가하는 데 활용하는 주정부학력평가시험PATs이라는 제도가 있었다. 지방당국은 학교 간 서열을 매기거나 실패한 지역을 추려내는 데 시

---

* Au, 2009: Nichols & Berliner, 2007: Amrein & Berliner, 2002: Popham, 2007

험 자료를 이용하지 않으려고 했지만, 개중에는 시험 자료를 그런 용도로 사용하는 이들이 있었다. 교사와 학부모는 그런 상황에 몹시 좌절했고, 우선 시험 점수를 올리기 위해 훌륭한 수업 방식을 상당 부분 포기해야 했다. 2009년 봄, 앨버타 주의회는 3학년 시험을 없애는 데 찬성했다. 이를 토대로 이듬해에는 교육부 장관이 앨버타 주 교육부의 책무성 부서 전체를 해산시켰다. 이는 시험 중심의 교육정책에서 좀 더 영리한 교육정책으로의 변화를 의미한다. 그러나 세계 다른 지역에서는 개혁의 바람이 정반대 방향으로 불고 있다.

핀란드의 역설 3, 다양성을 확대해 형평성을 높인다

1970년대 핀란드 종합학교 개혁의 주요 원칙은 1장에서 설명한 대로 모든 사람에게 평등한 교육 기회를 제공하는 것이었다. 여기에는 학생들의 학업 성적이 사회 집단과 지리구地理區에 고르게 분포되어야 한다는 생각도 포함되어 있다. 핀란드가 오랫동안 민족적 동질성을 유지해온 것은 사실이다. 그러나 1995년 유럽연합에 가입한 후, 유럽연합에 속한 다른 나라보다 문화적·민족적 다양화가 빠르게 진행되었다. 특히 대도시는 1세대와 2세대 이민자의 인구 비율이 전체 인구의 4분의 1에 달했다.

    2010년에는 핀란드 거주자의 약 4.7퍼센트가 외국 태생이었고, 따라서 핀란드어가 모국어가 아니었다. 핀란드에서 시민권을 발급받는 숫자가 적은 주된 이유는 '모든 시민은 자국어 중 하나를 유창하게 구사해야 한다'는 자격 때문이다. 핀란드의 자국어인 핀란드어와 스웨덴어, 사미어는 모두 스칸디나비아 반도 밖에서는 사용하지 않는 언어이다. 따라서 핀란드로 이민 오는 사람들 중 이 언어를 쓰는 사람은 거의 없다.

    핀란드 학교들은 아주 짧은 시간 안에 이런 변화에 적응해야 했다. 그 결과 일부 지방자치단체에서는 차별을 막기 위해 각 학교별 이민자 학생 비율을 제한하고 있다. 예를 들어, 에스포 시에는 이민자 학생 비율이 40퍼센트가 넘는 학교가 있는가 하면, 이민자 학생이 거의 전무한 학교도 있다. 시 당국은 각 학교에 이민자 학생을 좀 더 고르게 배치하는 것이 학생과 학교 모두에게 유익하다고 믿는다.

    그러나 학교장들은 그런 강압적인 정책과 그 정책이 지역사회에 미칠 영향에 회의적이다. 헬싱키에 있는 종합학교에서는 이민자 학생의 비율이 10퍼센트에 근접하며, 이들 학교에서는 40개 언어를 들을 수 있다.* 핀란드 주요 도시 전체에서 이러한 추세가 나타나고 있다.

* http://www.hel.fi/hki/opev/en/

핀란드 교육제도는 상이한 특성과 필요를 지닌 학생들을 대함에 있어 포괄성의 원칙을 따른다. 특별한 이유가 없는 한 학생들은 일반 학교에 배정된다. 그러므로 전형적인 핀란드 교실에서는 교사가 능력과 관심사와 인종이 다양한 아이들을 가르치고, 대개는 보조교사의 도움을 받는다. 핀란드 학교에서 다양성이 증가한다는 것은 학교 내에서 학생들의 성적 격차가 커질 수 있다는 뜻이기도 하다. 핀란드 사회의 문화적 이질성은 학교 간 성적 격차 역시 커질 수 있음을 시사한다. 그러나 표 18에 나와 있듯, 핀란드 학교들은 전반적으로 과학, 수학, 읽기 과목 성적이 아주 높고 고르게 분포되어 있다.

학교와 지역 사회의 급속한 다양화를 경험하고 있는 핀란드의 사회문화적 상황은 흥미로운 연구사례를 제공한다. 야르코 하우타메키Jarkko Hautamäki 교수는 이민 증가가 학생들의 학습에 미치는 영향을 분석한 결과 두 가지 흥미로운 사실을 발견했다.

첫째, PISA 자료에 따르면 핀란드 학교에 다니는 이민자 학생들은 다른 나라의 이민자 학생들보다 2009년 이전 PISA 평가에서 훨씬 좋은 성적을 받았다.* 핀란드의 이민자 학생들은 다른 나라의 또래 학생들보다 평균 점수가 50점이나 높았다.

---

* Hautamäki et al., 2008

둘째, 같은 연구에 따르면 학급당 이민자 학생의 비율이 어느 지점에 도달할 경우 그 학급 학생 전체의 학업 성적이 떨어지는 데 한계가 있는 것으로 나타났다. 헬싱키에서 인종의 다양성이 성적에 미치는 영향이 나타나기 시작한 때는 이민자 학생의 비율이 약 20퍼센트에 이를 때였다.

빈곤은 학교에서의 교수·학습에 불리한 영향을 끼치는 요소이다. 빈곤 아동은 국가 평균 가구 소득의 50퍼센트 이하에 해당하는 가정의 아동으로 정의할 수 있다. 유니세프 이노첸티 리서치 센터에 따르면, 핀란드 아동의 3.4퍼센트가 빈곤 가정에서 살고 있다. 2.4퍼센트인 덴마크 다음으로 아동 빈곤율이 낮다. 미국은 21.7퍼센트, 캐나다는 13.6퍼센트의 아동이 빈곤 가정에서 살고 있다.*

핀란드의 평등한 교육제도는 사회정의에 조직적으로 관심을 기울이고, 특수교육이 필요한 학생들을 돕기 위해 조기에 개입하고 교육과 다른 부문, 특히 보건과 사회복지 사이에 긴밀한 상호작용이 이루어진 결과이다.

핀란드 사회가 문화적으로 점점 다양해지고 사회적으로 복잡해지는데도 불구하고, 어떻게 학생들의 학업 성취도가 계속 향

---

* UNICEF, 2007

상되고 학생 간의 성적 격차가 줄었는지를 이해하는 것이 중요하다. 핀란드는 사회 내 민족적, 문화적 다양성이 증가하는 동안 좀더 평등한 사회를 건설하는 데 성공했다.

3

핀란드의 강점

우수한 교사들을
무한 신뢰한다

핀란드 교육제도가 지금과 같은 명성을 얻는 데는 여러 요인이 작용했지만, 우수한 교사들의 끊임없는 헌신이야말로 가장 큰 요소라 할 수 있다. 오늘날, 전 세계가 핀란드의 우수한 학업 성취도를 극찬할 때마다 핀란드는 이 모든 공로를 교사들에게 돌린다. 핀란드 국민들은 교사의 가치를 인정하고, 학교 교육에 관해서만큼은 교사의 전문가적 통찰과 판단을 절대적으로 신뢰한다. 솔직히 말해서, 우수한 교사들이 없었다면 핀란드가 오늘날과 같이 탁월한 학업 성과를 내기란 불가능했을 것이다.

핀란드에서는 교사를 다섯 부류로 구분한다. 첫째, 보육 교사이다. 이들은 보육원에서 일하며 취학 전 아이들을 가르칠 수 있는 면허를 가지고 있다. 둘째, 초등학교 교사는 종합학교에서 1학년부터 6학년까지 가르친다. 대개는 한 학년에 배정되어 여러 과목을 담당한다.

셋째는 교과교사인데, 이들은 종합학교 고학년과 직업학교를 포함한 일반계 후기중등학교에서 특정 과목을 가르친다. 학위에 따라 최소한 과목에서 최대 세 과목, 이를테면 수학, 물리, 화학을 함께 가르칠 수 있다. 넷째, 특수교육 교사이다. 이들은 초등학교와 종합학교 고학년 가운데 특수교육이 필요한 개인이나 그룹을 가르친다. 마지막으로 직업교육 교사가 있다. 이들은 자신의 분야에서 최소 3년 이상 수업 경험을 쌓은 후 직업 훈련 교사 양성 프로그램을 수료해야 실업계 후기중등학교에서 교사로 근무할 수 있다.

　핀란드 언론은 일반계 후기중등학교 졸업생들을 대상으로 가장 인기 있는 직업을 조사해 정기적으로 발표하는데 교직은 의사, 건축가, 변호사를 누르고 가장 존경받는 직업 중 하나로 꾸준히 순위에 오른다. 대부분의 핀란드 교사들은 자신들이 다섯 부류 중 어디 속하건 간에 복지 사회를 건설하는 데 매우 중요한 역할을 맡고 있다고 생각하며, 교사로서 자부심을 느낀다.

　교사가 이렇게 인기 있다 보니, 핀란드에서 가장 우수한 학생들이 교직에 도전한다. 핀란드에서 초등학교 교사가 되려면 경쟁이 매우 치열해서, 석사 학위 취득과 높은 학점으로 1차 시험에 통과해도 긍정적인 성격, 뛰어난 대인관계 능력, 교사로 헌신할 자세를 확인하는 심층 면접을 거쳐야 한다.

　이렇게 힘든 과정을 거쳐 교사가 되는 만큼 핀란드 교사들의 자부심과 자긍심은 남다를 수밖에 없다. 국가도 이를 인정해, 교사들이 자신이 근무하는 학교에서 직접 교육목표를 세우고 교육 과정을 설계할 수 있도록 최대한의 자율성을 준다. 다른 나라처럼 엄격한 학교 시찰을 통해 교사들을 감시, 통제하지도 않는다.'

I

그러나 뜻이 있는 곳에 길이 있다.

_알렉시스 키비,《일곱 형제》

핀란드 교육개혁의
최대 공로자,
핀란드 교사의 모든 것

핀란드 교육제도가 지금과 같은 명성을 얻는 데는 여러 요인이 작용했다. 모든 아이를 위한 9년제 종합학교, 학습에 초점을 맞춘 현대적인 교육과정, 다양한 요구를 지닌 학생들에 대한 체계적 보살핌, 지역의 자율성을 높이고 책임을 공유하는 시스템 등이 대표적이다. 그러나 많은 연구와 경험은 이 모든 요소를 능가하는 한 가지 요소로 우수한 교사들의 끊임없는 헌신을 꼽는다.

그래서 이번 장에서는 핀란드 교사의 핵심 역할을 살펴보고, 핀란드 교육제도가 세계적인 관심과 연구 대상이 되는 데 사범교육이 어떤 공헌을 했는지 설명하려 한다.

나는 핀란드 사범교육에 여전히 개선할 부분이 있으며 사범대학 입학 조건이 좀 더 엄격해져야 한다고 생각한다. 그러나 핀란드의 경험은 교사가 교직을 평생 직업으로 선택한 목적을 이룰 수

핀란드의 강점: 우수한 교사들을 무한 신뢰한다

있도록 직업적 존엄과 사회적 존경을 바탕으로 업무를 수행할 수 있게 하는 것이 중요하다는 사실을 보여준다. 교사의 업무인 수업과 동료 교사와의 협력은 서로 조화를 이루어야 한다. 이것이 재능 있는 젊은 인재들이 교직에 매력을 느끼게 하는 최선의 길이다. 먼저, 핀란드 문화를 배경으로 교직과 교사의 업무를 살펴보자.

핀란드 교직 문화의 특징

교육은 언제나 핀란드 문화와 사회에 없어서는 안 되는 부분이었다. 6년제 기초교육을 모든 국민의 법적 의무이자 권리로 규정한 것은 1922년이다. 일찍이 핀란드 사람들은 글을 모르고 폭넓은 지식을 갖추지 못하면 일생의 큰 뜻을 이루기 어렵다고 생각했다.

1860년대는 공교육이 정식으로 확산되기 전이었지만, 이미 17세기부터 글을 읽고 쓸 줄 아는 국민을 양성하는 것은 핀란드 성직자들과 신자들의 책임이었다. 교리교사들은 핀란드 마을과 외딴 지역에 있는 주일학교와 순회 학교에서 종교 위주의 초기 문해교육文解教育을 실시했다. 전통적으로 교회에서는 결혼하려 하는 남녀 모두에게 읽고 쓰는 능력을 요구했다. 따라서 글을 깨우치는 것은 한 개인이 어른이 되었다는 표시였고, 그에 따른 의무와 권리가 생겼음을 의미했다.

20세기 초에 핀란드 공교육 시스템이 확대되면서 교사가 이러한 책임을 맡았다. 교사는 사회적 지위가 높은 직업으로 핀란드 사회에서 누구보다 큰 존경과 신뢰를 받는다. 실제로 핀란드 사람들은 교사를 의사나 변호사, 경제학자와 같이 숭고하고 명망 있는 직업으로 간주한다. 물질적 이익이나 경력, 보상보다는 도덕적 목적을 따라 움직이는 이들로 여긴다.

표 6에서 살펴보았듯 1960년대까지 핀란드의 학력 수준은 상당히 낮았다. 예를 들어, 핀란드가 처음으로 하계올림픽을 개최한 1952년에 핀란드 성인 열 명 중 아홉 명은 7~9년 동안 기초교육을 이수한 것이 전부였다. 그 시기에는 대학 학위를 아주 예외적인 사례로 간주했다.* 다른 나라와 비교하면 핀란드인의 교육 수준은 말레이시아나 페루와 비슷했고, 덴마크와 노르웨이, 스웨덴 같은 스칸디나비아 이웃 국가와 비교하면 한참 뒤처졌다.

1960년대에는 학술 기관이 아닌 단기 교생 실습을 제공하는 단체가 2년 또는 3년 과정의 교사 교육 세미나를 통해 초등학교 교사를 양성했다. 1950년대 후반에 교사 양성 과정을 수료한 마르티 아티사리는 초등학교 교사로 시작해 외교관을 거쳐 핀란드 대

* Sahlberg, 2010a

통령(1994~2000 재임)이 되었고, 세계평화에 공헌한 공로로 노벨 평화상을 수상했다. 오늘날, 세계가 핀란드의 우수한 학업 성취도를 칭찬할 때마다 핀란드는 교사의 가치를 공개적으로 인정하고, 학교 교육에 관한 한 교사의 전문가적 통찰과 판단을 절대적으로 신뢰한다. 아주 솔직하게 이야기해서, 우수한 교사와 현대적인 사범교육 제도가 없었다면, 오늘날과 같이 국제적으로 뛰어난 학업 성과를 내는 것은 불가능했을 것이다.

핀란드의 교육제도는 미국이나 캐나다, 영국의 공교육 제도와 확연히 다르다. 몇몇 차이점은 교사 업무와 밀접한 관련이 있다. 예를 들면, 핀란드 교육제도에는 엄격한 학교 시찰이 없다. 그리고 국민들에게 학교나 교사의 우수성을 알리기 위해 학생들이 학외學外 당국자가 출제한 표준화 시험을 치르게 하지 않는다. 또한 교사에게는 자신이 근무하는 학교를 중심으로 업무 계획을 세우고 교육 과정을 수립할 수 있는 자율성이 있다. 핀란드에서는 모든 교육비를 국가가 지원하기 때문에 어떤 학교나 대학도 학비를 받지 않는다.

오늘날 핀란드 사범교육은 교육정책의 이러한 특징과 완전히 일치한다. 핀란드에는 다섯 부류의 교사가 있다.

① 보육 교사는 보육원에서 일하고, 취학 전 아동들을 가르칠 수 있는 면허를 가지고 있다.

② 초등학교 교사는 종합학교에서 1~6학년을 가르친다. 대개는 한 학년에 배정되어 여러 과목을 가르친다.

③ 교과교사는 종합학교 고학년(대개는 7~9학년)과 직업학교, 일반계 후기중등학교에서 특정 과목을 가르친다. 교과교사는 1~3개 과목, 이를테면 수학, 물리, 화학을 함께 가르칠 수 있다.

④ 특수교육 교사는 초등학교와 종합학교 고학년 가운데 특수교육이 필요한 개인이나 그룹을 가르친다.

⑤ 직업교육 교사는 실업계 후기중등학교에서 가르친다. 직업교육 교사가 되려면 직업 훈련 교사 양성 프로그램에 참여하기 전 자신의 분야에서 최소 3년 이상 수업 경험을 쌓아야 한다.

이 외에 평생교육기관에서 일하는 교사들도 비슷한 교육학적 지식과 기술을 갖추어야 한다. 핀란드에서는 해마다 전체 사범 교육 프로그램을 통틀어 약 5,700개 강좌가 개설된다. 이번 장에서는 핀란드 K-12 과정에 속하는 초등교사와 교과교사의 사범교육에 초점을 맞춰 살펴볼 것이다. 사범교육에 참여하는 전체 학생의 3분의 2가 여기에 해당한다.

직업으로서의 교직은 핀란드 문화를 지탱하고 개방적인 다문화 사회를 건설하는 것과 밀접한 관련이 있다. 실제로, 정규교육의 목적 가운데 하나는 문화의 유산과 가치와 염원을 한 세대에서 다음 세대로 전달하는 것이다. 교사들은 핀란드 복지사회를 건설하는 데 자신들이 핵심 역할을 맡고 있다고 생각한다. 세계 다른 나라에서 그렇듯이, 핀란드에서 교사는 비판적인 문화 전달자의 역할을 한다. 수세기에 걸쳐 핀란드는 민족의 정체성과 모국어, 그리고 핀란드만의 가치를 지키기 위해 투쟁했다.

처음에는 스웨덴 왕국 아래에서 600년간, 다음에는 러시아 제국과 다섯 명의 러시아 황제 아래에서 100년 이상, 다음에는 예전 지배국들과 강대국들 사이에 위치한 신생 독립국가로서 100년간 힘든 싸움을 했다. 이러한 역사는 핀란드 사람들에게 깊은 흔적을 남겼고, 교육, 독서, 자기계발을 통해 발전하고자 하는 강한 열망을 불러일으켰다. 글을 읽고 쓸 줄 아는 능력은 핀란드 문화의 중추이자 모든 핀란드인의 문화적 DNA에 없어서는 안 될 부분이 되었다.

핀란드에서 교사와 교직을 중시하는 것은 전혀 이상한 일이 아니다. 핀란드 언론은 일반계 후기중등학교 졸업생 사이에서 가장 인기 있는 직업을 상세히 조사한 여론조사 결과를 정기적으로 보도한다. 놀랍게도, 교직은 일반적으로 선망의 직업이라 여기는 의사, 건축가, 변호사를 누르고 가장 존경받는 직업 중 하나로 꾸준히 순위에 오른다. 교직은 핀란드 사람들이 가장 중시하는 사회적 가치와 일치한다.

핀란드청소년여론조사가 발표한 바에 따르면(2010) 이러한 가치에는 사회정의, 타인에 대한 보살핌, 행복이 포함된다. 교직은 국민의 존경과 칭송을 받는, 고귀하고 독립적인 직업으로 간주된다. 특히 젊은 여성들 사이에서 인기가 있다. 초등교사 양성 과정에 합격한 사람의 80퍼센트 이상이 여성이다.*

한 여론조사에서 15세에서 74세 사이의 핀란드 성인 약 1,300명에게 배우자를 선택하는 데 직업이 영향을 끼쳤느냐고 물었다.** 인터뷰에 응한 사람들에게 30가지 직업 중 선호하는 배우자 직업 5개를 고르게 했더니 핀란드 남성들은 교사를 가장 이상적인 배우자로 꼽았다. 여성들은 의사와 수의사 다음으로 교사를 선택했다. 전체 표본의 35퍼센트가 이상적인 배우자의 5대 직업 가운데 하나로 교사를 꼽은 것이다. 핀란드 결혼 시장에서 의사 다음으로 가장 인기 있는 직업이 교사이다. 이는 교사가 학교 안팎으로, 또한 직업적으로나 사회적으로 지위가 높다는 사실을 뒷받침한다.

핀란드에서
교사가 되는 길

교직과 교사가 이렇듯 인기 있다 보니, 핀란드에서

---

* Ministry of Education, 2007
** Kangasniemi, 2008

가장 우수하고 열성적인 이들만 교사의 꿈을 실현할 수 있다. 매년 봄, 일반계 후기중등학교 졸업생 수천 명이 8개 대학의 사범교육과에 입학지원서를 제출한다. 따라서 핀란드에서 초등학교 교사가 되려면 매우 치열한 경쟁을 거쳐야 한다. 일반계 후기중등학교를 무사히 마치고 엄격한 대입자격시험을 통과한 것만으로는 충분하지 않다.

　　　사범교육 후보생으로 뽑히려면 높은 학점과 긍정적인 성격, 뛰어난 대인관계 능력, 교사로 헌신할 자세를 갖추어야 한다. 매년 지원자 열 명 중 한 명만 초등학교 교원 양성 과정에 합격한다. 해마다 전체 5개 분야의 사범교육 과정에 지원하는 사람은 약 2만 명이다.

　초등교사 양성 교육은 2단계에 걸쳐 후보생을 선발한다. 우선, 대입자격시험 점수와 학교에서 발급한 후기중등학교 졸업장, 각 학생의 교외 성취 관련 기록, 광범위한 교육 현안 관련 질문으로 구성된 입학시험을 기준으로 지원자들 중에서 1차 합격자를 선발한다. 그런 다음, 1단계에서 높은 점수를 받은 후보를 대상으로 면접을 진행하고, 왜 교사가 되기로 결심했는지를 비롯한 여러 가지를 질문한다.

나는 왜 교사가 되려 하는가?

교사가 되기로 한 것은 어려운 결정이 아니었어요. 사실 선택한 게 아니라 성인이 되면서 어린 시절의 꿈이 자연스럽게 현실적인 목표가 되었죠. 저희 집안에는 교육자가 많고 제게도 교사의 피가 흐르는 것 같아요. 부모님도 제가 이 길을 가도록 격려하셨고요. 부모님은 제가 여름방학 때 취미 삼아 아이들과 함께 지낼 수 있게 도와주셨어요. 그 일을 하면서 보람과 재미, 그리고 도덕적인 성취감을 느꼈어요. 아이들과 함께하면서 즐거웠던 기억이 고등학교를 졸업하고 사회생활을 시작하려는 저에게 영향을 끼친 것이죠.

학교에서 시간제 교사로 일하는 동안, 그리고 지금 대학에서 사범교육을 받으면서 이따금 교직에 품고 있던 장밋빛 환상이 흐려지기도 했지만, 그때마다 신기하게도 다시 희망을 갖게 돼요. 초등학교에서 교편을 잡기 위해 졸업하면 석사 과정을 밟을 계획인데, 이제야 교사가 되는 것이 무엇을 의미하는지 생각하기 시작했어요.

제가 이 일을 하려는 이유는 뭘까 생각해봤어요. 첫째는 사람들이 자신의 강점과 재능을 발견하는 한편 자신의 약점과 부족함을 깨닫도록 돕고 싶은 내면의 욕구 때문이에요. 저는 아이들의 삶과 이 나라를 변화시키기 위해 교사가 되고 싶어요. 저는 항상 사랑과 관심으로 아이들을 가르쳤어요. 제가 가르치는 아이들을 다정하게 대하고 그들과 인격적인 관계를 맺으면서요. 이 일이 제 인생에 성취감을 안겨줄 유일한 길이라고 생각해요.

핀란드의 강점: 우수한 교사들을 무한 신뢰한다

하지만 제가 할 일에 대해서도 이해하고 있어요. 막중한 책임감을 안게 되겠죠. 얼마 안 되는 급여와 격무에 시달릴 거예요. 학교 재원이 계속 줄어들고 있고, 이것이 제 업무에 영향을 끼칠 거라는 점도 알아요. 헬싱키에서는 아이들이 살면서 부딪히는 사회문제가 점점 늘어나고 있고, 그것은 교실에서 제가 처리해야 하는 업무의 일부가 되겠지요. 저는 다양한 사람들에게 주의를 기울이는 법을 알아야 하고, 설사 준비가 되지 않은 상황에서도 그들에게 도움을 줄 수 있어야 해요. 제가 좋아하는 가르치는 일이 제 업무의 전부가 아니란 것도 알아요. 갈등도 해결해야 하고, 나와 생각이 다른 동료와 함께 일해야 하고, 다양한 부모들과 협력해야 한다는 것도 알고 있어요. 아마 저는 이 일이 정말로 그럴 만한 가치가 있는지 계속해서 자문할 거예요.

유명한 핀란드 교육가 마티 코스켄니에미는 '교육학적 사랑'이라는 단어를 사용했지요. 이 말은 제가 교사로서 자신의 이론을 행동으로 옮기는 초석이기도 해요. 어쩌면 교직은 그 어떤 일보다 자신의 전 존재를 바쳐야 성공적으로 수행할 수 있는 직업인지도 몰라요. 모든 교사는 자신만의 스타일과 철학을 가지고 있죠. 교사가 되는 동기도 다양할 거예요. 저는 다른 사람에게 선을 행하고 싶고 그들을 돌보고 사랑하고 싶어요. 저는 그들을 사랑해요. 그래서 교사가 될 거예요.

— 베라 살로넨, 헬싱키대학교 사범대학 학생

    2단계 선발 과정이 보여주듯, 핀란드 사범교육은 경쟁이 아주 치열하다. 사범대학 입학생으로 선발되려면, 이전에 아이들을 가르치거나 아이들과 함께한 경험이 어느 정도 있어야 한다. 2010년에는 초등교사 교육 프로그램에 지원한 사람들의 숫자가 사상 최고치를 기록했다. 핀란드에 있는 대학의 사범교육과 정원이 660명인데, 이 자리를 놓고 6,600명 이상의 지원자가 경쟁했다. 2011년과 2012년에는 정원 120명인 헬싱키대학교 사범교육과 초등교사 양성 과정에 거의 2,400명의 지원자가 몰렸다.

    2001년부터 2010년 사이 핀란드에서 초등학교 교사직은 갈수록 인기가 올라갔다. 또 하나, 초등학교 남자 교사의 비율은 비교적 낮은 편이다. 사실, 사범교육 지원자 수에는 핀란드 경제 상황이 반영되어 있다. 2008년에 시작된 경기 침체 기간을 보면 알 수 있듯, 고용 전망이 어두울수록 젊은이들이 교직으로 눈을 돌렸다. 학업을 마치지 못하거나 학위 취득에 실패한 학생은 적지만, 비교적 많은 남학생들이 졸업하기 전에 다른 과목이나 일에 대한 공부를 마쳤다.

    아마 핀란드는 매년 고등학교 졸업생 중 상위 20퍼센트의 학생 가운데서 초등학교 교사를 선발할 수 있는 유일한 나라일 것이다. 이러한 능력은 초등학교 교사직의 도덕적·전문적 토대를 마련했다. 핀란드 아이들은 초등학교에서 재능 있고 유능한 교육자들과 처음 6년을 보낸다. 많은 나라에서 '가장 우수하고 똑똑한'

인재들을 어떻게 교직에 유치하는지 늘 궁금해하는데, 나는 이런 현상을 '핀란드의 강점'이라고 부른다.

교사는 어떻게
최고의 직업이 되었나?

핀란드 교육을 들여다보면, 최고의 인재를 교직에 유치하고 그들이 계속 학교에 남아 있게 하는 세 가지 조건을 확인할 수 있다.

첫째, 무엇보다 교사가 업무 현장에서 자신의 도덕적 사명을 완수할 수 있게 해주어야 한다. 다른 나라와 마찬가지로, 핀란드 사람들이 교사가 되려 하는 이유는 교직을 통해 아이들과 함께 지내면서 그들을 돕고 사회에 이바지하려는 내면의 욕구가 크기 때문이다.

핀란드 교사들은 의사나 엔지니어, 경제학자와 마찬가지로 직업에 대한 자부심이 강하다. 모든 교육과정에서 교사들은 자신이 교육받은 것을 현장에서 실천할 수 있는 자율성이 폭넓게 주어지길 기대한다. 자율적으로 계획하고 가르치고 진단하고 수행하고 평가할 수 있기를 기대한다.

또한 교사들은 교실 안팎의 정상적인 업무를 모두 수행할 수 있도록 충분한 시간이 주어지길 바란다. 실제로 핀란드 교사는 다른 나라 교사보다 수업 시간이 비교적 적다. 예를 들어, 북아메리카 학교의 교사는 대부분의 근무 시간을 수업하는 데 쓰느라 다른 전문 활동을 할 여유가 거의 없다. 전문학습공동체PLC라는 개념은 교사들이 학교에서 어떻게 일하는지, 근무 시간을 어떻게 쓰는지와 관련이 있다. 예를 들어 전문적인 교사 일과日課의 고유한 성질과 균형 때문에 핀란드와 한국, 일본에서는 학교가 전문학습공동체로 간주된다.

나는 교사들이 직접 선택한 이 일을 그만두게 유도하는 요인이 무엇인지 이해하기 위해서 임용된 지 얼마 되지 않은 핀란드 초등학교 교사들과 이야기를 나눈 적이 있다.* 흥미롭게도, 실제로 교직을 떠나는 이유로 급여를 거론한 사람은 아무도 없었다. 대신 많은 이들이 전문직으로서의 자율성을 잃는다면, 자신의 직업 선택에 의문을 품게 될 것이라고 했다.

예를 들어, 외부 장학관이 자신의 업무를 평가하거나 외부 기준의 영향을 받는 성과급 정책이 도입된다면, 많은 이들이 직업을 바꿀 것이다. 핀란드 교사들은 특히 학교에서 학생들의 수준을 알아보기 위해 표준화 시험을 자주 치르는 것에 회의적이었다. 많은 핀란드 교사가 영국이나 미국 교사들처럼 표준화 시험과 고부담의 책무성과 관련해 외부의 압력을 받는다면, 다른 직업을 찾을

---

* Sahlberg, 2011b

것이라고 말했다.

요컨대, 핀란드 교사들은 전문직으로서의 자율성과 위신, 존경, 그리고 자기가 하는 일에 신뢰를 받길 기대했다. 무엇보다 근무 조건과 도덕적·전문적 환경은 핀란드 젊은이들이 교직에 계속 몸담을지 다른 일을 찾을지 결정할 때 중요하게 생각하는 부분이다.

둘째, 사범교육은 젊고 재능 있는 고등학교 졸업생이 매력을 느낄 만큼 경쟁이 치열하고 어려워야 한다. 우수한 성적으로 고등학교를 졸업한 많은 젊은이가 사범교육에 매력을 느끼는 이유는 핀란드 사범교육이 석사 학위 프로그램으로 이루어져 있어서 사람들에게 도전의식을 북돋우기 때문이다. 게다가, 사범교육 프로그램에 들어오는 핀란드 학생들의 수준이 높기 때문에 다른 학과의 학위 프로그램에 비해 교육과정과 자격 요건이 매우 까다롭다. 석사 학위를 취득한 졸업생들은 바로 박사 과정에 지원할 수 있다. 또한 사범교육 석사 학위가 있으면 행정 기관에서 일하거나, 대학에서 가르치거나, 민간 기업에 취업하기 위해 다른 석사 학위를 소지한 사람들과 경쟁할 수도 있다.

초등학교 교사들에게 석사 수준의 학문과 연구 중심의 자격이 꼭 필요한가, 라는 질문을 가끔 받는다. 핀란드의 경험은 초등학교 교사의 자격 요건이 높으면 많은 이들이 학문적으로 더 높은 지위를 얻을 수 있고, 나중에 취업 기회가 더 많은 다른 전문 분야를 공부하려 할 것이라는 사실을 보여준다.

셋째, 급여는 사람들이 교사가 되려는 주요 동기가 아니다. 핀란드 교사들의 급여는 국가 평균보다 조금 더 많다. 15년차 종합학교 고학년 교사들의 법정 연봉은 (미국달러 구매력평가지수를 기준으로 환산하면) 약 4만 1,000달러이다.* 이는 OECD 국가들의 평균 교원 급여와 비슷하다. 연봉을 비교하면 미국은 4만 4,000달러, 한국은 5만 5,000달러**이다. 돈을 버는 것이 교사가 되는 주된 요인은 아니지만, 급여를 인상하는 체계적인 방법이 있어야 한다. 핀란드 교사들은 경력이 늘어남에 따라 급여가 오른다. 성과급에 따라 급여를 받는 시스템이 아니라는 말이다.

급여와 관련해 핀란드 교사와 미국 교사 사이에는 확연한 차이가 있다.*** 무엇보다 핀란드 교사들은 자신이 근무하는 학교의 과정에 따라 급여를 받는다. 전기중등학교에서 일하는 중간 경력 교사들의 평균 급여는 초등학교 교사들의 평균 급여보다 7~10퍼센트 정도 높다. 전기중등학교와 후기중등학교 사이에도 비슷한 수준으로 급여가 차이난다.

* OECD, 2010a
** 오바마 대통령이 "한국 교사들은 의사나 기술자가 받는 수준의 봉급을 받는다"고 언급했을 정도로 OECD 교육 지표에서 한국 교사의 보수가 높게 나타나는 이유는, 교원 보수체계가 서로 다른 각국의 현실을 제대로 반영하지 않고 구매력평가지수로 환산한 단순 수치만 발표하기 때문이다 – 옮긴이
*** OECD, 2010a

반면, 미국은 모든 교사들이 거의 같은 급여를 받는다. 국제 통계 자료만으로 전체를 파악할 수는 없지만, 미국 교사들은 중간 경력(K-12 학교에서 15년 근무)이 되면 초임 때보다 21~26퍼센트 급여가 상승하는 것으로 확인된다. 이에 비해 핀란드 교사는 형편이 좀 더 나아지는 정도이다. 핀란드 교사가 중간 경력이 되면 초봉의 30퍼센트까지 급여가 상승한다. 핀란드에서 최고 등급 급여는 초봉보다 58퍼센트(전기중등학교 교사일 경우)에서 77퍼센트(후기중등학교 교사일 경우) 많다.

석사 학위가 없으면
교사가 될 수 없다

1970년대 후반까지만 해도 초등학교 교사는 교육대학이나 사범교육 특별 과정에서, 전기중등학교와 후기중등학교 교과교사들은 핀란드 대학 내에 있는 해당 과목의 학과에서 양성했다. 그러다 1970년대 말에 모든 사범교육 프로그램이 학구적인 고등교육으로 발전하면서, 대학에서만 사범교육을 실시하게 되었다. 핀란드 학교에서 가르치려면 석사 학위는 기본으로 취득해야 했다. 또한 과학적 방식의 교육 연구가 발전하면서 사범교육 교육과정이 풍성해졌다. 과학 지식을 토대로, 과학 지식이 뒷받침되는 교육 연구를 설계하고 수행하는 데 필요한 사고과정과 인지 기술에 초점을 맞추어야 한다는 점에서 현재 핀란드의 사범교육은 학구적이다.* 연구를 기반으로 한 핀란드 사범교육은 과학적인 교육 지식과 교수법과 실습을 체계적으로 통합해 교사들이 교육학적으로 사고하고, 증거를 바탕으로 의사결정을 내리고, 교육자 공동체에 적극적으로 참여하도록 유도한다. 결과적으로 핀란드의 모든 종합학교와 후기중등학교에서 교사가 되려면, 표 19에 나와 있듯 연구를 기반으로 석사 학위를 취득해야 한다.

핀란드는 사범교육을 고등교육의 중요한 부분으로 인정하고 있다. 반면 다른 나라는 교사 양성을 학구적인 고등교육과 별개인, 대학 외부에서 실시하는 준⁂전문적 훈련으로 인식한다. 핀란드는 1978~1979년 사범교육에 관한 법령을 통해 교사 종신고용의 최소 요건을 석사 학위 취득으로 높였다. 따라서 교사가 되려면 다른 분야를 전공하는 사람과 마찬가지로 학문적 요건을 갖춘 석사 학위 논문을 써서 통과해야 한다. 이 입법 정책은 모든 사범교육 프로그램을 전문학교에서 대학으로 이전하는 원동력이 되었다. 교사라는 직업이 학문적 연구에 토대를 두고 있다고 믿게 할 씨앗이 뿌려진 것이다.

이러한 변화의 중요한 부수적 효과로, 1970년대 종합학교 개혁으로 초등학교 교사와 전기, 후기중등학교에서 일하는 교과 교

---

* Niemi, 2008; Jakku-Sihvonen & Niemi, 2006

학교 유형	학생 연령	학년	교사 자격 요건
보육원	0~6		보육 교사(BA)
유치원	6		보육 교사(BA) 초등학교 교사(MA)
종합학교	7~16	1~9	종합학교 교사(MA)
초등학교	7~12	1~6	초등학교 교사(MA)
전기중등학교	13~15	7~9	교과교사(MA)
일반계 후기중등학교	16~18	10~12	교과교사(MA) 직업 훈련 교사(BA)
실업계 후기중등학교			교과교사(MA)
대학	19세 이상		고등 학문 학위 (MA/PhD)
폴리테크닉			고등교육학 학위 (MA/PhD)

표 19 학교 유형별 교사 자격 요건

사로 나뉘었던 교사 집단이 통합되었다. 1973년 설립된 핀란드교원노조OAJ는 교사 고용계약 조건을 교섭하고 교육을 대변하는 역할을 했다. 교원노조는 보육교사부터 직업학교 강사, 학교장, 대학 강사에 이르기까지 다양한 학교와 기관에서 교사들을 대표한다. 핀란드 교사의 95퍼센트 이상이 핀란드교원노조 조합원이다.

위에서 언급했듯, 핀란드에서 교사가 되려면 누구나 석사 학위를 취득해야 한다. 초등학교 사범교육 프로그램의 주요 과목은 교육학이다. 과목 중심의 사범교육 프로그램에서는 학생들이 수학이나 외국어 같은 특정 과목에 집중한다. 교과교사 지망생들은 자신의 전문 과목 내에서 교육학 관련 지식으로 이루어진 과목별 교수법도 공부한다. 핀란드 교육부에 따르면, 오늘날 교직으로 (학사 학위를 포함하여) 석사 학위를 마치기까지는 5년에서 7년이 걸린다.* 이 방법 말고 핀란드에서 교사가 되는 길은 없다. 미국은 전문학교 졸업생을 티치 포 아메리카**라는 프로그램에 등록시켜 몇 주간 교육학 과정을 집중적으로 가르친 뒤, 교사가 부족한 학교에 보낸다. 그곳에서 그들은 교실에서 부딪히는 난관을 헤쳐 나가기가 극도로 어렵다는 사실을 깨닫는다. 영국과 노르웨이의 티치 퍼

---

* Ministry of Education, 2007
** Teach For America, 미국 대학 졸업생들이 교원 면허 소지에 관계없이 교육 여건이 좋지 않은 지역에 2년간 배정되어 학생들을 가르치는 프로그램 - 옮긴이

스트*처럼 다른 나라에도 이와 비슷한 교원 임용 프로그램이 있다.

　학문적인 사범교육은 예비 교사들의 개인 능력과 전문 능력의 균형 잡힌 발달에 중점을 둔다. 무엇보다 교육학적 사고력을 키우고, 동시대의 교육 지식과 실무에 부합하도록 수업을 운영하는 능력을 키우는 데 집중한다.** 핀란드 초등교사 양성 과정의 주요 과목은 교육학이며, 교육학 연구는 다음 세 가지 주제로 이루어진다.

　① 교육 이론
　② 교육학 관련 지식
　③ 과목 교수법과 실습

　연구 중심의 핀란드 사범교육 프로그램은 석사 논문 통과로(혹은 석사 과정 졸업으로) 끝이 난다. 보통 예비 초등학교 교사들은 교육학 논문을 작성한다. 논문 주제는 대개 수학 교수 혹은 수학 학습 같은 학교 실무나 실제 수업을 중심으로 정한다. 그런가 하면 예비 교과교사들은 자신의 전공과목 안에서 논문 주제를 선택한다. 초등학교부터 후기중등학교에 이르기까지 모든 교원 양성

*　Teach First, 학업부진 및 문제 아동이 속한 학급에 상위권 대학 출신 대학원생을 투입해 해당 학생의 학습을 개별적으로 돕는 프로그램 - 옮긴이
**　Westbury, Hansen, Kansanen, & Björkvist, 2005; Toom et al, 2010

프로그램에서 사범교육에 기대하는 학문의 수준은 비슷하다.

핀란드 사범교육은 볼로냐 과정을 바탕으로 개발 중인 유럽 고등교육지역EHEA 체계와 같은 선상에 있다.[1] 현재 핀란드 대학들은 이중 학위 프로그램을 제공한다. 첫째, 3년제인 필수 학사 학위 프로그램을 수료해야 교사가 되는 최소 요건인 2년제 석사 학위 프로그램을 들을 자격을 얻는다. 학사 학위와 석사 학위는 최소 2개 이상 과목으로 구성되는 전문 협력 프로그램에서 제공된다. 이수한 학점은 유럽 46개국이 참여하는 유럽학점교환시스템(이하 ECTS)을 통해 수량화된다. ECTS는 프로그램의 목적을 이루기 위해 채워야 하는 학업량에 기초한 학생 중심의 시스템으로, 유럽고등교육지역 창설을 위한 정책 지침이기도 하다.

프로그램의 목적은 얻어야 할 학업 결과와 자격으로 명시된다. ECTS는 정규 학생의 한 학년 학업량을 60학점으로 가정한다. 대부분의 경우 정규 과정 학생의 한 해 학업량은 1,500~1,800시간이므로 ECTS 1학점은 약 25~30시간이다. 사범교육으로 학사 학위를 받으려면 ECTS 180학점을 이수해야 하고, 이어서 석사 학위를 받으려면 ECTS 120학점을 이수해야 한다. 예비 교사들은 광범위한 교과과정을 통해 이론과 실습이 균형을 이루는 지식과 기술을 갖추게 된다. 또한 교육심리학, 교육사회학, 교육과정 이론, 학생 평가, 특수교육, 그리고 선택과목에 대한 교수법(교육학 관련 지식)을 비롯해 다양한 관점에서 교육에 대한 깊은 통찰력을 계발한다. 동시대 미국, 캐나다, 영국 대학에서 진행한 교육학 연구, 개발이 핀란드 사범교육에 강력한 영향을 끼쳤다는 점에 주목할 필요가 있다.[2]

예비 교사들이 교원 양성 과정에서 무엇을 공부하는지 보여주기 위해 표 20에 이위베스퀼레대학교 사범교육학과의 초등교사 교육 주제와 필수 이수 학점을 함께 정리했다. 사범교육을 실시하는 핀란드 8개 대학은 일관성을 확보하되 지역별 장점을 극대화해 각 대학별 자원과 기회를 최대한 활용하도록 격려하는, 전국적으로 통합된 사범교육 전략과 교육과정을 갖추고 있다.

저학년(종합학교 1~6학년) 초등교사 양성 과정에서는 대개 교수법 연구로 ECTS 60학점, 그 밖의 교육학 연구로 ECTS 60학점 이상을 이수해야 한다. 그 밖의 교육학 연구에서 빠져서는 안될 부분이 석사 논문이다. 논문을 쓰려면 연구 세미나에 참석해야 하고, 독자적인 연구가 담긴 논문을 써서 심사를 통과해야 한다. 모든 대학이 이러한 연구 작업에 보통 ECTS 40학점을 부과한다.

개정된 핀란드 사범교육 교과과정에서는 예비 초등학교 교사들이 교육학을 전공하고, 핀란드 종합학교 교육과정에 포함된 과목 중에서 부전공으로 ECTS 60학점을 이수한다. 종합학교 교육과정 체계는 교육청과 교육부가 정기적으로 업데이트한다. 가장 인기 있는 부전공은 수학이다. 이는 핀란드의 많은 초등학교에서 양질의 수학 수업을 보장하는 중요한 요인이다.

표 20 2010년 이위베스퀼레대학교 초등교사 교육 석사 과정

교육과정 구성요소	ECTS 학점
기초 교육학*	25
언어 및 커뮤니케이션 연구	25
중급 교육학*	35
다학제 간 교과 연구	60
부전공 과목 연구	60
고급 교육학**	80
선택 과목 연구	15
총 ECTS 학점	300

*교생 실습 ECTS 12학점 포함
**교생 실습 ECTS 16학점 포함

초등교사 교육과정에 합격한 학생들은 후기중등학교에서 공부한 과목들에 대한 확고한 지식과 기술을 갖추고 연구에 돌입한다. 미국이나 영국과 달리, 핀란드에서는 모든 후기중등학교 학생이 의무적으로 18개 필수과목, 즉 물리, 화학, 철학, 음악, 그리고 자국어 2개 과목과 최소 2개의 외국어를 이수해야 한다. 초등교사

양성 과정에 합격한 학생들은 대개 이들 과목에서 평균 이상의 높은 점수를 받는다.

예를 들어, 헬싱키대학교에서는 학생의 약 15퍼센트가 수학을 부전공으로 선택한다. 수학을 부전공하면 종합학교 7~9학년 수학을 가르칠 수 있는 자격이 생긴다.* 초등학교 교사를 준비하는 학생들 사이에서 과학교육도 꽤 인기가 있다. 매년 학생들의 약 10퍼센트가 기초 과학교육이나 고급 과학교육을 수강한다. 핀란드 초등학교 교사들이 자기 과목에 대한 전문 지식을 확고하게 갖추고 있는 것은 후기중등학교에서 광범위한 과목을 공부하고, 초등교사 교육과정에서 기초를 탄탄하게 다지기 때문이다.

핀란드 교과교사 교육과 초등교사 교육은 원칙이 같지만 과정은 조금 다르다. 교과교사가 되는 길은 두 가지이다. 우선 핀란드어 같은 전공 1개와 문학, 드라마 같은 부전공 2개로 이루어진 석사 과정을 마친 다음 교과교사 교육을 받기 위해 사범교육과에 지원한다. 교육학 과정에서는 ECTS 60학점에 해당하는 교과 중심의 교수 전략을 배우는 데 주력한다. 교과교사가 되는 또 다른 방법은 학위 과정에서 전공과목을 위해 교사 교육에 바로 지원하는 것이다. 일반적으로 학생들은 2년에 걸친 교과 공부 후에 대학 교육학부에서 교육학 공부를 시작한다. 첫 번째 방식과 두 번째

---

* Lavonen et al., 2007

표 21 2010년 헬싱키대학교 교과교사 교육 프로그램의 교육학 수업 구조

학사 과정(ECTS 25학점)	석사 과정(ECTS 35학점)
1학년(18학점) 발달심리학 및 학습(4학점) 특수교육(4학점) 교과 교수법 개론(10학점)	3학년(17학점) 교육의 사회적, 역사적 철학적 토대(5학점) 평가 및 교수 개발(7학점) 교원 양성 학교나 현장에서의 심화 교생 실습(5학점)
2학년(7학점) 교원 양성 학교에서의 기초 교생 실습 (7학점)	4학년(12학점) 연구 세미나 (연구자로서의 교사)(4학점) 교원 양성 학교나 현장에서의 최종 교생 실습(8학점)
석사 과정의 일부: 연구방법론(6학점)	

방식은 학사와 석사 일정이 다를 뿐 교육과정은 동일하다. 교육과정은 대개 4년 정도이다.(표 21 참조)

예비 교과교사들은 수학이나 음악처럼 앞으로 자신이 가르칠 분야에서 전공을 정한다. 전공과목의 경우 ECTS 90학점이 걸려 있는 고등 과정을 필수로 이수하는 것이 보통이다. 게다가 학교에서 가르치게 될 부전공도 ECTS 60학점을 이수해야 한다. 일

반적으로 사범교육과는 (수학과나 물리학과처럼) 자기 과 학생들의 사범교육을 담당하는 해당 학과 프로그램과 협력해 교육학 연구 과정을 준비한다. 예외도 있다. 직물 연구, 공예, 특수교육, 학생 상담, 음악 등 핀란드 종합학교 교육과정에 포함된 몇몇 과목의 사범교육은 각 교육학과에서 수업한다. 음악, 미술, 체육 사범교육은 대학에 있는 별도의 학과나 기관에서 진행하는 것이 보통이다. 사범교육과가 아니라 각 학과 학부에서 석사 학위를 발급하는 것도 다른 나라와 구별되는 핀란드만의 특징이다. 이러한 체계는 핀란드 사범교육에서 중요한 역할을 한다.

핀란드 교사는 연구자이다

핀란드 사범교육과는 예비 교사들이 교실에서 시행할 교육학 원칙을 가르친다. 모든 대학교수들은 교육에 관해서 완전한 자율성을 지니고 있지만, 핀란드의 모든 사범교육과는 사범교육 프로그램의 질을 향상시키기 위해 법적 구속력이 있는 상세한 전략을 갖추고 있다. 예를 들어 핀란드 대학의 교과 중심 교수법과 과학교육 연구는 국제 기준에서 진보한 것으로 간주된다.[*]

---

[*] Lavonen et al., 2007

게다가 모든 핀란드 대학에서 현재 어느 정도의 협동 학습, 문제 기반 학습, 성찰적 실천, 컴퓨터 지원 교육을 실시하고 있다. 핀란드 고등교육 평가 체계는 대학이 효과적, 혁신적으로 실습할 수 있도록 외부의 인정과 재정적 포상을 제공하는 긍정적인 발전을 이끌어낸다.

연구를 기반으로 한 사범교육은 교육이론, 연구방법론, 실습의 통합이 핀란드 교사 교육 프로그램에서 중요한 역할을 한다는 점을 의미한다. 사범교육 과정은 교육 사상의 토대부터 연구방법론, 나아가 좀 더 발전된 교육학 분야에 이르기까지 연속체를 이루도록 설계되었다. 이 때문에 학생들은 교육 실습의 체계적이고 학제적인 성격을 이해하게 된다. 핀란드 학생들은 교육 실습이나 교육 이론에 관한 독자적인 연구를 설계, 수행, 발표하는 능력도 습득한다. 연구 기반의 사범교육에서 빠뜨릴 수 없는 부분은 학교에서 하는 교생 실습이다. 교생 실습은 표 20과 표 21에서 보듯 교육과정의 필수 요소이다.

핀란드 사범교육 프로그램에는 두 종류의 실습이 있다. 임상 실습의 부차적 부분은 사범교육과 내에서 세미나와 소그룹 수업으로 이루어진다. 거기에서 학생들은 또래들과 기초 교수 기술을 실습한다. 주요 교생 실습은 대학에서 운영하는 교원 양성용 특별 학교에서 이루어진다. 이들 학교는 일반 공립학교와 비슷한 교

핀란드의 강점: 우수한 교사들을 무한 신뢰한다

육과정과 실무를 갖추고 있다. 학생들은 교생 실습을 위해 선별한 학교에서 실습할 수도 있다. 초등학교 교사가 되기 위해 준비하는 학생들은 학업 시간의 약 15퍼센트를 교생 실습에 할애한다. (예를 들어, 이위베스퀼레대학교에서는 교생 실습으로 ECTS 40학점을 이수해야 한다.) 교과교사를 준비하는 학생들은 교육과정의 약 3분의 1을 교생 실습에 할애한다.

연구에 기반을 둔 사범교육

오랫동안 교사를 양성하면서 느낀 가장 중요한 정책은 모든 교사에게 교육학이나 자기가 가르칠 과목의 석사 학위를 취득하게 한 자격 요건 변화입니다. 교수 과정을 전인적으로 이해하고 교사를 자신의 일을 끊임없이 개선할 수 있는 전문인으로 승격시키는 발전이 시작된 거죠. 핀란드의 교사 양성 교육자와 대학교수, 현역 교사들 사이에서 교직이라는 직업의 특성을 공통으로 이해하기까지 20년 이상 걸렸습니다. 연구 기반의 사범교육에는 다음 세 가지 원칙이 있습니다.

- 교사는 자기 과목의 최신 연구와 관련해 깊이 있는 지식을 갖추어야 한다. 나아가 무엇을 어떻게 가르치고 배울 수 있는지에 관한 지식을 아주 잘 알고 있어야 한다.
- 교사는 연구 중심의 태도를 가져야 한다. 즉 비판적이고 전문적인 관찰

과 경험뿐 아니라 최신 연구에서 나온 다양한 증거 자료를 토대로 프로그램을 개발하는, 분석적이고 개방적인 태도를 가져야 한다.

- 사범교육은 그 자체로 조사와 연구의 목적이 되어야 한다.

핀란드 학생들의 학업 성취도가 높고 핀란드 젊은이들이 평생 직업으로 교직을 선택하는 이유가 뭐냐고 많은 사람들이 묻습니다. 핀란드에는 정기적인 표준화 시험이나 학교 시찰, 교사 평가, 학교 서열표가 없습니다. 공교육은 핀란드의 평등과 행복을 증진하는 데 중요한 역할을 합니다. 학구적이고 수준 높은 사범교육은 다른 많은 노동시장에서 일할 준비를 갖추게 합니다.

무엇보다 핀란드 교사와 학교는 국민의 신뢰를 받고 있습니다. 환자가 의사를 신뢰하듯 부모들은 교사를 신뢰합니다. 부모들은 자녀에게 좋은 학교를 찾아주는 문제로 걱정할 필요가 없습니다. 많은 사람들이 집에서 가장 가까운 학교가 충분히 좋은 학교라고 생각합니다. 저는 교사들이 신뢰받는 이유는 학구적인 교육의 결과, 즉 분명한 도덕적 목적과 전문가로서 독립성을 지니고 있기 때문이라고 생각합니다. 연구에 기반을 둔 사범교육이 없었다면, 이런 일은 불가능했을 겁니다.

— 한넬레 니에미, 헬싱키대학교 교육학 교수

표 20과 표 21에서 보듯 핀란드의 사범교육 과정은 교생 실습 이론과 방법론을 체계적으로 통합한다. 5년 프로그램에서 교생

핀란드의 강점: 우수한 교사들을 무한 신뢰한다

실습은 대개 기초 실습, 심화 실습, 최종 실습 3단계로 나뉜다. 각 단계에서 학생들은 경력이 풍부한 교사들의 수업을 참관하고, 감독 교사들의 참관 아래 실습하고, 다양한 그룹을 상대로 독자적인 수업을 진행한다. 감독 교사들과 사범교육과 교수들과 강사들이 이 모든 과정을 평가한다. 핀란드 사범교육 과정의 체계성은 다른 나라 사범교육과 구별되는 강점이자 특징으로 인정받고 있다.*

핀란드 사범교육 프로그램은 이론, 실습, 연구 중심의 교수 탐구가 나선형으로 이어진다. 사범교육에 대한 책임은 학구적인 대학 단위 활동으로 통합된다. 예를 들어, 오울루대학교에서는 과학, 인문, 교육 등 세 개의 학부가 사범교육을 실시한다. 각 학부에는 과목 중심의 교수방법론을 전공한 이들이 있다. 각 학부는 사범교육의 전반적인 구성을 책임지는 사범교육과와 교육과정을 조율한다.

핀란드 학생들이 교육 실습을 하는 학교는 대부분 교원 양성용 학교**이지만, 지방자치단체가 운영하는 평범한 공립학교도 있다. 오울루대학교의 경우 전체 교육 실습의 3분의 1을 지방자치단체가 운영하는 평범한 공립학교에서 진행한다. 교원 양성용 학교는 특별히 전문성이 높은 직원을 채용해야 한다. 감독 교사들은 교생들과 함께 일하기 위해 자신의 역량을 입증해야 한다. 교원

---

* Darling-Hammond, 2006; Jussila & Saari, 2000; Saari & Frimodig, 2009
** 한국으로 치면 대학 부설 학교 - 옮긴이

양성용 학교는 대학의 사범교육과와, 가끔은 학술단체의 사범교육 직원들과 협력해 사범교육 연구·개발을 계속 추진해야 한다. 예를 들어, 오울루대학교는 과학부와 인문학부가 사범교육을 담당하고 직원을 지원한다. 따라서 모든 교원 양성용 학교는 교생들에게 샘플 수업을 진행하고 대안이 되는 교육과정을 설계해보게 한다. 또한 이들 학교의 교사들은 감독, 교사 직무능력개발, 평가 전략 경험이 풍부하다.

이런 교사가 되기 위해 특별한 자격이 필요한 것은 아니다. 교원 양성용 학교에서 일할 수 있는 지식과 기술을 쌓는 것은 각자의 몫이다.

저마다 다른
직무능력개발 방식

핀란드에서는 교직이 선망의 직업이기 때문에 사범교육과와 교과 중심 프로그램을 졸업한 사람 대다수가 곧바로 학교에 채용되고 싶어 한다. 학생들은 학업 기간 동안 교사의 관점에서 학교생활이 어떠한지 생각을 정리한다. 그러나 졸업생들이 반드시 교실에서 학생들을 전담하거나 학부모들과 소통하면서 교육가들의 공동체에 참여하는 것은 아니다. 이러한 사항이 모두 교육과정에서 고려되긴 하지만, 자격을 취득한 많은 졸업생이 강의

실에서 꿈꾸는 이상과 학교 현실 사이에서 괴리를 느낀다.

초임 교사들의 학교 적응에 관한 연구·개발은 상당히 활발한 편이지만 교실을 배정받은 초임 교사가 교직에 적응하도록 안내하는 부분은 비교적 덜하다.* 초임 교사들에게 자신들의 책임에 대해 조언하거나 비결을 전수하는 일은 전적으로 각 학교와 이들 학교를 운영하는 지방자치단체의 몫이다. 그래서 초임 교사에 대한 교직 안내 관행은 저마다 다양하다. 초임 교사들을 위한 사전 절차와 지원 체계를 도입한 학교가 있는가 하면, 초임 교사에게 환영 인사를 건네고 교실을 보여주는 것으로 끝내는 학교도 있다. 초임 교사의 입직入職 연수를 교장이나 교감의 책임으로 명확히 규정해둔 학교가 있는가 하면, 경험이 많은 일선 교사 몇 명에게 맡기는 학교도 있다. 최근 유럽연합 집행위원회 권고안에서 정확히 지적한 것처럼, 초임 교사의 교직 적응을 위한 연수는 핀란드에서 더 발전해야 할 영역이다.**

교사들의 직무능력개발과 연수 프로그램이 초기 사범교육과 일치하지 않고, 교직 및 학교의 발전이라는 핵심 분야에 초점이 맞춰지지 않을 때가 많다는 점을 다들 인정한다. 초기의 학구적인 사범교육과 교사들의 직무능력개발이 제대로 조화를 이루지 못한

---

* Jokinen & Välijärvi, 2006; OECD, 2005b
** European Commission, 2004

다는 비판도 많다.* 초등학교와 전기·후기중등학교의 감독 기관으로서 지방자치단체는 교사들에게 필요한 직무능력개발과 연수 기회를 제공할 책임이 있다. 고용계약서에 따르면, 매년 3일의 교사 연수가 의무화되어 있고 모든 교사는 지역 교육 당국이 마련한 교사 연수에 참여해야 한다. 의무 기간 이후 얼마나 많은 시간을 연수에 투자할지, 어떤 직무 능력을 개발할지, 교사 연수에 지원할 수 있는지 여부는 학교장 또는 교사들에게 달려 있다.

핀란드 지방자치단체들과 학교들 사이에는 교사 직무능력개발을 지원할 수 있는 예산에 상당한 차이가 있다. 교육을 지원하는 방식이 다르기 때문이다. 중앙 정부가 지방자치단체나 학교의 예산 결정에 행사할 수 있는 영향력은 제한되어 있다. 따라서 어떤 학교는 다른 학교보다 교사의 직무능력개발과 학교 개선에 필요한 예산을 훨씬 더 많이 할당받는다. 사실, 경기 침체기에 가장 먼저 감축되는 것이 교사의 직무능력개발 예산이다.

핀란드는 지역마다 학교 관리 기준이 다르다. 어떤 학교는 운영 및 예산 편성의 자율성이 상당히 높은 반면, 어떤 학교는 그렇지 못하다. 따라서 핀란드의 교사 직무능력개발은 여러 가지 형태로 나타난다. 이상적인 방법은 학교가 직무능력개발 계획 및 실행에 관한 주요 의사결정을 주도하는 것이다. 학교에서는 교재비,

---

＊ Ministry of Education, 2009

난방비, 유지비 같은 운영비를 낮추는 대신 이 예산을 교사 직무 능력개발에 전용할 수 있다. 그러나 어떤 지역은 모든 교사에게 획일적인 연수를 실시하고, 각 학교가 재량껏 결정할 자유를 거의 주지 않는다. 2007년 이위베스퀼레대학교가 실시한 전국 여론조사에 따르면, 매해 교사들은 평균 7일 또는 50시간 정도를 직무능력개발에 할애하는데, 그중 절반가량은 교사의 개인 시간으로 충당하는 것으로 나타났다.*

게다가 2007년에는 초등학교와 중등학교 교사의 3분의 2가 직무능력개발에 참여했다.** 이는 전체 핀란드 교사 6만 5,000명 중에서 2만 명 이상이 그해의 직무능력개발에 참여하지 못했다는 말이다. 핀란드 교육부의 최근 보고에 따르면, 직무능력개발에 대한 참여도가 감소하고 있다.*** 이에 정부는 모든 교사가 지방자치단체의 지원 아래 적절한 직무 연수를 받도록 요구함으로써 교사 직무능력개발에 대한 법적 근거를 강화하는 방안을 고려 중이다.

보통 핀란드는 교사들과 학교장이 다양한 대학 과정과 연수를 통해 직무 능력을 개발하는 데 매년 미국달러로 3,000만 달러의 국가 예산을 배정한다. (반면 학생 평가 및 시험 예산은 500만 달러

---

* Piesanen, Kiviniemi, & Valkonen, 2007
** Kumpulainen, 2008
*** Ministry of Education, 2009

에 불과하다!) 교사 양성에 이렇게 투자하는 주된 목적은 특히 더 열악한 학교에서 일하는 교사들이 추가 훈련을 받을 수 있는 기회를 균등하게 주기 위해서이다. 직무능력개발에 대한 이러한 지원은 경쟁을 통해 서비스 제공자들과 계약을 맺는다. 정부는 우선 현 국가 교육 발전의 필요성을 토대로 바람직한 훈련의 주안점을 정한다. 학교를 소유하고 교사를 고용한 지방 교육 당국은 매년 교사들의 직무능력개발에 비슷한 규모의 자금을 투자한다. 교육부는 지방자치단체와 협력해 2016년까지 교사 직무능력개발에 드는 공공자금을 두 배로 늘릴 계획이다.

석사 학위를 소지한 핀란드 교사들은 정상적인 직무능력개발 기회를 보충하기 위해 합법적으로 박사 과정을 공부할 수 있다. 초등학교 교사들은 교육학부에서 쉽게 추가 학업을 이어갈 수 있다. 보통 박사 학위 논문은 교육학에서 엄선한 주제에 초점을 맞춘다. 많은 초등학교 교사가 이 기회를 활용해 교직과 공부를 병행한다. 다른 학문으로 석사 학위를 받은 교과교사들의 경우, 교육학 박사 과정에서 더 많은 것을 공부해야 한다. 이를테면 화학에서 교육학으로 전공을 바꿀 경우 교과교사들이 교육학 연구를 수료할 자격을 갖추려면, 우선 교육학 고등 학술 연구를 마쳐야 한다.

수업하는 시간만큼
자기 수업을 성찰한다

핀란드에서 교직은 아주 어린 학생들을 가르치는 교사들에게도 우수한 학문적 자질을 요구하는 힘든 직업이다. 1970년대에 사범교육이 대학 학문의 일부가 되면서 핀란드 교사의 정체성과 더불어 사회적으로 존경받는 직업이라는 인식이 점차 커졌다.

1장에서 설명한 대로, 핀란드 교육개혁 과정에서 교사들은 교육과정 계획과 학생 평가에 대한 자율성과 책임을 높여줄 것을 요구했다. 핀란드에서 교사라는 직업에 대한 인식은 다른 나라와 상당히 다른 편인데, 이는 교사들이 현장에서 어떤 경험을 하느냐와 관련 있다. 핀란드 교사들은 존경을 받는데, 이러한 특징은 그토록 많은 핀란드 젊은이가 교직을 가장 동경하는 직업으로 꼽는 이유를 설명하는 데도 중요하다.

교육과정 계획은 정부가 아닌 교사와 학교, 그리고 지방자치단체의 책임이다. 오늘날 대부분의 핀란드 학교는 지방 교육 당국으로부터 조율과 승인을 받은, 자신만의 맞춤형 교육과정을 갖추고 있다. 교사들과 학교장이 교육과정 개발과 학교 계획에서 핵심 역할을 한다는 뜻이다.

전국 교육과정 체계는 각 종합학교와 후기중등학교가 교육

과정을 개발할 때 명심해야 할 기본 지침과 필수 규정을 제시한다. 그러나 미국이나 영국, 캐나다처럼 교육과정에 반드시 포함시켜야 하는 엄격한 기준이나 학생들의 학습 성과에 관한 지침은 없다. 교육과정 계획이 학교마다 다르고, 실제 교육과정이 학교마다 전혀 달라 보이는 이유도 이 때문이다. 교사들이 교육계획과 관련한 의사결정에서 중요한 역할을 하기 때문에, 사범교육 또한 모든 예비 교사가 교육과정 개발과 학생 평가 이론 및 실제에 관한 지식과 기술을 잘 갖출 수 있는 방향으로 이루어진다. 더욱이 핀란드 교사들의 직무능력개발 방식은 단기 연수에서 효과적인 교수를 위해 윤리적·이론적 기초를 쌓는, 보다 체계적인 학교 개선으로 변경되었다.

또 하나 중요한 교사의 책무는 학생 평가이다. 핀란드 학교들은 학생들의 발달 상황을 확인하거나 합격 여부를 결정하기 위해 전국 단위의 표준화 시험을 치르지 않는다. 여기에는 네 가지 이유가 있다.

① 핀란드 교육정책은 학교 교육의 중요한 요소로 맞춤형 학습과 창의적인 교수를 우선시한다. 따라서 학교는 획일화된 기준과 통계지표 대신 각 학생의 특성과 능력에 기초한 발달 상황을 판단한다.
② 핀란드 교육정책은 다른 몇몇 국가처럼 평가와 시험이 아닌, 교육과정과 교수 및 학습을 교육의 우선 요소로 여긴다. 또한 이것이

반드시 교사들의 생각과 학교의 일상 업무와 이어져야 한다고 주장한다. 핀란드에서는 학생 평가가 교수·학습 과정에 포함되고, 학교는 교사의 교수법과 학생의 학습을 향상시키는 용도로 학생 평가를 활용한다.

③ 학생들의 신체 및 인지발달 정도를 확인하는 일은 외부 기관이 아닌 학교의 몫이다. 핀란드 학교는 교사들이 학생을 평가하고 등급을 매길 때 비교나 일관성 면에서 결점이 있을 수 있지만, 외부에서 치르는 표준화 시험이 훨씬 큰 문제가 될 수 있다고 생각한다. 따라서 핀란드 교육과정과 직무능력개발의 중요한 구성 요소는 학생 평가가 아닌 교실과 학교 평가이다.

④ 핀란드는 학생을 평가할 때 시험 성적은 학생의 일부일 뿐이라는 원칙을 바탕으로 한다. 다양한 과목에 대한 학업 성취도 자료는 표본을 기반으로 한 표준화 시험과 주제 검토를 통해 수집한다. 지방자치단체들은 각 지역의 필요에 따라 교육의 질을 보증할 수 있는 평가 방식을 설계한다.

1장에서 설명한 대로, 핀란드에서 학생의 학습 성과를 평가하는 '표준화된' 외부 평가는 학생들이 18세나 19세가 되어 후기 중등학교를 마칠 때 치르는 대입자격시험이 유일하다. 이 시험은 학리적인 고등교육을 받을 수 있는 자격 요건으로 활용된다. 외부 출제위원회에서 주관하는 이 시험은 다양한 과목을 에세이 형태로 치러 학생의 지식과 기술, 적성을 평가하고, 응시료는 학생이 전부 부담한다. 많은 교육 전문가가 이 시험이 일반계 후기중등학교의 교육과정과 수업에 뚜렷한 영향을 끼쳤다고 주장한다.[3]

핀란드 교사들의 업무는 주로 수업으로 이루어져 있지만, 교실 밖에서 하는 업무도 많다. 교사들의 공식 근무 시간은 수업, 수업 준비, 그리고 동료들과 함께하는 주당 2시간의 계획 및 개발 업무로 구성된다. 다른 많은 나라와 달리 핀란드 교사는 수업이 없는 경우, 또는 학교장이 다른 업무를 수행하도록 요청하지 않은 경우 학교에 있을 필요가 없다. 국제 관점에서 보면, 핀란드 교사는 다른 나라 교사보다 수업에 할애하는 시간이 적다.

표 22에서 OECD 국가별 평균 수업 시간을 살펴보면, 핀란드 교사들은 자율적으로 근무 계획을 세우지만 대개 45분 수업 후에 15분간 휴식을 취한다. 모든 학교는 점심시간에 모든 학생에게 따뜻한 점심을 제공한다. 점심시간은 학교별로 20분에서 75분에 이른다. 최근에는 교사들의 협업 업무에 더 많은 시간을 할애하기 위해 수업 시간이나 학급 구성을 좀 더 길게 혹은 더 큰 그룹으로 배정하는 방식으로 바뀌었다.

표 22는 미국과 핀란드 교사의 평균 수업 시간 차이도 보여준다. 연간 수업 일수에 맞춰 수업 시간을 조정했는데도 핀란드 교사의 수업 시간이 훨씬 적다. 여기서 이런 질문이 떠오른다. 그

핀란드의 강점: 우수한 교사들을 무한 신뢰한다

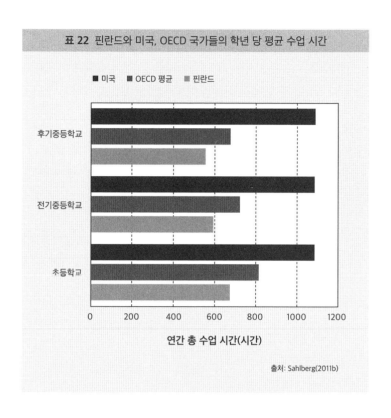

표 22 핀란드와 미국, OECD 국가들의 학년 당 평균 수업 시간

■ 미국 ■ OECD 평균 ■ 핀란드

연간 총 수업 시간(시간)

출처: Sahlberg(2011b)

러면 다른 나라 교사가 학생을 가르칠 때 핀란드 교사는 뭘 할까? 핀란드 교사의 업무 중 자발적이지만 중요한 부분이 학교 개선을 위해 헌신하고 지역사회와 함께 일하는 것이다. 핀란드 학교들은 교육과정을 설계하고 끊임없이 개발할 책임이 있다. 또한 교사는 학생의 학업 발달과 자신이 속한 학교의 성과를 평가하는 주요 평

가자이다. 핀란드 교사는 적절한 평가 방식 설계와 수행, 학생의 발달사항 파악은 물론 교실 밖 업무의 중요한 부분인 교육과정 개발, 교수법 실험, 학생들의 복지 지원, 학부모와의 협력도 자신의 업무로 받아들인다.

　핀란드 학교를 찾아온 외국인 방문객들은 교사의 '효과'를 어떻게 평가하느냐고 묻는다. 또는 누가 유능한 교사이고 역량을 개선해야 하는 교사는 누구인지 어떻게 아느냐고 묻는다. 답은 분명하다. 핀란드에는 공식적인 교사 평가 기준이 없다. 학생 성취도에 관한 전국 단위의 표준 자료가 없기 때문에 학교나 교사의 성과를 비교할 수가 없다. 대입자격시험 결과를 바탕으로 매년 봄에 특정 언론이 핀란드 고등학교 순위를 매기지만, 학부모나 학교 사이에서 이렇다 할 주목을 받지 못한다.

　핀란드에서 교사의 영향이나 무능한 교사로 평가받으면 어떤 처분을 받는지 묻는 것은 적절하지 않다. 교사에게는 수업 외에도 동료들과 함께 일하고 그들은 어떻게 가르치는지 이해하는 시간이 있다. 이런 시간은 교사가 자신의 수업을 성찰하고, 교사 간에 책임을 공유하는 데 반드시 필요하다. 교사가 학생을 어떻게 가르치고 학교가 어떻게 운영되는지를 평가했던 학교 시찰 제도는 1990년대 초에 폐지되었다. 오늘날 학교장은 교사로 일했던 자신의 경험을 바탕으로 교사들이 자신의 장점을 파악하고 개선이 필요한 업무를 인식하도록 돕는다.

기본적으로 핀란드 학교는 교사가 양질의 교육을 받은 전문가이며 학교에서 최선을 다한다고 생각한다. 실제로 전문학습공동체인 학교에서 교사들은 서로 신뢰하고 교수·학습에 관한 의견을 자주 나누며, 학교장의 지도와 통솔력을 믿고 따른다.

국제적으로, 교육개선 방법을 찾기 위해 교사의 효과를 확인하는 것이 새로운 추세이다. 이에 걸맞게 학생들의 이전 성적과 인구 통계학적 특성을 반영해 사회경제적 차이를 비롯한 여타 문제를 해결하는, 부가가치모형VAM통계 기법이 도입되었다. 부가가치모형은 학생 성적을 기준으로 교사를 평가하는 방식보다 더 공정한 비교 분석이 가능하다. 하지만 연구자들은 이런 방법으로 유능한 교사와 무능한 교사를 알아볼 수 있을지 의문을 제기한다.*

유능한 교사, 무능한 교사를 결정하는 유일무이한 요소는 없으며, 심지어 주요 요소로 꼽을 만한 기준조차 없다고 보아도 무방하다. 경영 전문가들마저 이런 기준으로 교사들의 근무 여건을 결정하지 말라고 충고한다. 교육정책연구소는 학생들의 시험 성적으로 교사를 평가하는 문제에 대해 이렇게 논평했다. "미국과 영국 정부는 환자들의 생존율을 기준으로 심장외과의의 순위를 매기려 했다. 이는 외과의들이 위중한 환자를 돌려보내도록 유도하기 위해 생각해낸 조치였다."**

* Baker et al., 2010
** Baker et al., 2010, p.7

성과를 기반으로 교사들에게 급여를 지급한다는 생각은 핀란드에서는 도저히 이해할 수 없는 발상이다. 교육 당국과 대부분의 학부모는 아이들을 가르치고 돌보고 교육하는 과정을 양적 지표로는 측정할 수 없는 매우 복잡한 과정으로 이해한다. 수업과 학교의 질은 학교와 학생, 학부모 간의 상호작용에 달려 있다는 것이 핀란드 학교의 운영 원칙이다.

외부 인사는
교직에 종사할 수 없다

교사가 어떤 교육제도로 얼마나 잘 훈련받았는지와 상관없이 일관되고 우수한 성과를 내려면, 학교에 우수하고 전문적인 리더십이 필요하다. 몇몇 국가는 기업식 경영으로 효율성을 높이고 성과를 향상시키기 위해 비교육자에게 학교 운영을 맡긴다. 지역 교육 당국의 행정가들이 교직이나 학교 운영 경험이 전혀 없는 경우도 있다.

반면 핀란드 시교육청의 리더들은 한 명도 예외 없이 교육 현장에서 일한 경험이 있는 전문 교육가들이다. 이는 학교와 교육 행정 사이에 소통을 강화하고 신뢰를 구축하는 데 매우 중요하다.

핀란드의 학교장은 자기가 이끌어갈 학교에서 가르칠 수 있는 자격을 갖추어야 한다. 또한 핀란드에 있는 대학에서 교육행정

핀란드의 강점: 우수한 교사들을 무한 신뢰한다

과 리더십 관련 학업을 우수한 성적으로 마쳐야 한다. 이러한 이력이 없는 기업 CEO는 학교를 이끌 수 없다. 대다수 핀란드 교장은 리더십과 인격, 풍부한 경험을 갖춘 교사이다. 교장이 매주 수업을 하는 학교도 많다.

교육학적 리더십은 핀란드 학교 리더십의 핵심이다. 교사는 교장의 통찰력을 신뢰하고 교장은 교사의 업무를 이해한다. 따라서 핀란드에서는 학교 운영이나 리더십이 격식에 얽매이지 않고 효과적으로 이루어진다.*

1990년대 이전에는 흔히 교사로서 성실하게 근무한 보상으로 학교장이 되었다. 경우에 따라서는 좀 더 젊은 교사가 교장에 임명되기도 했다. 교장을 임명할 때 리더로서의 경험이나 자질을 검토하는 경우는 드물었다. 학교장은 행정 전문가나 재무관리 전문가일 필요도, 오늘날처럼 정치적으로 로비를 할 필요도 없었다.

그러다 1990년대 초반에 상황이 급변했다. 변화의 동인 중 하나는 당시 핀란드의 공공부문 운영 및 교육행정에 갑자기 불어닥친 분권화 바람이었다. 지방자치단체의 자율성을 높인 새로운 재정 시스템은 핀란드 대다수 학교에 즉시 영향을 끼쳐, 학교장이 학교 예산을 관리하게 되었다. 어떤 경우에는 교사의 급여와 주기적으로 지출되는 모든 비용을 학교장이 관리했다.

---

* Hargreaves et al., 2008

변화의 두 번째 동인은 다른 서구 국가보다 핀란드에 더 큰 타격을 입힌, 예기치 못한 금융위기였다. 학교장은 지방자치단체의 작전부원이 되어 곧 닥쳐올 두 자릿수 규모의 예산 삭감을 어떻게 버틸지 결정해야 했고, 위축되는 시장 상황에 맞춰 회사를 꾸려야 하는 CEO와 비슷한 상황에 처했다. 학교 수장의 이미지가 완전히 바뀐 것이다.

1994년 교육과정 개혁과 같은 교육계의 주요 변화가 성공한 이유는 학교장의 전문가적 태도와 교육자적 리더십 덕분이다. 이후 학교장들은 교사와 학생, 그리고 사회의 요구를 토대로 교육 정책을 형성하고 학교를 개선해 나가는 데 대단히 중요한 목소리를 냈다. 이러한 경험 때문에 핀란드에서는 교육자 출신 리더의 핵심 역할을 축소시키는 시장 중심의 교육개혁을 실시할 수 없다.

좋은 교사가
위대한 학교를 만든다

국제적 시각에서 볼 때 핀란드 사범교육의 강점은 무엇일까? 볼로냐 프로세스는 전반적인 유럽의 고등교육 구조와 정책을 안내하고 있다. 하지만 가맹국이 어떻게 교육과정을 설계하고 사범교육을 마련해야 하는지는 규정하지 않는다. 따라서 유럽 국가들의 교육제도는 사범교육의 정책과 실행 면에서 차이가

핀란드의 강점: 우수한 교사들을 무한 신뢰한다

있다. 유럽의 사범교육 제도라는 모자이크 안에서 핀란드는 세 가지 특이점을 보인다.

❶ 가장 유능하고 재능 있는 인재들이 교직에 진출한다

1970년대 말, 초등교사 양성 교육이 대학으로 이관되고 교사 자격 요건이 석사 학위 소지자로 승격된 이후, 핀란드에서는 가장 유능하고 재능 있는 젊은이들이 교직에 매력을 느끼고 교사가 되었다. 젊은이들의 진로 계획에 핀란드 문화가 많은 영향을 끼쳤지만, 그것만으로는 교직이 계속 인기를 끄는 이유를 설명할 수 없다. 그 밖에도 특별히 눈에 띄는 두 가지 핵심이 있다.

첫째, 필수 자격 요건인 교육학 석사 학위는 초등학교 교사 채용뿐 아니라 교육행정과 민간 부문 취업을 비롯해 다른 직업을 찾는 데도 경쟁력이 있다. 석사 과정을 마친 모든 교사는 박사 과정에 등록할 수 있는 자격을 갖추게 된다. 게다가 핀란드에서는 박사 과정이 모두 무료이다.

둘째, 핀란드 젊은이들이 교직을 평생 직업으로 선택하는 이유는 교직이 의사나 변호사, 건축가의 업무 못지않게 자율적이고 독립적이며, 교사가 매우 존경받는 직업이라는 인식이 있기 때문이다. 학생들의 시험 성적을 토대로 교사의 능력을 평가하는 책무성 제도나 중앙 정부에서 교사의 업무를 통제할수록, 똑똑한 젊은이들이 자신의 창의성과 진취성을 마음껏 펼칠 수 있는 다른 직업을 찾아 나설 가능성이 크다.

❷ 과목별 학부와 교육학부가 긴밀하게 협력한다

교과교사 교육은 모든 졸업생이 자신이 학교에서 가르칠 과목을 통달할 뿐 아니라 최첨단 교수법을 갖출 수 있도록 공동으로 조직 편성된다. 핀란드 대학의 학부는 사범교육을 학업 프로그램의 중요한 요소로 인식한다. 과목 학부 강사들과 일부 교수들은 해당 과목의 교수법을 전공했고, 이 덕분에 교육가들 사이에서도 협력이 가능하다.

❸ 사범교육은 연구를 기반으로 이루어진다

핀란드의 사범교육은 연구에 기반을 둔 체계적인 구조로 인정받는다. 학위의 특성상 졸업을 앞둔 예비 교사들은 모두 연구를 기반으로 한 석사 논문을 제출한다. 이 논문은 다른 분야의 석사 논문과 똑같이 이론, 방법론, 비판적 성찰이라는 엄격한 학문적 요건을 갖추어야 한다. 이렇듯 연구 지향적인 사범교육은 모든 교사들이 복잡하고 변화하는 환경에서 일할 수 있도록 준비시킨다.

또한 연구를 바탕으로 한 학문 훈련은 더 급진적인 교육정책을 실행할 수 있게 한다. 예를 들어, 전문 능력이 강화될수록 교육과정 계획, 학생 평가, 학생 성적 보고, 학교 개선과 관련해 교사와 학교를 더 신뢰할 수 있다. 핀란드는 연구, 교육 내용 및 교수법에

핀란드의 강점: 우수한 교사들을 무한 신뢰한다

대한 지식, 실습을 사범교육 프로그램에 성공적으로 통합시켰다.

실제로 연구를 중심으로 하는 이런 방식에는 사범교육의 두 가지 의의가 내포되어 있다. 연구 결과는 교사가 복잡한 지식사회에서 효과적으로 가르치고 일할 수 있는 전문적 토대를 마련한다. 어느 사회에서든 사범교육은 동시대의 탄탄한 실증 조사와 과학 탐구를 통해서만 효과적인 전문 분야로 진보할 수 있다. 교사들이 교직을 지속적으로 발전시키려면, 또한 수업 시간에 새로운 지식을 마음껏 활용하려면 교직의 주요 특성인 '전문성'을 갖춰야 한다. 따라서 국제적으로 의미 있고 우수하며 지금도 계속 진행 중인 연구·개발 성과를 토대로 핀란드 사범교육은 앞으로 더 발전해야 한다.

핀란드 사범교육의 가장 큰 잠재력은 해마다 교사를 희망하는 재능 있고 의욕적인 수백 명의 젊은이들에게 있다. 이들은 핀란드 사범교육이 앞으로 계속 성공하는 데 아주 중요한 요소이다. 핀란드 젊은이들이 교직에 몰리는 이유는 교직이 자신의 뜻을 마음껏 펼칠 수 있는 독립적이고 보람 있고 존경받는 직업이라고 생각하기 때문이다. 그러나 일반계 후기중등학교 졸업생들은 진로를 결정할 때 사범교육 프로그램의 질을 따진다. 따라서 핀란드 사범교육이 앞으로도 아주 재능 있는 젊은이들에게 매력적이고 경쟁력 있는 선택지가 되려면 계속해서 발전하는 것이 무엇보다 중요하다.

핀란드 사회에서 교사라는 직업이 갖는 높은 지위는 하나의 문화 현상이지만, 교사가 교실에서 학생을 가르치고 전문 학습공동체 안에서 협력하며 일할 수 있도록 준비할 수 있는 것은 체계적으로 설계, 실행되는 사범교육 덕분이다. 다른 나라에서 핀란드 교육과정 체계나 학교의 조직적 측면을 무작정 모방하는 것은 현명한 전략이 아닐 수 있다. 그러나 사범교육 수준을 다른 학문과 동등하게 끌어올림으로써 핀란드 사람들이 얻은 긍정적인 교훈은 더 면밀하게 살펴볼 가치가 있다.

가장 재능 있는 젊은이들을 사범교육에 유치하려면, 무엇보다 교사가 외부에서 정해주는 기준을 기술적으로 시행하고 끊임없이 시험을 치르고 행정업무에 시달리는 직업이 아니라, 독립적이고 존경받는 직업의 표본이 되게 해야 한다.

핀란드의 강점: 우수한 교사들을 무한 신뢰한다

4

핀란드의 가치

교육을 통해
경쟁력 있는
복지국가를 만든다

세계교육개혁운동-Global Education Reform Movement, 이하 GERM이라는 개념이 있다. 미국을 비롯해 전 세계 거의 모든 나라가 채택하고 있는 신자유주의식 교육개혁의 기조와 방향성을 지칭하는 용어이다. GERM은 공식 정책 프로그램이 아닌 특정한 가설에 의존하는 비공식 교육 의제인데, GERM을 중심으로 전 세계적으로 추진된 교육정책 및 교육개혁 원칙에는 다섯 가지 공통점이 있다.

첫째, '교육의 표준화'이다. 국가가 주관하는 시험, 학교 평가 체제가 이 교육정책에서 비롯된 결과이다. 둘째, '핵심 과목의 집중'이다. PISA, TIMSS, PIRLS 같은 평가 결과를 교육 성취도의 기준으로 삼다 보니 읽기, 수학, 과학 능력이 교육 시스템의 성패를 가름하는 주요 요인이 되었다. 그 결과 여러 나라에서 사회, 미술, 음악, 체육 과목의 수업 시간을 줄이기 시작했다. 셋째, '미리 정해둔 학습 목표 채우기'이다. 즉 실험을 최소화하고, 대안적인 교수법을 줄여 학생들이 시험에 가장 잘 대비할 수 있는 내용을 집중 지도하는 것이다. 넷째, '학교 운영과 교육정책 원칙을 민간 기업이나 컨설팅 기업 등에 맡기기'이다. 교육의 목표를 국가 패권 및 경제 이익으로 삼았기 때문이다. 마지막 특징은 고부담 책무성 시험 제도의 도입이다. 수많은 나라가 이러한 추세에서 좋은 성과를 올리기 위해 학교 인가, 승격, 시찰에 관여했고 성과급 지급 여부로 교사에게 책임을 물었다.

　반면, 핀란드는 GERM 요소를 전혀 채택하지 않고 교육개혁을 추진했다. 핀란드는 교육과정과 평가 기준의 개발, 교수 조직 등에서 교사들과 학교장을 무척 신뢰했다. 또한 학교가 새로운 방안과 접근법을 시도해보도록 끊임없이 독려했다. 수업의 목표는 학교와 교사와 학생의 쇄신이 되었다. 이러한 시도는 30년에 걸쳐 핀란드 사회에 다양성, 신뢰, 존중의 문화를 심어주었다.

　핀란드가 1990년대 초의 심각한 경제 불황과 2008년 세계금융위기에서 회복했을 때, 전 세계는 다시 한 번 '전 국민이 함께하는 정보사회 모델', '경쟁력 있는 지식경제 모델'로서의 핀란드를 주목했다. 핀란드의 경제 회복 과정에서 특히 눈여겨볼 점은 핀란드 경제와 공공 부문이 더 치열해진 국제 시장에서 경쟁력을 갖추는 데 핀란드 교육제도가 크게 기여했다는 점이다. 4장에서는 핀란드 국가 경쟁력에서 가장 중요하게 작용한 핀란드 교육정책과 여러 공공정책 간의 상호의존성을 소개한다. 교육의 진전이 국가 경쟁력, 투명성, 복지 정책 개선과 어떻게 연결되는지 확인할 수 있을 것이다.

진정한 승자는 경쟁하지 않는다.

_사물리 파로넨(핀란드 작가, 1917~1974)

모두가 성공하고
아무도 실패하지
않는다

핀란드 교육이 아주 특별한 이유는 간신히 세계 평균에 머물던 교육제도를 오늘날 학업 성취도가 아주 우수한 교육제도로 꾸준히 발전시켜왔기 때문이다. 이에 못지않게 중요한 점은 거의 모든 사람이 성공하고, 실패는 거의 없는 학교 네트워크를 만들었다는 점이다. 이와 동시에, 의무교육을 마친 뒤 후기중등교육과 고등교육에 진학, 졸업하는 비율도 크게 증가했다. 세계 언론과 다양한 교육개발 기관이 핀란드의 교육적 성공을 주목했다.

핀란드는 현재 미국과 영국, 캐나다, 그 밖의 많은 국가가 시행하고 있는 교육개혁과 동일한 원칙을 따라서 이런 이례적인 발전을 이룬 것이 아니다.

핀란드는 국가 경쟁력이 있고, 부패 지수가 낮고, 삶의 질이 우수하다. 지속 가능한 발전을 가져다주는 건강한 생활방식을 지니고 있으며, 양성 평등 지수도 높다. 이러한 자질이 핀란드를 세계에서 가장 번영한 국가 중 하나가 되게 했다.

작고 외딴 국가인 핀란드는 사회 전반에 걸친 유연성과 문제 해결력을 기반으로 성공했다. 교육제도 안에서의 이러한 원칙은 학교가 창의성을 실험하고 위험을 감수하는 한편, 효과적인 교수이든 생산적인 학습이든 일단 설정한 목표를 이루려고 노력할 수 있게 했다. 이것은 또한 다른 공공분야의 정책 및 전략과 조화를 이룬다. 특히 1990년대 초부터 교육정책과 경제 전략 사이에 긴밀한 상호작용이 이루어진 것이 흥미롭다.

이번 장에서는 핀란드 교육정책이 국제적인 교육개혁 방안에 어떻게 반응했으며, 지식경제와 복지국가의 종합적인 발전과 어떻게 연결되는지 좀 더 자세히 살펴보려 한다. 1970년대 이후 공공정책 간 상호의존성 증가에 대해 살펴보고, 교육개혁 원칙과 경제발전 정책을 비교하는 사례를 제시할 것이다.

역동적인 지식사회의 교육정책은 다른 공공정책과의 복잡한 관계를 위태롭게 하지 않는 정책과 지속 가능한 리더십을 바탕으로 세워야 한다.

세계화가
교육계에 미친 영향

지난 20년 동안 세계화는 핀란드 사람들의 삶을 빚어왔다. 유럽연합에 가입하고 OECD 회원국으로 적극 활동하면서 핀란드와 다른 선진국 간의 정책 교류는 물론, 개인의 이동도 활발해졌다. 그러나 세계화를 바라보는 핀란드 사람들의 시각은 여전히 나뉘어 있다. 초국가적 통화와 언론, 엔터테인먼트 기업이 세계 패권을 잡으면서 세계화라는 것이 결국은 민족국가의 역할을 감소시켜 마침내 주권 상실로 이어질 거라고 생각하는 이들이 많다.

그런가 하면 경제, 정책, 문화의 표준화가 경쟁력 있는 기업과 국가의 새로운 규범이 되었고, 그리하여 핀란드의 관습과 전통이 약해지고 있는 것이라고 주장하는 이들도 있다. 세계 문화의 변화는 교육정책과 교육 현장, 교육기관에도 커다란 영향을 미친다. 세계화가 교육정책에 끼친 영향을 단순하게 볼 수 없는 것만은 확실하다.

사실, 세계화는 문화적 역설이다. 사람들과 문화를 통일하는 동시에 다양화한다. 세계화는 보다 폭넓은 세계 동향으로 각국의 교육정책을 통합시킨다. 교육제도 하나하나가 직면하는 문제와 도전은 비슷하기 때문에 해결책과 교육개혁 의제 역시 비슷해지

핀란드의 가치: 교육을 통해 경쟁력 있는 복지국가를 만든다

고 있다. 학생의 학업 성취도에 관한 공통 지표와 국가 간 비교를 통해 국제적으로 교육제도를 벤치마킹하기 때문에 다양한 교육제도의 차별점이 더 잘 드러난다.

예를 들어, OECD의 PISA 연구는 자국의 교육정책과 학교를 개선하기 위해 다른 나라, 특히 핀란드, 캐나다, 한국 등을 방문하는 정치인과 교육 전문가의 점수를 반영한다. 결과적으로 세계화는 국제 협력, 의견 교환, 교육제도 및 교육정책 이전을 촉진시킨다.

많은 국가의 교육부와 개발 기관, 컨설팅 회사에서 세계 정책 개발과 교육개혁을 분석하는 것이 통례이다. 결국 세계의 교육제도는 핵심 가치와 기능, 구조를 어느 정도 공유하기 시작했고, 확실히 비슷해 보인다. 그렇다면 세계의 정책 결정자들과 교육가들 사이에 상호작용이 늘어나면서, 특히 공인된 지표와 교육정책 취대取貸를 통한 교육제도 벤치마킹이 늘어나면서, 세계 전역에서 교육개혁에 접근하는 방식도 그만큼 일반화되었을까? 하는 의문이 생긴다.

교육 지식에 대한 변화는 대부분 영어권 국가들이 만들고 전파해왔다. 서방의 미국, 캐나다, 영국, 동방의 오스트레일리아, 뉴질랜드가 중심이 되어 학교 개선, 학교 효과, 교육개혁에 관한 논의와 연구를 진행했다. 1990년 창간된 〈학교 효과와 학교 개선 School Effectiveness And School Improvement〉과 2000년 창간된 〈교육개혁 저널Journal Of Educational Change〉은 동시대의 지식 변화를 전달하는 주요 토론의 장이다.[1] 영어권 너머에서는 네덜란드와 스웨덴, 스페인, 노르웨이가 교육개혁에 관한 국제 회담과 연구에 가장 적극적으로 참여했다. 놀랍게도 우수하고 평등한 교육제도를 갖춘 핀란드와 한국, 일본은 세계적인 지식 변화 세대에 그리 큰 역할을 하지 않았다. 이들 국가는 미국과 영국, 오스트레일리아, 캐나다에서 나온 연구와 혁신에 크게 의존했다.

세계 교육개발 사업에서 지식 변화의 중요한 소비자가 되는 것은 중요하다. 사실, 몇몇 선진 교육제도는 내용에 관해 표준화된 지식과 일상적인 기술 습득을 강조하는 대신, 협동 학습 같은 현대적인 교수법이나 교직 사회의 네트워크와 커뮤니케이션 기술을 활용해 융통성, 위험 감수, 창의성, 문제해결 능력에 집중하고 있다. 경제 강국 중국(최소한 상하이, 베이징, 홍콩 같은 대도시에서는 그렇다)을 비롯하여 국가 정책의 우선순위를 학교 중심의 교육과정을 만드는 데 둠으로써 교육에 대한 통제를 줄여나가는 나라가 늘어나고 있다.

일본과 싱가포르는 창의성과 혁신을 강조하고자 '덜 가르치는 편이 더 낫다'는 견해를 취하고 있다.* 가장 우수한 성과를 내고

---

* OECD 2010c 자료 11장을 참고하라

있는 캐나다 앨버타 주는 주정부학력평가시험을 없애고 진정한 학습에 집중하게 하는 책무성 정책을 만들어 학교를 덜 통제하고 있다. 웨일스에서는 이미 그렇게 해왔으며, 심지어 세계에서 가장 시험 집약적인 교육제도를 갖추고 있는 잉글랜드도 정부가 나서서 초등학교의 모든 표준화 시험을 없앴다.

지식에 기반을 둔 수업과 시험에 기반을 둔 책무성을 지나치게 강조하는 데 대한 반작용으로, 전 세계 교육 당국은 지식경제가 요구하는 생산적인 학습을 촉진할 수 있는 수업 방식을 찾기 위해 더 역동적인 교육과정을 고려하고 있다. 또한 더 효율적인 책무성 제도를 도입하고, 교육 분야 리더십을 강화하고 있다. 뿐만 아니라 단일 기관에 집중하는 대신, 학교와 지역사회의 네트워킹을 장려하기 시작했다.

이러한 발상의 중심에는 '상보성complementarity', 즉 학교와 지역 간의 협력과 네트워크를 통해 더 나은 학습을 고민할 수 있다는 인식이 있다. 군집화와 네트워킹도 국가 경쟁력과 세계화에 발맞추려는 노력의 핵심 요소로 나타난다.

교육제도 개선이 세계적인 현상이긴 하지만, 다양한 나라에서 교육개혁을 어떻게 설계하고 실행해왔는지 비교 분석한, 신뢰할 수 있는 최신 자료가 없다. 그러나 교육 전문 문헌은 교육개발의 흐름이 구조 개혁에서 교육의 질과 접근성을 개선하는 방향으로 변화했음을 보여준다.* 그 결과 교육과정 개발, 학생 평가, 교사 평가, 정보 및 커뮤니케이션 기술 통합, 읽기와 쓰기 같은 기본 기능 숙달, 수학 및 과학 능력이 전 세계 교육개혁에서 공통된 우선순위가 되었다. 이러한 변화는 시험에 기반을 둔 책무성 정책, 성과급, 데이터 중심의 행정 등 실업계에서 차용한 관리 모델을 통해 이루어졌다. 나는 이것을 '세계교육개혁운동'이라고 부른다.**

세계교육개혁운동의
등장

세계교육개혁운동***, 즉 GERM이라는 아이디어는 정책 및 실행에 대한 국제 교류가 늘어나면서 진화했다. GERM은 공식적인 세계 정책 프로그램이라기보다는 교육제도 개선을 위해 특정한 가설에 의존하는 비공식적 교육 의제이다.**** GERM은 1980년대 이후에 등장했으며, 세계화가 교육 분야에 영향을 미친 구체적인 결과 중 하나이다. 교육개혁을 추진하는 전 세계 많은 나라가 GERM을 '새로운 정통 교육'으로 받아들였다. 미국, 오스

---

*   Hargreaves & Fink, 2006; Hargreaves & Goodson, 2006
**   Sahlberg, 2006a, 2007, 2010a 참조
***   Global Education Reform Movement, 미국과 영국을 비롯해 거의 모든 나라가 채택하고 있는 시장 중심의 신자유주의식 교육개혁의 기조와 방향성을 지칭하는 용어로, GERM이라는 약자가 암시하듯 이런 식의 교육개혁이 '세균'처럼 교육의 본질을 훼손하는 것을 경계하기 위해 만든 신조어이다 - 옮긴이
****   Sahlberg, 2011a; Hargreaves, Earl, Moore, & Manning, 2001; Hargreaves & Shirley, 2009

핀란드의 가치: 교육을 통해 경쟁력 있는 복지국가를 만든다

트레일리아의 여러 지역, 캐나다, 영국, 그리고 몇몇 스칸디나비아 국가가 이 방식을 따르고 있으며, 개발도상국 중에도 이 기조를 따르는 국가가 늘어나고 있다.[②]

GERM은 국가의 교육개혁과 정책 결정 과정에 개입하는 국제개발기구들과 양자 원조국, 민간 자문위원들의 전략과 이해관계를 통해 강력하게 장려되었다. 다이앤 래비치Diane Ravitch 교수는 자선단체들이 얼마나 과감하게 미국 공교육 제도에 십 수억 달러를 투입했는지 설명했다. 그리고 그보다는 적지만 다른 나라에도 비슷한 일이 일어나고 있다면서 실업계에서 빌려온 관리 개념과 원칙을 학교 제도에 적용해야 한다고 주장해* GERM을 전 세계에 알렸다. 핀란드에는 공교육에 자금을 대는 민간 재단이 극소수에 불과하고, 이들 재단은 당국의 엄격한 감독 아래 운영된다. 그들이 교육정책이나 교육개혁 방향에 미치는 영향도 줄어들고 있다.

GERM은 다음 세 가지 영감을 받아 등장했다. 첫째는 1980년대를 지배했던 새로운 학습 패러다임이다. 인지적·구성주의적 학습 이론이 비약적으로 발전하면서 교육개혁의 초점이 교수에서 학습으로 서서히 이동했다. 이 패러다임에 따라, 학교 교육을 통해 지식을 암기하거나 일상과 무관한 기술을 통달하는 것보다 개념

---

* Ravitch, 2010c

을 이해하고, 문제를 해결하고, 감성지능과 다중지능, 대인관계 기술을 익히는 것이 훨씬 더 강조되었다. 이와 동시에 읽고 쓰는 능력과 산술 능력을 키우는 것도 교육개혁의 주된 목표가 되었다.

둘째는 모든 학생이 확실하고 효과적으로 학습할 수 있게 해달라는 시민들의 요구이다. '일부를 위한 교수'에서 '만인을 위한 학습'으로 교육정책의 초점이 바뀐 데는 세계적 캠페인인 '만인교육Education for All'의 영향이 컸다. 포괄적인 교육 구성과 공통 학습 기준의 도입이 만인교육이라는 이상을 장려하는 방안으로 제시되었다. 이러한 흐름은 국가 교육과정과 공통 프로그램을 통해 모든 학생에게 더 높은 학업 성취도를 요구하는 결과를 낳았다.

셋째는 공공서비스의 지방 분권화로 교육계에도 불어닥친 경쟁 및 책무성 정책이다. 각 학교와 교사들이 학생들과 자원을 놓고 경쟁하고 시험 성적 같은 결과를 책임지게 되면서 교수 및 학습을 위한 교육 표준과 지표, 기준이 도입되었다. 또한 그에 맞춰 평가 기준과 시험이 만들어지고, 교육과정이 처방되었다. 제임스 폽햄James Popham이 언급한 대로, 학교의 성과와 교육의 질 향상이 인가, 승격, 제재, 예산 조달 과정과 긴밀하게 연결되어 있는 곳에서 시험에 기반을 둔 다양한 책무성 정책이 등장했다.* 다시 말해서, 서비스 전달의 효율성이 궁극적인 성과를 결정하는 곳에서

* Popham, 2007

교육은 상품이 되고 말았다.

1980년대 이후, 특히 학생의 학업 성취도 향상과 관련해서 교육의 질을 개선하고자 세계적으로 추진된 교육정책 및 교육개혁의 원칙에는 최소 다섯 가지 공통점이 있다.

첫째, 교육의 표준화이다. 1980년에는 결과 중심의 교육개혁이 인기를 끌었고, 1990년대에는 앵글로 색슨 국가들을 시작으로 기준 기반 교육정책이 뒤를 이었다. 이러한 교육개혁은 학생의 학습, 학교의 성과 같은 결과에 관심을 기울였다. 그 결과 정책 입안자들과 교육개혁가들 사이에는 학교와 교사, 학생들에 대한 성취 기준을 충분히 높고 확실하게 설정하면, 반드시 기대한 만큼 결과가 좋아진다는 믿음이 널리 퍼져나갔고, 대부분 이를 아무 의심 없이 받아들였다. 이러한 기준을 얼마나 잘 달성했는지 평가하기 위해 시행한 외부 시험 및 평가 체제는 본래의 기준 기반 교육정책에서 비롯된 것이다.

1980년대 후반부터 중앙 정부가 처방한 교육과정은 세계적 교육정책의 특징이 되었다. 이러한 교육과정에는 자세하고 야심찬 성취 목표, 잦은 학생 평가와 교사 평가, 성과급과 연계된 고부담 책무성이 포함되어 있다. 또한 학교의 질과 효과를 개선하고 싶어 하는 이들에게 더욱 낮은 비용으로 효과 빠르고 표준화된 해결책을 약속했다.

둘째, 읽고 쓰는 능력과 산술 능력 같은 핵심 과목에 점점 더 치중하는 것이다.* 읽기, 쓰기, 수학, 자연과학의 기본 지식과 기술이 교육개혁의 주요 목표이자 지표로 승격되었다. PISA, TIMSS, PIRLS 같은 국제 학생 평가를 교육 성취도의 기준으로 받아들인 까닭에 읽기, 수학, 과학 능력이 학생과 교사, 학교, 교육 시스템 전체의 성패를 가름하는 주요 결정 요인이 되었다. 읽고 쓰는 능력과 산술 능력을 키우는 이른바 핵심 과목의 수업 시간을 점점 늘리는 잉글랜드와 온타리오의 전략이 세계교육개혁운동의 구체적 계획을 따라간 대표 사례이다. 미국은 낙오학생방지법No Child Left Behind 때문에 대다수 학교가 읽기와 수리 영역 평가를 더 잘 받기 위해 사회, 미술, 음악 등 다른 과목의 수업 시간을 빼앗았다.**

셋째, 처방받은 교육과정대로 진행하는 수업이다. 바꿔 말하면, 미리 정해진 학습 목표를 달성하기 위해 안전하고 위험부담이 적은 길을 찾는 것이다. 이 경우 교실과 학교에서 실험을 최소화하고, 대안적인 교수법을 줄인다. 우선시되는 과목과 미리 정해진 성취 목표 달성을 강조하는 정책에 기반한 교육제도를 연구한 결과, 교수·학습이 편협해지고 교사들은 학생들이 시험에 가장 잘 대비할 수 있는 내용을 집중적으로 가르치는 것으로 나타났다.*** 시험 결과에 걸려 있는 것이 많을수록 교실에서 자유롭게 실험할

---

*   Hargreaves, 2003

**   Jennings & Stark Rentner, 2006

***   Au, 2009

여유는 줄어든다.

넷째, 실업계의 관리 모델을 학교 운영 개혁의 핵심 논리로 차용한 것이다. 교육정책과 정책 실행 원칙을 교육제도 바깥에서 가져오는 과정에 민간 기업과 컨설팅 회사, 투기성 민간 자선단체들이 후원했다. 인간 개발의 도덕적 목표는 국가 패권 및 경제 이익과 결합되곤 했다. 교육 변화는 교육제도 밖에서 가져온 혁신에 달려 있다는 믿음이 성공적인 교육 개선의 두 가지 중요한 요소를 훼손했다. 우선, 이 믿음은 교육제도의 쇄신력 강화와 국가 정책 개발의 역할을 제한했다.* 무엇보다도 이 믿음은 과거로부터, 그리고 서로에게서 배우려는 교사와 학교의 시도를 무력화했다. 다시 말해, 지속적인 교육 개선에 필요한 직무능력개발을 방해했다.

다섯 번째 특징이자 앞에서 언급한 세계 동향이 가져온 필연적 결과는 고부담 책무성 정책의 채택이다. 이러한 추세에서 학생의 학업 성취도를 향상시키는 식의 학교 성과는 인가, 승격, 시찰, 그리고 궁극적으로는 학교와 교사에 대한 상벌 과정과 밀접한 연관이 있었다. 성과급은 교사에게 학생의 학습에 대한 책임을 묻는 인기 있는 정책 중 하나이다. 학교와 교사의 성패는 수학 및 읽기 영역에 대한 학생의 학업 성취도, 졸업시험 결과, 교사의 계획된 수업 태도 등 학교 교육의 제한된 면에만 관심을 쏟는 표준화 시

* Levin, 1998

험과 외부 평가에 의해 결정되었다.

'최고를 향한 경주'는
왜 빗나가는가

2009년에 시작된 '최고를 향한 경주Race To The Top, RTTT'는 국가 및 지방 교육개혁에 박차를 가하고자 43억 5,000만 달러를 투자해 만든 미 교육부 프로그램으로, GERM의 요소가 많이 포함되어 있다. 정책을 더 효과적으로 실행하는 사례를 찾아나서면서 주정부들과 학교들 간에 경쟁이 심해졌다. 이 계획의 중심 역할은 표준화 시험으로 측정한 교사와 학교장의 효과성이다. 표 21은 1980년대 이후 핀란드 교육정책과 RTTT 정책이 얼마나 독자적으로 존재하는지 보여준다.

세계 교육 변화 노력을 분석한 다른 이들도 있다. 앤디 하그리브스와 데니스 셜리도《제4의 길The Fourth Way》에서 세계 교육개혁을 분석했다. 교육개혁 분야의 세계적 권위자인 마이클 풀란 교수도 총체적인 제도 개혁 정책 및 전략 분석에서 비슷한 결론을 냈다. 그는 교육정책 또는 전략의 지렛대와 같이 교육제도에 의도한 변화를 이끌어내는 '변화의 동인'에 대해 이야기한다. "앞으로 밀고 나오는 과정에서 리더들, 특히 이렇다 할 발전을 이루지 못하고 있는 나라의 리더들이 잘못된 동인을 선택하는 경향이 있다."* '잘

표 23 1990년대 초 이후 핀란드 교육정책과 세계교육개혁운동의 핵심 요소 비교

세계교육개혁운동(GERM)	핀란드의 교육정책
교수·학습의 표준화 학습 성과의 질과 형평성을 개선하기 위해 모든 학교, 교사, 학생들에게 기대하는 높고 명확한 성취 기준을 미리 설정함. 측정과 자료를 위해 공통된 기준과 일관성을 갖추도록 교수 및 교육과정을 표준화함.	**맞춤형 교수·학습** 학교 중심의 교육과정을 계획할 수 있도록 명확하되 융통성 있는 국가 교육과정 체계를 설정함. 모든 사람에게 최적의 학습·교수 기회를 제공할 최선의 방법을 찾기 위해 지역별, 개인별 해법을 장려함. 특수교육이 필요한 사람들을 위해 개인별 학습 계획을 제공함.
읽고 쓰는 능력과 산술 능력에 집중 읽기, 쓰기, 수학, 자연과학의 기본 지식과 기술을 쌓는 것을 교육개혁의 주된 목표로 삼음. 보통 이들 과목의 수업 시간이 늘어남.	**창의적인 학습에 집중** 개인의 인격과 덕성, 창의성, 지식, 기술 발달을 똑같이 중요하게 생각하며 깊이 있고 폭넓은 학습에 역점을 둔 교수·학습.
처방된 교육과정으로 수업 성공과 우수한 학업 성취도를 위해 더 높은 기준 달성. 교수 결과를 예상할 수 있고 획일적으로 규정됨. 결과는 보통 외부에서 관장하는 표준화 시험으로 판단함.	**위험을 감수하려는 태도 장려** 학교 중심으로 교사가 직접 설계하는 교육과정은 새로운 교수·학습 방법을 찾는 데 용이하며, 리더십과 교수, 학습에 대한 위험 감수와 불확실성을 장려함.
시장 중심의 개혁 방안 차용 입법이나 전국적인 프로그램을 통해 실업계에서 학교에 들여온 관리 및 행정 모델을 교육 개혁의 원천으로 삼음. 그 결과 민간 기업의 운영 논리에 학교와 지방 교육제도를 맞추어 나감.	**과거와 독자적인 혁신을 통해 배움** 교사의 전문적인 역할, 학생들과의 관계 등 교육학의 전통적인 가치를 귀히 여기며 가르침. 과거의 경험으로 입증된 교육 관례를 학교 개선의 주요 원천으로 삼음.
시험 기반의 책무성과 통제 학교의 성과와 학생들의 학업 성취도를 향상시키는 것이 교사와 학교의 승격, 시찰, 보상 과정과 밀접하게 연결됨. 승자들은 재정적인 보상을 받는 한편, 고군분투하는 학교와 개인들은 불이익을 당함. 불이익에는 불완전한 고용 조건과 성과급이 포함됨.	**책임 공유와 신뢰** 학생들에게 가장 좋은 것을 판단함에 있어서 교사와 학교장의 전문성을 중시하는 교육제도 안에서 책임과 신뢰의 문화를 구축해 나감. 실패하거나 뒤처질 위험이 있는 학교와 학생들을 지원하는 데 재원을 투입함. 표본을 기반으로 학생을 평가함

못된 동인'에는 전문성과 대조되는 '책무성', 동료 간의 협조와 대비되는 '교사 개인의 자질', 교수법과 대비되는 '기술', 그리고 체계적 사고와 대비되는 '단편적 전략'이 포함된다. 마이클 풀란에 따르면, GERM의 기조로 가득한 이런 비효과적인 요소들은 기본적으로 빗나간 것이고 계속해서 과녁을 벗어나고 있다. 미국과 오스트레일리아의 총체적인 제도 개혁을 분석하면서, 마이클 풀란은 한걸음 더 나아가 이렇게 이야기한다.

채택한 전략으로 이렇듯 야심차고 감탄을 자아내는 목표를 달성할 수 있는 방법은 없다. 이러한 동인으로 성공한 제도는 이제껏 하나도 없었다. 이러한 동인은 이렇게 거대한 제도를 변화시키는 데 필요한 엄청난 동기를 부여하지 못한다. 미국과 오스트레일리아의 포부는 목표로는 근사해 보이지만, 전략이나 동인의 관점에서 보면 허술하기 짝이 없다.**

핀란드는 교육개혁을 추진하면서 다른 많은 나라의 교육정책에 포함된 GERM 요소를 전혀 채택하지 않았다. 그렇다고 해서 핀란드 교육에 표준화나 기본 기술 학습, 책무성이 전혀 없다는 의미는 아니다. 다만, 세계교육정책 시장에서 흔히 볼 수 있는 정

* Fullan, 2011, p.5
** Fullan, 2011, p.7

책과는 전혀 관계없는 대안으로도 좋은 교육제도를 만들 수 있다는 의미이다.

GERM이 변화의 주요 동력이었던 학교에서 GERM은 교사들의 업무와 학생들의 학습에 중대한 영향을 끼쳤다.* 그중에서도 가장 중요한 결과는 교육 및 교수 과정의 표준화이다. 많은 나라가 학생들이 학교에서 배워야 하는 것들 대부분은 명확한 기준으로 공식화할 수 없다는 사실을 제대로 이해하지도 못한 채 교육 당국과 자문위원들이 세운 기준을 교사들과 학생들에게 들이밀었다. 이러한 기준에 맞춘 새로운 학생 평가와 시험은 학교에 실망과 새로운 문제를 안겨준다. 그러나 표준화 계획은 교육의 질과 효율을 상당 수준 개선해줄 것을 약속하기 때문에 정치적으로나 전문적으로나 변화의 기본 이념으로 널리 받아들여졌다.

교육정책과 개혁 사업에서 현장의 목소리는 거의 들리지 않는다. 학자들이나 개혁 자문위원들이 작성한 교육개혁 연구 보고서는 기술 담론이 주를 이룬다. 한 예로 스코틀랜드 학교 개선 현장에서 일하는 이들의 이야기를 소개하려 한다.

특별히 스코틀랜드의 사례가 의미 있는 이유는 지난 몇 년간 GERM에 심각하게 오염되었다가 현재 회복 중이기 때문이다. GERM의 부작용에는 상부의 비중이 큰 계획, 융통성 없이 엄격

---

* Sahlberg, 2011a

한 교육과정, 감사監査를 통한 조치, 단편적인 외부 시찰, 외부 평가에 의존하는 책무성이 포함되었다. 이중 대부분이 서서히 사라지고 있으며, 좀 더 영리한 교육과정과 평가 정책이 들어설 여지가 생기고 있다. 플락턴 초등학교 교사인 니얼 매키넌Niall Mackinnon은 더 폭넓은 국가 정책과 실행이라는 기본 틀 안에서 정책을 실행하는 목적과 지역이 갖고 있는 의문점을 설득력 있게 이야기했다. 그는 GERM이 교사들과 학교에 어떤 영향을 끼쳤는지 정확히 꼬집었다.

이 방식은 위험하다. 학교 발전에 대한 합리적·이론적 근거조차 이해하지 못한 채 감사관들이 정해놓은 기본 지침에 동의하는 것, 다른 모델을 제시하는 것, 그저 관점을 표현하는 정도로만 비판적으로 평가하는 것을 마치 과학적인 평가처럼 포장해 보편적인 등급으로 인식할 위험이 있기 때문이다. 시찰이 허용될 경우, 정책 실행과 관련해 건설적인 토론을 가능케 하는 다양한 관점의 차이가 불가능해진다. 하나의 관점이 다른 관점을 대체한다. 지시와 통제가 교육 발전을 위한 상호 관계와 대화, 탐구를 대체한다. 이 시스템에서는 혁신을 이루고 새로운 생각을 제시하는 사람들이 고통을 받는다.*

* MacKinnon, 2011, p.100

GERM은 정책 입안자들과 개혁 자문위원들 사이에서 세계적인 인기를 얻었다. 학습과 교육행정에 몇 가지 근본적으로 새로운 방향을 강조하기 때문이다. GERM은 학습을 우선순위에 두고, 모든 학생에게 높은 수준의 학업 성취를 기대하고, 평가를 교수·학습 과정의 필수 요소로 만드는 등 교육의 질과 형평성, 효과를 높이기 위해 강력한 지침을 제시한다. 그러나 한편으로는 교육에 시장경제 논리와 절차를 강화한다.

무엇보다 GERM은 교사들이 가르쳐야 할 것과 학생들이 배워야 할 것을 서술한 외부 성취 기준을 도입해, 모든 사람이 더 잘 학습하게 될 것이라고 가정한다. 그러한 성취 기준은 기본에 집중하고 학생들과 교사들을 위해 분명한 학습 목표를 정함으로써 읽기와 쓰기, 수학, 과학의 핵심 기술을 통달하는 데 역점을 둔다. 교사들에 대한 체계적인 훈련과 외부 시찰은 이러한 접근에 반드시 필요한 요소이다.

둘째, GERM은 학교와 교사, 학생 간의 경쟁이 교육의 질을 향상시키는 가장 생산적인 방식이라고 신뢰한다. 그러려면 부모는 자녀들을 위해 학교를 선택하고, 학교는 충분히 자율적으로 운영되고, 학교와 교사는 학생들의 학습에 책임을 져야 한다.

세계교육개혁운동을
정면으로 거스르다

핀란드 교수·학습의 대표적인 특징은 교육과정과 평가, 교수 조직, 학교 시찰 등에서 교사들과 학교장을 무척 신뢰한다는 점이다. 또한 새로운 방안과 접근을 시도해보도록, 다시 말해서 학교가 가르치고 배우며 창의적이고 영감을 주는 곳이 되도록 교사들과 학생들을 독려한다는 점이다. 나아가, 학교 수업은 학교의 교육 유산을 존중하면서도 쇄신하는 것을 목표로 한다.

핀란드에는 전통적인 교육과 학교 조직이 존재하지 않는다는 의미가 결코 아니다. 오히려 정반대이다. 중요한 것은 오늘날 핀란드의 교육정책이 핀란드 사회에, 특히 핀란드 교육제도 안에 다양성과 신뢰, 존중의 문화를 창조해낸, 30년에 걸친 체계적이고 계획적인 발전의 결과라는 것이다.

세계교육개혁운동의 대안이 될 수 있는 이 접근법을 나는 '핀란드 방식'이라고 부른다. 정보사회와 경제제도 발전 과정에서 나타난 비슷한 시도를 '핀란드 모델'이라고 부르는 데서 착안한 것이다.* 핀란드가 다른 나라들과 구별되는 점은 교육제도의 성과를 학습 성취와 교육의 형평성 양쪽에서 동시에 입증했다는 점이다.

---

* Castells & Himanen, 2002; Routti & Yla-Anttila, 2006; Saari, 2006

핀란드의 가치: 교육을 통해 경쟁력 있는 복지국가를 만든다

이런 결과는 1990년대에 토니 블레어Tony Blair, 빌 클린턴Bill Clinton, 게르하르트 슈뢰더Gerhard Schröder 리더십을 통해 유명해진 제3의 길 또는 중도개혁주의가 다음으로 주력할 사항이다. 교육 부문에서 핀란드 방식은 '제4의 길'에 강하게 영감을 준 것으로 보인다.

> 제4의 길은 영감과 혁신의 길이자 책임과 지속 가능성의 길이다. 제4의 길은 교사들을 통해 가차 없이 개혁을 추진하거나, 교사들이 정부 정책을 무조건 따르는 대상이라 여기거나, 단기적인 정치 의제와 그에 따른 특수한 이해관계가 초래하는 급격한 변화로 교사들의 열의를 꺾어버리지 않는다. 대신 포괄성과 안전, 인간애가 가득한 세상에서 평등, 번영, 창의성이라는 비전을 향해 정부 정책과 전문가 및 국민의 참여를 하나로 모은다.*

위의 글에서 '제4의'라는 단어를 '핀란드의'로 바꾸어도 무방하다. 핀란드의 길은 개선을 향해 가는 전문적이고 민주적인 길이다. 아래에서 성장하고, 위에서 이끌고, 옆에서는 지지와 압력을 가한다. 하그리브스와 셜리는 제4의 길을 이렇게 묘사했다. "깊이 있고 폭넓은 교수·학습을 만들어나가는 우수한 교사들의 헌신을 통해 자율성이 점점 더 커지되, 자신에게만 몰두하거나 이기적

---

* Hargreaves & Shirley, 2009, p.71

이지 않은 전문가들의 강력하고 책임감 있고 활기 넘치는 공동체를 건설한다."* 핀란드의 방식에서 교사들은 높은 기준과 공동의 목표를 추구하며, 증거와 연구 보고서에 바탕을 둔 전문적 협업과 네트워크를 통해 끊임없이 학교를 개선한다.

수학, 과학, 기술에 투자해
국가 경제를 일으키다

1990년대에 경제 구조가 개편되면서 새로운 첨단 기술 산업은 보다 정교한 지식과 기술을 요구하게 되었다. 이는 핀란드 교육제도를 근본적으로 쇄신할 둘도 없는 기회였다. 교육 제도의 쇄신은 소련의 붕괴와 핀란드 금융위기로 촉발된 극심한 경기 침체(1990~1993), 유럽연합 통합(1992~1995)과 동시에 이루어졌고, 각각의 변화는 핀란드 교육에 직간접적으로 영향을 끼쳤다.

1990년대 중반, 이동통신 기술이 지식경제로의 전환을 촉진할 것이고, 아마도 이것이 핀란드가 경제 위기에서 벗어나 유럽 권력의 심장부로 들어가는 최선의 길이 될 거라는 국민적 합의가 이루어졌다.** 지식경제에서는 단순히 더 수준 높은 노하우를 쌓기

---

* Hargreaves & Shirley, 2009, p.107
** Routti & Ylä-Anttila, 2006

위해 인재를 키울 것이 아니라 더 뛰어난 기술을 요구하는 시장에서 혁신적인 제품의 혜택을 누릴 수 있는 비판적인 소비자가 있어야 했다.

1993년 초, 핀란드는 1930년대 이후 가장 극심한 경기 침체를 겪고 있었다. 실업률은 20퍼센트에 이르고 국내총생산 규모는 13퍼센트 감소하고, 금융 분야는 붕괴하고, 공공부채는 급등했다.

이때 핀란드 정부는 전혀 예상치 못한 방식으로 국가 위기에 대응했다. 첫째, 전통적인 산업을 활성화하는 대신 혁신에 주력했다. 목재와 전통적인 산업에서 벗어나 첨단 기술과 이동통신으로 산업을 다각화한 것이다. 새로운 국가 경쟁력 정책을 도입하고, 정부가 소유한 기업들과 공공 기관들의 민영화, 금융시장과 외국인 투자의 자유화를 촉진했다. 여기에는 민간 부문의 혁신을 촉진하고 공공 부문과 민간 부문의 상호협력을 활성화하는 편이 연구·개발 정책에 직접 투자하는 것보다 훨씬 낫다는 가정이 깔려 있었다. 위기를 극복할 수 있었던 것은 통신 산업에 집중하고, 특히 노키아를 지원한 덕분이 크다. 노키아는 1990년대 성공적인 경제 회복의 핵심이라 할 수 있는, 완전히 새로운 전자 산업을 핀란드에 선사했다.

둘째, 지식 축적과 발전으로 핀란드를 불황의 늪에서 끌어올렸다. 천연자원이 많지 않은 핀란드는 경제와 교육의 적극적인 국제화와 지식을 핵심 성장 전략으로 삼았다. 1998년 세계경제포럼 WEF이 발표한 세계 경쟁력 지수에서 핀란드는 15위였다. 그러나 130여 개국을 대상으로 평가한 2001년에는 선두까지 치고 올라왔다.* 흔히 지식 기반 경제 정책의 경쟁력을 측정하는 데 사용되는 연구개발비 총 지출은 1991년 2퍼센트에서 2003년 3.5퍼센트, 2008년에는 3.7퍼센트로 증가했다. 같은 기간 OECD 평균은 2퍼센트에서 2.3퍼센트 사이를 오갔다.** 핀란드 노동 인구 가운데 지식 노동자 수도 크게 증가했다. 1991년 연구개발 분야의 총 노동 인구는 노동자 1,000명당 5명이 조금 넘는 수준으로 당시 OECD 평균과 정확히 일치했다. 그런데 2003년에는 22명으로 증가해서 당시 OECD 평균의 거의 3배에 달했다.

핀란드 경제가 지식경제로 전환한 것을 두고 '놀랍다'고들 이야기한다. "이전의 경제적 어려움을 감안할 때 놀라운 일일 뿐 아니라, 주변 작은 국가들에도 지식경제를 성공적으로 건설할 수 있다는 사실을 확인해주었으니 흥미롭다."***

혁신에 대한 신뢰와 투자는 창의성, 문제해결력과 함께 지식과 기술을 끌어올리는 데 중점을 둔 1990년대 교육정책을 낳았다.

---

* Sahlberg, 2006a; Alquézar Sabadie, & Johansen, 2010
** Statistics Finland, n.d.b
*** Routti & Ylä-Anttila, 2006, p.4

수학, 과학, 기술의 강조는 노키아가 이동통신 산업을 선도하는 일류 기업으로 성장하고 스토라엔소Stora Enso가 세계적인 제지회사로 성장하는 데 이바지했다. 여러 핀란드 대학은 이들 회사의 연구개발과 밀접한 관계가 있다. 실제로, 정부 혁신 기관들은 핀란드의 지식과 기술 혁신에 적극적으로 기여했다. 국가 발전 정책에서 혁신과 교육의 중요성을 뒷받침한 핀란드 경제학자들도 중요한 역할을 했다. 교육을 단순한 지출로 보지 않고, 혁신을 일으키고 경제 전반에 더 많은 혁신을 일으키게 하는 잠재적 투자이자 필수요소로 본 것이다. 충분히 교육받은 사람들은 "국내외에서 개발한 신기술을 실행하는 데 그 무엇으로도 대체할 수 없는 존재이다".*

이처럼 정보사회와 지식경제는 1970년대 이후 핀란드에서 교육 변화를 이끈 중요한 요인이었다. 핀란드 경제계는 급변하는 시장과 기술 환경에 적절하게 대응할 수 있는 능숙하고 창의적인 인재를 교육제도가 충분히 공급해주기를 기대했다. 예를 들어, 지식과 기술 수준을 높여야 했던 핀란드 고용주들은 당시 다른 나라 기업들과 달리 세분화된 전공이나 조기 학교 선택을 별로 옹호하지 않았다. 핀란드 기업은 더 수준 높은 수학, 과학, 기술 교육을 적극 장려하는 동시에, 정규 교육과정의 일부로 좀 더 혁신적인 산학협동産學協同을 지지했다.

* Asplund & Maliranta, 2006, p.282

1990년대 중반 혁신 사업의 급속한 출현은 창의적인 문제해결, 혁신적인 통합 교과 프로젝트와 교수법을 학교에 도입했다.[③] 몇몇 일류 기업은 교육정책 입안자들에게 책무성을 기반으로 하는 전국 단위 시험과 미리 정해둔 기준 대신, 창의적인 교수·학습과 새로운 생각에 열린 태도를 갖는 것의 중요성을 상기시켰다.

1995년 유럽연합의 정식 회원 가입은 핀란드의 정신적 도전이자 변화의 전조였다. 소련은 불과 몇 년 전에 역사의 뒤안길로 사라졌고, 이 일은 서유럽의 정회원으로서 핀란드의 정체성을 강화했다. 1995년에 실제 회원 자격을 얻은 것만큼이나 유럽연합 회원국이 되는 과정 또한 중요했다. 유럽연합에 가입한 이후 몇 년 동안 핀란드가 새로운 정체성을 드러내 보이자, 핀란드인들은 국민 수준은 물론이고 학교를 비롯한 국가 기관의 수준을 다른 유럽 국가들만큼 끌어올리고자 하는 의욕에 불탔다.

사실, 1970년대와 1980년대에 핀란드 학생들은 과학과 수학에서 유럽의 또래들에 비해 좋은 평가를 받지 못했고, 이 일은 학생들의 학업 성취도를 유럽 수준으로 향상시키기 위해 더 열심히 노력한 이유가 되었다. 유럽연합 정식 회원 요건이나 공통 정책에 교육이 포함되진 않았지만, 유럽연합 가입 과정은 핀란드 교육 시스템을 비롯한 공공기관을 강화하는 데 실제로 긍정적인 영향을 끼쳤다. 그것도 최악의 경기 침체를 겪는 와중에 말이다. 더욱이 핀란드 교육자들은 유럽의 다양한 교육제도에 점점 더 관심을 가졌다. 다른 나라의 교육제도를 더 많이 접하게 되었고, 이것이 당시 진행 중이던 교육개혁과 새로운 사상의 도입을 주도했다.

역사와 핀란드인들의 사고방식이 시사하듯, 핀란드인들이 최상의 모습을 보여주는 때는 바로 세계적인 도전에 직면할 때이다. 핀란드인들은 1952년 치른 올림픽, 소련과의 전쟁, 1990년대 초 극심한 경기 침체의 극복과 같은 경험이 경쟁심 강하고 회복력이 뛰어난 핀란드인의 '시수'라고 말한다. 이러한 교육적·문화적 자세는 1970년대 이후 전개한 주요 경제, 고용, 사회 정책을 통해 보완되었다. 한편, 복지국가 설립과 국가 기관 및 정책의 수립은 1980년대 말에 완료되었다. 핀란드인으로 하여금 기대를 뛰어넘도록 영감과 활력을 불어넣는 최상의 원천은 언제나 생존이었다.

행복하고 공평한 사회일수록 성취도가 높다

교육개혁을 분석할 때는 흔히 변화의 기본 성질을 추측하게 된다. 변화가 점진적이냐, 혁명적이냐 하는 것이다. 전자라면 한 단계에서 다음 단계로 매끄럽게 발전해 나가고, 후자라면 새로운 기관과 규칙이 생겨나는 등 급진적인 전환을 보여준다.

핀란드 교육의 변화 시기가 핀란드 국가 정책의 변화 시기와 일치한다는 점에서, 핀란드 교육개혁은 주기적으로 진화했다고 할 수 있다. 여기서 알아야 할 것은 표 22에 나와 있듯 교육의 시대를 두 시기로 구분한 1990년이 핀란드 역사에서 중요한 분수령이 되었다는 점이다. 1990년 이전에는 복지에 기반을 둔 교육제도를 세우기 위해 기관과 뼈대를 만들었다. 반면 1990년 이후에는 복잡한 사회, 경제, 정치 제도의 일부로써 교육제도를 구성하는 관심, 발상, 혁신에 더 관심을 쏟았다. 핀란드 방식이 성공한 이유는 이 두 시기를 거치며 균형을 이룰 수 있었기 때문이다.

이 두 과정은 1970년대 이후 핀란드에서 교육제도를 개발하는 데 중요한 역할을 했다. 한편으로는, 다양한 공공정책 간의 상호작용이 늘어나면서 경제 및 사회 개혁의 일관성이 강화되었고, 하그리브스와 핑크의 말대로 교육 부문에서 '지속 가능한 리더십'을 펼칠 수 있는 환경이 조성되었다.* 정책의 일관성이 강화되면서 보다 장기적인 비전을 세우고 다양한 정책과 전략 사이에서 부문 간 협력을 위해 조직적으로 움직일 수 있게 되었다. 한편으로는, 국제화와 유럽연합 가입으로 공공기관들과 각 기관의 기본 기능을 조화롭게 통합시키고 발전을 강화했다. 이를 바탕으로 핀란드의 교육적 성공을 경제적, 정치적 관점에서 어떻게 이해할 수 있을까? 아마도 다음과 같은 결론을 이끌어낼 수 있을 것이다.

* Hargreaves & Fink, 2006

표 24 1970년 이후 핀란드 공공정책 간의 상호의존성 증가

		전략	경제 정책
공공정책 간의 상호의존성 강화	기관 설립	1970년대: 제도화. 복지국가의 대들보 통합 및 국가 주도하의 사회자본 강화. 전통적인 산업구조 육성	수출에 의존하고 정부가 규제하는 소규모 개방 경제 물적 자본에 주로 투자
		1980년대: 개혁. 복지국가 완성. 경제 규제와 징보기술 산업을 기반으로 행정 개혁	공공 부문의 급성장 금속과 목재 부문 산업에 생산 집중
	관심 · 발상 · 혁신	1990년대: 발상과 혁신. 공공 부문 자유화. 혁신을 통한 수출의 다각화, 네트워크 사회를 통한 사상 보급	공공 부문의 성장이 멈추고 쇠퇴하기 시작함 민간 서비스 부문 성장, 새로운 ICT 산업 등장. 금융 부문 개혁
		2000년대: 갱신. 성과가 우수한 경제 분야 강화, 재정 상황에 맞게 사회정책 갱신(민영화 확대)	서비스 증가에 집중 중앙 행정의 역할 상실 공공 부문의 생산성 강조

고용 정책	사회 정책	교육개혁 원칙
적극적인 고용 정책과 실업수당 제도 수립 노동시장에 맞춘 직접적인 훈련 강화	성인을 위한 새로운 위기 관리 제도. 실업, 일과 삶의 균형, 성인 교육, 주택 마련을 위한 제도 도입	모든 사람이 우수한 초등, 중등 교육을 받을 수 있는 균등한 교육 기회와 형평성 강조 공공 부문의 교육 공급 보장
실업수당 제도 개혁 새로운 고용 정책의 일환으로 조기퇴직 활용	학생 복지 서비스와 의료 제도 학자금 대출과 사회복지 제도, 실업 법률 개혁	모든 학생이 쉽게 접근할 수 있도록 후기중등교육개혁 후기중등학교를 시 당국으로 이전
경기 침체로 실업급여 삭감 고용 장려를 위한 노동시장의 새로운 급여 제도 고용 정책 개혁	극심한 경기 침체, 특히 부채 상태의 장기 실업문제 해결 실업자 재훈련과 성인 교육	학교 중심의 교육 과정 조정적 혁신 의견 교환 및 변화를 위해 학교와 지방자치단체의 네트워킹을 통해 교사와 학교에 힘 실어주기 고등교육 부문 확대
노령화인구의실직문제대두 실업자의 권리와 의무 강조 부문 간 혼합 접근법 강조	이민 법률 개혁 더욱 다양화되는 사회에 맞춰 제도 개선	교육 법률 개혁, 평가 정책 강화 학교에 대한 정부 통제와 교육 부문 생산성 강화 학교 규모 증가

핀란드의 가치: 교육을 통해 경쟁력 있는 복지국가를 만든다

① 핀란드 교육개혁의 성공은 1990년대의 변화 및 개선보다는 1970년대와 1980년대에 설립한 기관 및 제도적 구조에 기초한다. 모든 국민에게 행복의 기본 토대를 마련해주겠다는 책임감으로 국가가 창출한 사회 자본은 교육적 성취에 유리한 환경을 제공했다.

② 1990년 이후 핀란드 초등, 중등 교육은 새로운 제도나 구조보다 관심과 발상, 혁신과 관련된 변화가 더 많았다. 새로운 폴리테크닉 시스템이 도입된 고등교육을 제외하면, 1990년대의 제도적 변화는 더 적었다.

③ 유럽연합에서는 국가 경쟁력을 강조하는 것이 대부분의 공공정책을 주도한 원동력이었지만, 1990년대와 2000년대 핀란드의 공공정책은 국가 경쟁력 강화를 확실한 목표나 활동으로 삼지 않았다. 동시에 1970년대에 반포한 평등 원칙은 공공정책에서 점점 영향력을 잃었다.

요컨대, 1970년대 이후 교육개혁이 이루어진 두 시기는 서로 다르면서도 관련되어 있다. 이 두 시기의 변화 이론과 변화를 주도한 사상과 혁신의 원천은 서로 달랐다. 교육개혁 원칙은 '보완'을 거치는 다른 공공정책들과 서로 의존해 만들어졌다. 한편, 교육 변화 특히 학교에서의 교수·학습 개선에 대한 사상은 과거의 좋은 관행과 전통 위에 세워졌다. 이를 '교수적 보수주의'라고도 부르는데, 이는 과거에서 배우는 학습과 미래를 위한 교수를 통해

진보주의와 보수주의 사이에서 균형을 이룬다.[*]

1970년대 이후 핀란드 교육제도를 확립한 사회 및 경제 정책에 관한 공통된 결론은, 환경이 학업 성과에 어떠한 차이를 만들어내는지를 보여준다는 것이다. 다시 말해 개인의 행복, 공평한 소득 분배, 사회 자본으로 각국 학생들의 학업 성취도 차이를 설명할 수 있다는 점을 핀란드의 사회 정책과 경제 정책이 보여준다.

따라서 지금부터 사회 정책과 복지국가가 핀란드 교육제도의 성과와 어떠한 관련이 있는지 좀 더 자세히 살펴보자.

복지, 평등, 경쟁력 –
교육을 바꾸는 3대 사회 자본

1950년대와 1960년대의 사회 정책은 가족이 운영하는 농장의 경제적 중요성을 강조했다. 급속한 산업화가 이루어지고 20세기 후반 내내 GDP의 농업 비중이 감소하고 있었지만, 그럼에도 사람들은 여전히 핀란드를 농업 국가로 인식했다. 생활 방식이 급격히 바뀌고 핀란드인들 사이에서 세계주의가 등장하는 것과 상관없이 전통적인 가치는 여전히 남아 있었다.

핀란드 문화를 면밀히 연구한 리처드 루이스Richard Lewis에 따

---

[*] Simola, 2005

르면, 이러한 가치에는 법을 준수하는 시민, 학교를 비롯한 권위에 대한 신뢰, 자신이 속한 사회집단에 대한 헌신, 자신의 사회적 신분과 지위에 대한 자각, 애국심과 같은 문화적 특징이 포함된다.*

1970년대 이후 교육개혁을 이끈 정책들은 이런 문화적 가치들과 핀란드 사회의 독특한 특징인 합의 창출의 원칙에 의존했다.

핀란드는 다른 북유럽 국가들이 2차 세계대전 후에 추진한 주요 사회 정책을 따랐다. 그리하여 교육을 비롯한 기본 사회 서비스를 모든 시민, 특히 후원과 도움이 필요한 사람들에게 공공 서비스로 제공하는 복지국가가 탄생했다. 정부 정책이 아이들이 처한 광범위한 사회 환경에 영향을 끼치고, 아이들의 배우려는 마음과 배움의 기회를 개선하듯, 복지국가의 탄생은 사회 자본의 수준을 끌어올렸다. 마틴 카노이Martin Carnoy 교수는 이를 '국가가 창출한 사회 자본'이라고 불렀다.** 국가가 창출한 사회 자본이란 정부의 사회 정책이 만들어낸, 교육 성취를 위한 사회 환경이다. 핀란드 사회의 구조 개혁과 교육 개혁의 영향은 심오하고 즉각적이었다. 자녀들의 경제적, 사회적 기회를 개선시키고 싶어 하는 핀란드 부모들은 평등한 기관 역할을 하는 교육제도에 의지했다.

소득불평등은 단순히 생활비로 얼마를 쓸 수 있느냐뿐 아니

* Lewis, 2005
** Carnoy, 2007

라 여러 가지 의미로 사람들의 삶에 영향을 끼친다고들 이야기한다. 다른 곳보다 더 평등한 사회에서 교육제도가 더 좋은 성과를 내지 않겠는가? 리처드 윌킨슨Richard Wilkinson과 케이트 피킷Kate Pickett은《평등이 답이다The Spirit Level》에서 실제로 이러한 제도들이 여러모로 더 좋은 성과를 내고 있다고 주장한다.* 실제로, 그들은 소득불평등이 우리 사회의 다른 여러 문제들과 어떻게 연결되어 있는지 보여준다. 소득불평등은 다양한 방법으로 측정할 수 있다. 흔한 방법 중 하나는 각국의 최고 소득과 최저 소득 5분위 수의 격차를 계산하는 것이다. 표 25는 국제연합의 2006년 인간개발보고서** 자료와 2006년도 PISA*** 자료를 바탕으로 소득불평등과 15세 아동들의 과학 학습의 상관관계를 보여준다.

부의 분배와 학습 사이에는 아주 강하지는 않지만 어느 정도 상관관계가 있다. 학생들은 더 평등한 사회에서 과학을 더 잘하는 듯하다. 윌킨슨과 피킷은 부자와 빈자의 소득 격차가 더 큰 나라보다 (통계적으로) 더 평등한 나라에 글을 읽고 쓸 줄 아는 시민이 얼마나 더 많고, 학교 중퇴자가 얼마나 더 적고, 비만이 얼마나 더 적고, 정신건강이 얼마나 더 좋고, 십대 임신이 얼마나 더 적은지 보여준다.

---

*   Wilkinson & Pickett, 2009
**   UNDP, 2007
***   OECD, 2007

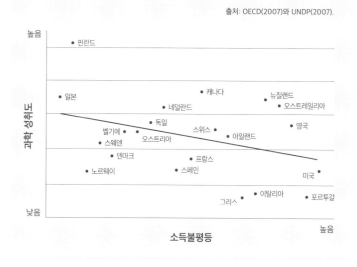

표 25 2006년 기준 일부 선진국의 소득불평등과 학생들의 과학 성취도(PISA)

출처: OECD(2007)와 UNDP(2007).

소득불평등, 아동 빈곤, 학생들에 대한 학교 차원의 적절한 복지 결핍이 국가 교육제도의 교수·학습을 개선하는 데 중요한 역할을 하는 것은 당연하다. 지난 반세기 동안 핀란드는 이 사실을 아주 잘 이해했다. 핀란드 학교에서는 모든 아이들이 학교 급식, 종합적인 복지 서비스, 도움이 필요한 이들에 대한 조기 지원을 무료로 받을 수 있다. 모든 아이들은 학교에서 이러한 복지 서비스를 받을 법적 권리가 있다.

이 장에서 내가 강조하는 바는 핀란드의 교육 발전을 경제 및 사회의 발전과 쇄신이라는 더 큰 맥락에서 보아야 한다는 점이다. 흥미롭게도 핀란드 교육의 성장은 생산 중심의 농업 경제에서 현대적인 정보사회 겸 지식경제로의 인상적인 경제 변화와 동시에 일어났다. 실제로, 핀란드는 비교적 짧은 기간에 역동적인 지식 경제와 함께 현대적인 복지국가로 변신했다. 1990년대 핀란드의 경험은 교육과 교육을 통해 쌓은 지식이 어떻게 경제 성장과 변화의 원동력이 될 수 있는지 보여주는 몇 안 되는 사례 가운데 하나이다. 10년 동안 핀란드는 세계에서 이동통신 기술이 가장 특화된 나라가 되었고, 자원 중심 국가에서 지식과 혁신 중심 국가로 잘 이행했다.

2000년대에 핀란드는 국가 경쟁력 지수, 투명성, 좋은 통치 지수, 정보통신 네트워크 준비 지수, 지속 가능한 발전 정책 실행 지수, 그리고 놀랍게도 사람들의 행복 지수에서 일관되게 높은 점수를 받았다. 핀란드는 21세기 들어 처음 10년 동안 세계경제포럼에서 집계한 세계 경쟁력 지수에서 여러 번 가장 경쟁력 있는 국가로 이름을 올렸다.[4] 1990년대 초 핀란드가 심각한 경제 위기를 경험했다는 사실을 감안하면, 이는 특별한 의미가 있다. 핀란드는 경쟁력 있는 경제를 만들고 모든 시민이 광대역 인터넷을 사용할 수 있게 한 최초의 나라가 되기까지 대규모 경제 구조 개혁을 거쳐야만 했다. 더욱이 핀란드는 법치 부문에서도 좋은 평판을 얻고 있으며, 그 결과 경제 발전과 공공기관의 업무 수행에 중요한 역할을 하는 부패 지수도 낮다.

　국가 번영 지수를 발표하는 영국의 민간 연구소 레가툼Lega-tum은 2009년에 스위스, 스웨덴, 덴마크, 노르웨이를 제치고 핀란드를 가장 번영한 국가로 뽑았는데 참고로 미국은 9위였다.* 2010년 여름에는 〈뉴스위크〉가 스위스, 스웨덴, 오스트레일리아, 룩셈부르크를 제치고 핀란드를 세계 최고의 국가로 선정했는데 미국은 11위였다. 이런 국제 지수에서 핀란드가 선두로 꼽힐 수 있는 원동력은 바로 교육이다.

교육제도가
국가 경쟁력을 좌우한다

　1990년대에 역사적인 경제 위기를 겪은 후, 복지국가가 제공한 좋은 통치 구조, 강한 사회 응집력, 폭넓은 사회 안전망은 유난히 빠른 경제 회복을 가능하게 했다. 2008년 세계 금융위기 이후에도 핀란드는 이와 비슷한 경제 회복 능력을 보여주었다. 핀란드 경제를 침체에서 끌어낸 전략적 원칙 중 하나는 연구개발에 대한 투자를 높은 수준으로 유지하는 것이었다. 1990년

* http://www.prosperity.com

대 초와 가장 최근의 금융 위기 이후 상당한 수준으로 공공 지출을 삭감했음에도, 지식 생성과 혁신에 대한 믿음은 여전히 강했다. 2010년에 핀란드는 GDP의 약 4퍼센트를 연구개발에 썼다. OECD 국가 중 스웨덴 다음으로 높은 수치이다.

주지했듯이, 우리는 핀란드 교육제도의 성과를 사회의 다른 제도들, 이를테면 보건, 환경, 법치, 통치 구조, 경제, 기술의 맥락에서 바라보아야 한다. 핀란드에서 교육제도는 제대로 기능하는 민주 복지의 일부이다. 핀란드 교육제도의 성공을 설명하려면, 넓은 맥락에서 민주 시민 사회를 움직이는 전체 기능의 일부로 교육제도를 바라보아야 한다. 경제학자들은 핀란드가 세계에서 가장 경쟁력 있는 경제가 될 수 있었던 이유를 밝히는 데 관심을 보였다. 교육자들은 핀란드의 우수한 학업 성취도의 비밀을 알아내려고 애쓴다. 국가의 질이나 어떤 부문의 질은 단일 요소가 결정하지 않는다. 전체 사회가 조화롭게 돌아가야 한다.

핀란드 경제 및 교육 발전에 기여한 긍정적 요소에는 주로 네 가지 특징이 있다. 첫째, 정부 각 부처에서 배타적인 자세를 취하지 않고 통합의 관점에서 정책을 개발했다. 모든 국민에게 양질의 교육 기회를 균등하게 제공하고, 국가 재원으로 운영되는 일반 학교로 모든 학생을 포용하고, 의무가 아닌 시민의 권리로서 공교육을 신뢰하는 등 지속 가능한 기본 가치에 기초한 중기 정책에 따라 교육정책을 개발했다.

이러한 중기 정책은 교육과 훈련을 통합하고, 결과를 창출하고 관찰하는 데는 민간 부문과 기업이 참여했다. 이와 비슷하게, 경제 및 산업 정책은 과학 및 기술 정책과 산업클러스터와 함께하는 혁신 제도로 통합했다. 통합 정책은 각 부문의 체계적 발전과 상호연계성을 강화하고, 정책을 성공적으로 실행하는 데 필요한 지속적이고 일관된 정치 리더십을 장려한다.

둘째, 좀 더 장기적인 비전 아래 전략 체계를 발전, 변화시켰다. 1995년의 정보사회프로그램, 1997년의 국가평생학습전략, 2009년의 '교육전략부 2020'과 같은 국가 발전 전략들은 부문 전략의 중요한 틀로 쓰였다(이러한 전략들은 핀란드 교육부 웹사이트 www.minedu.fi에서 찾아볼 수 있다). 이 전략들과 그 밖의 다른 전략들은 융통성, 다양한 부문 간의 일관성, 지역의 대응성 및 기관의 창의성 개발을 강조한다.

셋째, 통치 조직과 공공기관이 정책을 개발하고 교육 및 경제 개혁을 실천하는 데 앞장섰다. 좋은 통치 조직과 우수한 공공기관, 그리고 법치는 정책의 개발과 실행에 중요한 역할을 한다. 정책 개발을 중심으로 부문별 평가가 이루어지고, 시스템 안에서 일하는 다양한 행위자는 과정과 결과에 책임을 진다. 의회미래위원회와 같은 특별 기관들은 사회 내 주요 이해당사자들뿐 아니라 민간 대표 및 정부 대표들과 합의 형성에 대한 책임을 분담한다.

넷째, 고등교육을 받은 노동 인구와 전 단계에 걸친 폭넓은 교육 참여는 우수한 교육 서비스 제공과 경제 성장에 필요한 인적 자원을 보장한다. 예를 들어, 모든 교사는 석사 학위를 취득해야 하고 근로자 대부분은 업무의 일환으로 지속적인 직무능력개발에 참여하도록 권장받는다. 교사들은 전문가들이고, 따라서 학교에서 업무 변화를 계획하고 실행하는 데 적극적으로 관여한다.

융통성은 핀란드 교육 및 경제 발전의 주요 결정 요인 중 하나이다. 핀란드 교육제도는 대부분의 정부 규제가 폐지되고 교육 기회가 극적으로 늘어난 1990년대 초에 중대한 변화를 겪었다. 이와 비슷하게, 민간 부문도 규제가 느슨해졌고 좀 더 유연한 기준이 도입되었다. 특히 회사, 대학, 공공 연구, 개발 기관 간의 네트워크를 형성하는 기준이 유연해졌다.

강력한 통합 정책과 장기적인 전략은 지속 가능한 교육 리더십과 민간 부문의 발전을 강화했다. 이러한 지속가능성 덕분에 핀란드 교육제도는 세계교육개혁운동의 시장 중심 원칙을 도입하길 꺼렸다. 핀란드 교육정책은 학습·교수의 표준화, 고부담 시험, 그에 따른 책무성 원칙을 지지한 적이 없다. 민간 기업 리더들과 공교육 부문 리더들 간의 열린 대화는 공동선을 성취하고 지식경제 발전을 촉진하는 데 무엇이 중요한지 상호간의 이해를 증진시켰다.

사실 교육과 산업의 활발한 협력은 학교가 창의적인 교수·학습 방안을 실험하도록, 특히 기업가 정신을 키우고 일에 대한

핀란드의 가치: 교육을 통해 경쟁력 있는 복지국가를 만든다

긍정적 태도를 형성하는 교수·학습 방안을 실험하도록 장려한다. 무엇보다 핀란드 사회 발전의 주된 원리는 개개인의 지적 성장과 학습을 장려해왔다. 교육기관은 물론 직장에서도 배움과 성장의 문화를 개발한 것이 핀란드의 주요 성공 요인 중 하나이다.

핀란드의 두 아이콘, 노키아와 페루스코울루

핀란드를 떠올리면 무엇이 연상되느냐고 물을 때 대부분의 사람들은 "노키아"라고 답한다. 세계 각지의 핀란드 외교관들에 따르면, 그다음에 나오는 대답이 "교육"이다. 2011년 중반까지 노키아는 일류 이동통신 회사였다. 2010년에 전 세계에서 팔린 휴대폰의 약 40퍼센트가 노키아 제품이었다. 노키아는 한때 세계 각지에서 약 13만 3,000명을 고용했고, 2010년도 순 매출은 미국달러로 600억에 이르렀다.

한편, 핀란드 교육이 세계적인 명성을 얻은 데는 1972년에 설립되어 다른 모든 교육의 기반이 된 9년제 종합학교 페루스코울루의 기여가 크다. 2010년 기준 핀란드에는 학생 55만 명과 교사 4만 명, 그리고 2,900개의 종합학교가 있다. 민간 기업인 노키아와 공공기관인 페루스코울루는 매우 다르고 서로 다른 목적을 위해 존재하지만, 둘 사이에는 몇 가지 흥미로운 유사점이 있다.

이 유사점은 핀란드가 존재하고 핀란드 방식으로 일하는 원리를 반영한다.

노키아와 핀란드 공교육 제도의 뿌리는 1860년대로 거슬러 올라간다. 노키아의 역사는 1865년에 시작되었다. 광산 기사이자 노키아 창립자인 프레드릭 이데스탐Fredrik Idestam은 독일에서 새로운 제지 제조 공정을 들여와 템페레 시 인근 타메르코스키 강 유역에 목재 펄프 제재소를 세웠다. 이데스탐의 발명품은 1867년 파리세계박람회에서의 수상으로 인정받았고, 그는 핀란드 제지업의 아버지로 불린다. 얼마 후 이데스탐은 노키안비르타 강 유역에 두 번째 제재소를 열었다. 노키아라는 이름은 여기서 나왔다.

핀란드 학교 제도도 같은 시기에 발전했다. 우노 시그나에우스Uno Cygnaeus 목사는 1850년대에 핀란드 상원의 파견으로 독일과 스위스로 향했다. 시그나에우스는 스위스에서 본 것을 토대로 이위베스퀼레에 교원 양성 세미나를 설립해야 한다고 제안했다. 최초의 교원 양성 세미나는 1863년에 시작되었다. 시그나에우스는 핀란드 '민족학교'에서 남녀를 불문하고 모든 학생에게 수공 기술과 실용 지식을 가르쳐야 한다고 조언했다.

상원은 1866년에 기초교육법을 통과시켰고, 같은 해에 이위베스퀼레에 모든 아이들을 위한 최초의 공립학교를 설립했다. 독일의 교육 모델을 따른 학교였다. 시그나에우스의 교육학은 공교육의 미래에 상당한 영향을 끼쳤고, 시그나에우스는 핀란드 공립 학교의 아버지로 불린다. 과연 이러한 칭호를 오직 한 사람에게만 수여할 수 있는지 의문을 품는 사람들도 있지만 말이다.

노키아는 빠르게 성장했고 임업에서 고무, 케이블, 전자로 사업을 확장했다. 20세기에 접어들고 처음 50년 동안 노키아는 핀란드 경제에서 중요한 회사였다. 1967년에 노키아는 고무, 케이블, 임업, 전자, 발전發電을 아우르며 전 세계로 뻗어나가는 거대 복합 기업 노키아 코퍼레이션이 되었다. 노키아는 전문 기술을 바탕으로 이동통신 사업 초창기에 선구자로 입지를 다졌다.

1970년대와 1980년대에 유럽 통신 시장에서 규제가 철폐되고 이동 통신망이 전 세계에 보급되자, 노키아는 몇 가지 상징적인 혁신을 기반으로 재빨리 주역을 차지했다. 1981년 세계 최초의 국제 이동 통신망이 구축되었고, 노키아는 1991년에 세계 최초로 GSM 방식의 디지털 휴대폰을 상용화했다. 새로운 CEO 요르마 올릴라Jorma Ollila의 지휘 아래 노키아는 이동통신 사업에 집중했고, 그 결과 1990년대 말에 휴대폰 산업에서 세계적인 리더가 되었다. 노키아의 변신은 비교적 짧은 기간에 이루어졌기에 극적인 조직 변화의 본보기로 인용되곤 한다.*

핀란드 교육도 비슷한 변화를 거쳤다. 1960년대 초, 핀란드

---

* 이동통신 사업을 매각한 지금 노키아는 사람과 사물이 연결되는 '커넥티드 월드Connected World'를 기반으로 다시금 통신 분야 선도업체로의 변신을 꾀하고 있다 - 옮긴이

성인 가운데 중등교육 혹은 고등교육을 받은 사람은 겨우 10퍼센트에 불과했다. 대부분의 젊은이가 7년이나 8년 정도 기초교육을 마친 후 바로 일자리를 구했다. 1970년대 초까지만 해도 추가 교육을 받으려면 사립 문법학교에 진학해야 했는데, 자녀를 문법학교에 보낼 여력이 있는 가정은 많지 않았다.

핀란드 교육가들이 기업의 의견을 중시하는 이유

새로운 종합학교 도입으로 시작된 교육제도의 변화는 근본적이고도 신속했다. 즉시 후기중등교육이 확장되었고, 1990년대 말에는 연령 집단의 3분의 2가 고등교육에 진학할 수 있는 길이 열렸다. 석사 학위 수준의 사범교육 개선, 능력별 반 편성 폐지, 특수교육과 학생 상담에 대한 조기 투자는 종합학교와 이후 상급 학교에 긍정적인 영향을 끼쳐 교육의 질을 한 단계 끌어올렸다.

그 결과, 1990년대 말 핀란드 종합학교는 읽기, 과학, 수학 영역에서 세계적인 리더가 되었다. 엘리트주의를 기반으로 사회 분열을 심화시키던 교육제도가 아주 짧은 기간에 세계에서 가장 평등한 공교육 제도로 변신했고, 그 덕분에 핀란드 교육제도는 극적인 조직 변화의 본보기로 자주 인용되었다.

1990년에 노키아와 핀란드 학교 교육은 생산적인 참여의 시대에 접어들었다. 내가 1990년대에 핀란드 교육부와 함께한 업무 중 하나는 과학 교육과정 체계를 만드는 특별 위원회의 의장을 맡은 것이다. 특별 위원회에는 학교와 대학에서 일하는 교육자들뿐 아니라 젊은이들이 학교에서 무엇을 배워야 하는지에 관심 있는 기업의 리더들과 사업가들도 참여했다.

노키아는 당시 핀란드 산업의 주역이자 수준 높은 교육의 옹호자이기도 했다. 특히 지식과 기술의 토대가 마련되는 종합학교에서 수준 높은 교육이 이루어져야 한다고 거침없이 주장했다. 따라서 우리가 노키아 리더들의 관점과 의견에 특히 귀를 기울인 것은 당연했다. 놀랍게도, 노키아와 대화하면서 우리는 핀란드 종합학교 발전과 관련해 전혀 예상치 못한 의견을 들었다.

노키아 경영진, 그리고 이들과 비슷한 관점을 지닌 사람들의 논리는 단순했다. 첨단 산업에서 최첨단 혁신을 이루려면, 사람이 열쇠가 되어야 한다고 했다. 이와 관련하여 그들은 가장 협조적일 뿐 아니라 가장 혁신적인 사람을 채용하고, 그들에게 서로 협력하고 모험을 감수할 권한을 주는 것을 목표로 삼았다. 그들은 사람들이 실수를 회피하고 실패를 두려워하는 분위기가 지배적인 환경에서 일하거나 배우면, 스스로 생각하지 않는다고 이야기했다. 실패에 대한 두려움은 창의력을 불러일으키지 못한다. 그들의 논리는 이렇게 단순했다. 노키아의 최고 간부는 이렇게 설명했다.

266

우리 회사에서 일하는 데 필요한 수학이나 물리학을 모르는 젊은이를 채용한다 해도 크게 문제될 건 없습니다. 수학과 물리학을 쉽게 가르쳐줄 수 있는 동료들이 있으니까요. 하지만 다른 사람들과 함께 일하는 법을 모르는 사람, 실수하는 게 무서워 다르게 생각하거나 독창적인 아이디어를 내놓을 줄 모르는 사람을 채용한다면, 우리가 할 수 있는 건 아무것도 없습니다. 교육제도를 최신식으로 유지하기 위해 여러분이 해야 할 일을 하십시오. 대신 지금 핀란드 학교에 있는 창의력과 열린 마음을 없애서는 안 됩니다.[5]

핀란드 학교에서 교장으로 산다는 것

핀란드 학교는 규모가 커지고 있습니다. 150년 전 핀란드 공립학교가 탄생했을 때, 대부분의 학교에는 교사가 한 명뿐이었습니다. 오늘날 이런 학교는 더 이상 존재하지 않습니다. 요즘 학교에서는 교사들이 공간을 공유하며 함께 일하고, 학생들을 함께 가르칠 수도 있습니다. 각 교사는 교육학에 관한 자신의 생각이나 원칙을 다른 교사들의 생각이나 원칙과 맞추어야 합니다. 따라서 학교는 공통 목적을 위해 일관된 교수·학습이 이루어질 수 있는 공통 문화를 갖추는 것이 극히 중요합니다. 이것이 각 학교에 교장이 필요한 이유이지요.

핀란드 학교에서 교장은 교사이기도 합니다. 거의 모든 교장이 매주 몇 개의 수업을 진행합니다. 요즘은 교장이 처리해야 할 행정 업무가 많아지는 추세입니다. 업무량이 너무 많아진다고 항의하는 이들도 많지요. 교장이 학교에서 모든 업무와 책임을 성공적으로 수행하려면 훌륭한 리더십이 필요합니다. 어떤 학교가 좋은 학교인지 비전도 가지고 있어야 하고, 그러한 비전을 성취하는 데 리더십이 어떤 도움이 될 수 있는지도 알아야 합니다.

저는 교장으로 일하면서 제 리더십의 토대를 기본 가치로 삼습니다. 좋은 학교에서는 일상 업무가 잘 돌아가고 수업이 효과적으로 이루어집니다. 교사들이 최선을 다하도록 돕는 것이 저의 일이지요. 또한 저는 학교가 잘 돌아가도록 필요한 결정을 내립니다. 좋은 분위기를 조성하고, 교사들과 학생들에게 영감을 주기 위해 열심히 일합니다. 제가 속한 학교의 리더이자 이 지역 공립학교 네트워크의 일부로서 국가 정책과 지역 정책이 무엇인지도 알아야 합니다. 저희 학교를 포함한 모든 학교에서 공공의 돈이 지혜롭게 쓰일 수 있게 보장하는 것도 중요합니다. 그것이 좋은 학교장을 만들지요.

저는 좋은 교장이 되기 위해 애쓰고 있습니다. 이는 곧 관리자로서, 리더로서, 책임자로서, 교사들과 학생들을 위한 교육학 지도자로서 최선을 다해야 한다는 뜻입니다. 저에게 가장 큰 도전은 이 모든 업무를 결합하는 것입니다. 교장이 되는 것은 관리자나 스포츠 팀 코치가 되는 것과 다릅니다. 교장은 끊임없이 변화하는 복잡한 사회 시스템의 일부를 책임집니다. 교사로서의 경험 없이는 이 일을 성공적으로 수행하기 무척 어려울 겁니다.

— 마르티 헬스트룀, 에스포 시 아우로라 학교 교장

노키아 경영진이 설명한 또 하나의 중요한 메시지는 리더십 공유와 사람들에 대한 강한 신뢰였다. 단 스테인보크Dan Steinbock는 《세계 시장에서 승리하기Winning Across Global Markets》에서 이렇게 말했다. "노키아는 빠르게 변하며 매우 복잡한 기술 사업과 마케팅 사업에서 폭넓고 다양한 경영진이 안정성, 유연성, 단순성을 기반으로 의사결정을 내린다."* 약식, 빠른 의사결정, 행동의 자유는 실제로 1990년대 초 이후 핀란드 교육 리더십의 대표적인 원칙이었다. 노키아가 그랬듯 핀란드 교육의 목표는 최고의 지식과 기술을 갖춘 사람들에게 의사결정을 맡기는 것이다. 핀란드의 교육 경영 시스템은 단순히 다른 교육제도들보다 덜 위계적일 뿐 아니라 확실히 반反위계적이다. 능력을 중시하는 노키아와 핀란드 교육제도의 목표는 창의성, 기업가 정신, 개인의 책임을 장려하는 것이다.

2010년에는 스마트폰이 노키아의 약점이 되었다. 노키아는 더 스마트한 휴대폰을 만들었지만, 사용자들에게는 더 복잡하게 다가왔다. 노키아가 새로 출시한 제품들은 기존 휴대폰보다 더 많은 일을 할 수 있는 아이폰 및 그 밖의 휴대용 미디어 기기들과 북아메리카에서 경쟁할 수 없었다. 2010년 중반 노키아의 CEO는 핀란드인에서 마이크로소프트 출신의 캐나다인으로 교체되었다.

노키아의 문제점에 대한 분석은 훗날 교육 경영에 반향을 일

---

* Steinbock, 2010, p.47

으킬 리더십의 몇 가지 양상을 현저하게 드러내 보인다. 어떤 사람들은 노키아가 10년 전 세계 휴대폰 시장을 지배하면서 거기에 안주했다고 주장한다. 발생할 수 있는 기술상의 모든 문제를 합의하느라 최고 경영진의 관리가 너무 느려졌다고 주장하는 이들도 있다.[6] 노키아가 설정한 목표를 실현하고 나서 새로운 아이디어를 떠올리는 창의적인 능력을 상당 부분 잃어버렸다고 생각하는 이들도 있다.

이 모든 것은 전 세계 공교육의 모델로 칭송받는 핀란드 교육제도가 앞으로 직면할지 모를 잠재적 위험이기도 하다. 2009년 OECD PISA 평가에서도 핀란드의 성적은 여전히 뛰어났다.* 그러나 2009년 PISA 연구는 핀란드 종합학교에서 일어날 수 있는 불길한 조짐을 시사했다. 현실에 대한 안주와 핀란드 교육의 미래에 대한 고무적인 공동 비전을 세우지 못하는 무능력은 필연적으로 교육제도에 문제를 일으키는 요소로 작용할 것이다.

그러나 노키아와 핀란드 교육은 근본적으로 다르다. 노키아는 혁신 경쟁이 치열한 통신기술 시장에 발을 딛고 있는 국제 기업이다. 반면에 핀란드 교육, 특히 종합학교는 순전히 국내 제도로 인재를 양성한다. 노키아는 개인의 선_善을 목표로 움직이는 기업

---

* OECD, 2010b

인 반면, 교육은 사회의 선을 추구하는 공공 서비스이다. 마지막으로, 노키아는 경쟁에서 우위를 지키기 위해 독점적인 연구개발에 의존하지만, 핀란드 교육은 의존할 만한 고유 혁신의 원천이 없다.

외국인 방문객들은 핀란드의 교육사상과 혁신이 모두 어디에서 왔느냐고 묻곤 한다. 미국, 영국, 캐나다, 스웨덴, 독일, 그 밖의 다른 나라들에서 왔다고 하면 모두 놀란다. 앞에서 소개했듯이 교육의 변화는 핀란드 방식으로 이루어졌지만, 여러 혁신과 변화를 위한 자료는 다른 나라에서 들여온 것이다.

또한 핀란드 교육은 오픈 소스 플랫폼에 의존하고 있다. 교육 변화에 관한 핀란드의 지식 생성 수준은 다른 나라들과 비교할 때 그리 대단하지 않다. 2009년 노키아는 자체 연구개발 작업에 미국달러로 85억 달러를 썼다. 직원 세 명 중 한 명은 연구원이다. 2009년 핀란드의 고등교육 기관 40개의 예산은 모든 분야의 과학연구를 포함해 미국달러로 약 40억 달러였다.

핀란드의 가치: 교육을 통해 경쟁력 있는 복지국가를 만든다

5

핀란드의
미래

교육제도는 결코
완성되지 않는다

지금까지 핀란드 학교와 학생들이 국제 비교 연구에서 다른 나라보다 좋은 성적을 거두는 비결은 무엇인지, 핀란드가 교육정책을 통해 어떻게 국가 경쟁력을 끌어올릴 수 있었는지 소개했다. 오늘날 핀란드가 거둔 훌륭한 결과가 교육제도 전반과 학습에 대한 사회적 합의를 바탕으로 열정적이고 능력 있는 교사들의 헌신, 학교들의 다양한 시도, 국민들의 격려와 지지가 밀접하게 결합된 국가 네트워크 덕분이라는 데 아무도 이견을 제기하지 않는다.

많은 사람들이 핀란드처럼 좋은 교육제도를 개발하는 법을 배우고 싶어 한다. 핀란드의 성공을 정확히 이해하려면 단순히 교육제도만 살펴볼 것이 아니라 이 책에서 다루는 사회문화적, 정치적, 경제적 관점에도 관심을 기울여야 한다. 실제로, 이 관점에는 눈에 보이지 않는 더 많은 정보가 담겨 있기 때문이다.

결국 핀란드로부터 배울 수 있는 가장 큰 교훈은 성공적인 교육개혁을 통해 우수한 성과를 얻으려면 사회, 고용, 경제 부문이 개선되어야 한다는 점이다. 국가라는 복잡한 시스템에서 교육이라는 한 가지 개별 요소만 분리된 채 제대로 기능할 수는 없는 법이다. 따라서 다른 나라 교육제도의 특정한 요소를 도입하는 대신, 더 크고 복잡한 국가 시스템의 특징과 정책 원리에서 아이디어를 얻는 것이 더 가능성 높은 방식일 수도 있다. 따라서 핀란드 교육제도를 통해 특정 사상이나 제도를 도입하고자 한다면 세 가지 사항만큼은 반드시 감안해야 한다.

첫째, 우수한 교육성과를 가능케 하는 기술적 원동력이다. 모든 국민을 위한 공통 종합학교, 연구에 기반을 둔 사범교육, 교사에 대한 전문적 지원, 똑똑한 정책, 규모가 작은 학교, 좋은 리더십 교육 등이 없으면 아무리 좋은 정책도 무용지물이다. 둘째, 사회문화적 요인을 감안해야 한다. 읽고 쓰는 능력, 교육의 가치에 대한 국민들의 신뢰, 교사들의 높은 도덕성, 학교를 비롯한 공공기관에 대한 사회적 신뢰 등이 뒷받침되어야 한다. 셋째, 다른 공공정책과의 연계이다. 한 부문의 성공은 나머지 모든 부문의 성공과 관련된다. 교육 분야 하나만 혁신한다고 우수한 교육성과를 이룰 수 없다.

경쟁과 선택, 시험 중심의 정책이 아닌 다른 길을 찾는 이들에게 핀란드 교육개혁은 장려할 만하다. 세계 곳곳의 학교 시스템을 이끌고 있는 GERM에 대항할 수 있는 멋진 대안으로써, 핀란드 교육은 창의적인 교육과정, 자율적인 교사, 용감한 지도층, 학교의 다양한 시도가 어우러질 때 어떤 결과를 가져오는지 보여준다. 또한 모든 국민이 합의하지 않아도, 많은 비용을 들이지 않아도 다수가 협력할 때 더 나은 결과를 얻을 수 있다는 사실을 분명히 보여준다. 핀란드가 온갖 시행착오를 겪으며 닦아 놓은 이 길을, 따라 가지 않을 이유는 없다.

미래는 빅 키스가 필요해.

_U2, 2009~2011 360°Tour

핀란드는 왜
교육개혁을
멈추지 않는가?

　　핀란드는 1970년 이후 종합학교 개혁에 몰두해왔다. 종합학교의 특징은 핀란드 대학에서 응용과학교육 혹은 과목 교수법의 발전으로 이어졌다. 그러나 교육 변화에 대한 보다 포괄적인 이해는 별로 이루어지지 않았다. 심지어 오늘날에도 교육 변화, 학교 개선, 학교 효과성에 대한 연구는 별로 진행되지 않고 있다. 핀란드 교육제도에 대한 분석과 연구는 다양한 단계의 교육정책을 분석하는 차원에서 이루어진 경우가 많다. 내부적으로 교육 변화에 대한 지식이 축적되지 않았는데도 30년 안에 교육제도를 완전히 탈바꿈시킨 점은 다소 역설적이다.

　　핀란드는 이제 갈림길에 서 있다. 20세기 말까지 핀란드는 다른 나라들을 따랐다. 그들에게서 배우고 가끔은 그들의 좋은 아이디어를 받아들여 핀란드 방식으로 개혁하고 발전시켰다. 사실,

　　핀란드의 미래: 교육제도는 결코 완성되지 않는다

선두에 서는 것보다 다른 이들이 닦아놓은 길을 걷는 것이 더 쉽다. 그러나 미래는 새로운 사고방식을 요구한다. 핀란드는 필요하면 얼마든지 혁신적인 국가가 될 수 있다는 것을 이미 증명한 바 있고, 새로운 정책과 정책 실행을 위한 기초로 과거의 경험을 활용했다. 국가브랜드대표단은 "편견이 없고 해법을 중심으로 문제에 접근하는 방식"을 핀란드의 가장 큰 강점으로 꼽았다. 이것은 "핀란드 역사와 문화에서 비롯되었다. 도저히 견딜 수 없는 상황에 처할 때 우리는 소매를 걷어붙이고 두 배로 노력한다".*

이 장에서는 먼저 핀란드가 세계교육개혁운동에 거의 정반대되는 대안적인 교육개혁을 선택했기 때문에 교육의 우수성을 확보할 수 있었다는 이야기를 하려 한다. 핀란드의 접근방식은 특정한 승리 전략을 반영한다. 교육제도 전반에 걸쳐 우수성을 확보할 수 있었던 것은 다른 나라들과 다르게 한 덕분이다.

다음으로는 1970년대 이후 핀란드 교육의 성공 이면에 숨겨진 몇 가지 요소를 논의하려 한다. 학교 수업과 지역사회 교육을 끊임없이 쇄신하기 위해 핀란드는 현장에서 일하는 사람들과 지역사회에 영감을 불어넣을, 미래에 대한 공통의 비전을 생각해내야 했다. 궁극적으로는 다음과 같은 질문을 생각해보아야 한다. 핀란드는 미래에도 우수한 학업 성과를 보여줄 것인가?

---

*   Ministry of Foreign Affairs, 2010, p.3

최고를 향한 경쟁에서
협력을 위한 경쟁으로

지금까지 나는 경쟁, 선택, 교수·학습의 표준화, 시험에 기반을 둔 책무성 강화, 교사들에 대한 성과급을 강조하는 세계교육개혁운동GERM을 채택한 나라들이, 발전하는 지식사회와 지속 가능한 미래에 대비하는 학교의 노력을 위태롭게 할지도 모른다고 우려를 표했다. 이것은 학습을 향상시키는 최선의 방법도 아닐 뿐더러, 이러한 개혁이 교육제도의 질을 향상시키고 형평성을 강화시켰다는 증거도 없기 때문이다.

GERM의 가치를 포기한 핀란드는 1970년대 초 이후 지속적인 교육개혁을 실례로 입증했고, 지속적인 학업 성취도를 보여주었으며, 동시에 평등한 교육제도를 유지했다. 핀란드 학교야말로 경쟁이 치열한 지식경제에 적합하게 운영된다. 따라서 21세기가 요구하는 지식 및 기술과의 관련성과 전반적인 교육 효과를 높이기 위해 국가 교육제도를 탈바꿈시키라는 세계적인 도전에 핀란드가 어떻게 대응했는지 살펴본다면 도움이 될 것이다.

흥미롭게도, 핀란드 교육정책 담론에는 '책무성'이라는 용어가 없다. 공공 부문에서 대부분의 행정이 철저히 분권화된 1990년대 초 이후, 핀란드 교육개혁 원칙은 관료주의적인 책무성 정책을 적용하기보다 교육자들 사이에서 직업에 대한 책임감을 기르고 교사들과 학교들이 서로 배우도록 장려하는 방식에 의존했다. 결국 표본 기반 시험, 주제별 평가, 사색적인 자기 평가, 창의적인 학습 강조는 핀란드 교육제도 내에 상호간의 신뢰와 존중이라는 문화를 세웠다. 후기중등학교 또는 12학년이 끝나기 전까지 부담이 큰 시험을 치르지 않고 교사를 시찰하지 않고 느슨한 표준을 바탕으로 학교를 이끌어가는 이러한 관례는, 교사가 잦은 시험과 학교 순위에 신경 쓰지 않고 학습에 집중할 수 있게 한다.

어떤 정책 입안자들은 1990년대 중반에 핀란드가 GERM에서 장려하는 학교 책무성 정책을 따를 거라 예상했다. 그러나 10년 후에 나온 핀란드 정책 발전에 대한 논평을 보면 시험에 기반을 둔 책무성은 언급조차 되지 않았다.*

국가나 학교의 교육적 성공을 설명하기란 결코 쉽지 않다. 핀란드는 잘 준비된 교사, 교육학 원리에 맞춰 설계한 학교, 좋은 학교장, 동질성이 강한 사회, 특수교육의 필요성에 대한 강조, 국가의 포괄적인 교육관을 모두 갖추고 있다는 평가를 듣는다. 이러한 특성은 각자 그리고 함께 핀란드 교육제도가 잘 돌아갈 수 있도록 돕는다.** 일부 비판가들은 핀란드는 다른 나라와 달리 인종

---

* Laukkanen, 1998, 2008
** Hargreave et al., 2008; Kasvio, 2011; Sahlberg, 2010a; Simola, 2005; Välijärvi et al., 2007; Hautamäki et al., 2008; Matti, 2009

이 별로 다양하지 않기 때문에 학업 성취도가 높다고 주장한다. 아동 빈곤율이 심하지 않아서 학업 성취도가 높다고 설명하는 이들도 있다.

그렇게 말해도 괜찮다. 그러나 핀란드는 학교가 학습과 돌봄의 중심이 될 수 있도록 지켜낸 덕분에, 교사들이 가장 중요한 일과 자신이 가장 잘할 수 있는 일에 집중할 수 있었다. 핀란드 교사들은 잦은 시험, 다른 학교와의 경쟁, 행정가들이 정해주는 성과 목표에 방해받지 않는다. 1990년대 초부터 핀란드 교육 당국은 학교와 교사들이 학습에 대한 자기만의 개념을 구상하고, 그 이론을 실행하는 데 필요한 교수법을 개발하고, 각 학생에게 적합한 환경을 만들도록 조직적으로 장려했다.

핀란드 교육청의 '1999 핀란드 교육 결과 평가 체계'와 1998년의 핀란드 교육법은 학생 평가와 학교 평가의 요건과 기본 원칙을 규정했다. 교사들은 진단, 형성, 수행, 총괄 평가를 모두 고려해 학생들을 종합적으로 평가한다. 지역과 국가가 명시한 필요성을 바탕으로 학교 내에서 필요한 평가를 설계, 실행하는 일은 지방자치단체의 책임이다. 현재의 교육정책은 학교 간 협력을 장려하고 나쁜 경쟁으로부터 학교를 보호한다. 핀란드 교육정책은 경쟁과 최고를 향한 경주가 아니라 협력과 우호적인 경쟁을 독려한다.

핀란드는 비정부 기구들의 땅이다. 핀란드에는 13만 개의 단체와 협회가 등록되어 있고 회원 수는 총 1,500만 명이다. 핀란드인은 한 사람당 평균 세 개의 협회나 단체에 속해 있다. 핀란드 젊은이들도 분명한 목적과 원칙이 있는 청년 협회와 스포츠 단체에 적극 참여한다. 젊은 사람들은 이러한 참여를 통해 사회성과 문제 해결력, 리더십을 배운다. 핀란드에서는 이러한 협회들이 학교에서 제공하는 정규교육 외에도 긍정적인 부가가치를 심어준다고 여긴다.

1970년대 초 이후 모든 학생의 학습을 향상시키기 위한 핀란드의 전략은 네 가지 원칙에 의존해왔다.

① 모든 국민에게 좋은 공교육을 받을 수 있는 균등한 기회를 보장한다.
② 교사들의 전문성과 신뢰를 강화한다.
③ 학교 교육과정과 똑똑한 평가 정책에 관한 풍부한 정보를 통해 교육 변화를 이끈다.
④ 학교들과 비정부 협회 혹은 단체들 간에 네트워크를 기반으로 한 협력을 용이하게 해 학교를 개선한다.

이 책의 핵심 메시지는 경쟁 중심의 교육 환경이 결국 풀기 힘든 딜레마를 만든다는 것이다. 공공 부문의 책무성 문화는 학교와 지역사회의 사회 자본을 위협할 뿐이다. 책무성 문화는 신뢰를 뒷받침하기는커녕 오히려 훼손한다.[①] 그 결과 교사들과 학교 리더들은 더 이상 신뢰를 받지 못한다.

30년에 걸친
성공적인 교육개혁

학교에서 새로운 아이디어와 방법을 시도하고, 혁신을 통해 배우고, 창의성을 기르도록 교사들과 학생들에게 용기를 북돋는 것이 핀란드 교육의 특징이다. 또한 많은 교사들이 좋은 전통을 존중한다. 오늘날의 핀란드 교육정책은 30년에 걸쳐 사회와 교육계 내에 다양성과 신뢰, 존중의 문화를 만들어낸, 체계적이고 계획적인 발전의 결과이다.

학생의 성취를 끌어올리려는 핀란드의 교육정책과 관련 전략은 다른 나라들과 다르다. 안드레아스 슐라이허Andreas Schleicher는 핀란드의 성공 요인 중 하나로 "기존의 구조와 정책, 관례를 최적화하는 수준을 넘어서 개혁을 추구하고, 1960년대까지 교육정책과 관례의 기저가 되었던 패러다임과 신념을 근본적으로 바꾸려고 노력한 정책 입안자들의 능력"이라고 보았다.* 공공 부문에 도입된 새로운 정책의 결과로 1990년대에 핀란드 교육정책 담론이 극적으로 바뀌기는 했지만, 핀란드는 시장 중심의 교육개혁에 영

---

* Schleicher, 2006, p.9

향을 받지 않았다. 핀란드는 경쟁과 선택보다 공평한 자원 분배와 형평성이라는 가치를 기반으로 교육 발전을 이루었다. 무엇보다 핀란드 교사의 95퍼센트 이상을 대변하는 핀란드교원노조OAJ는 교육 부문에 기업 경영 모델을 도입하는 것을 한목소리로 반대한다. 더욱이 핀란드는 중요한 사회 현안이나 경제 현안에 대한 합의가 심심찮게 이루어지는 나라이다. 다른 나라와 마찬가지로 핀란드에서도 교육이 정치적으로 이슈화되었지만, 핀란드인들은 노선이 다른 정당들을 모아 합의를 이루어냈다. 9년제 의무교육 페루스코울루의 사례처럼 말이다.

나는 지금까지 핀란드 학교와 학생들이 국제 비교 연구에서 다른 나라보다 좋은 성적을 거두는 이유는 무엇인지, 교육정책에 대안적인 접근법을 도입함으로써 핀란드가 어떻게 학생들의 성취도를 향상시킬 수 있었는지 설명했다.[2] 수년간 국제 학생 평가를 위해 애쓴 요우니 밸리애르비 교수는 이렇게 말했다. "핀란드의 높은 성적은 전체 교육제도와 학습에 대한 사회적 · 문화적 배경은 물론이고 학생들의 관심사와 여가 활동, 학교에서 제공하는 학습 기회, 부모들의 후원과 참여가 서로 밀접하게 결합된 전체 네트워크 덕택이다."*

*   Välijärvi et al., 2002, p.46

284

자주 간과되는 핀란드 교육제도의 성과 중 하나는 핀란드 아이들이 어린 나이에 이미 상당히 높은 수준의 읽기 능력을 갖추고 있다는 점이다. 여기에는 교육적 요인과 사회문화적 요인이 있다. 핀란드 학교의 읽기 수업은 표준화된 커리큘럼 대신 개인의 발달 속도를 바탕으로 한다. 핀란드 부모들은 많이 읽는다. 조밀한 도서관 네트워크를 통해 책과 신문을 쉽게 접할 수 있고, 아이들은 어릴 때부터 자막이 나오는 TV 프로그램과 영화를 본다. 우수한 독해력과 빠른 텍스트 이해력은 각 평가 영역의 과제들을 잘 이해할 수 있는지 점검하는 PISA 평가에 매우 유리하게 작용한다.

핀란드 교육 발전과 관련해서 또 하나 간과되는 점은 핀란드 교육과정 체계가 정해놓은, 학교 건축 양식 지침의 개혁이다. 새로운 학교 건물은 항상 교사들과 건축가들의 공동 작업으로 설계되고, 이렇게 설계된 건물에는 특정 공동체의 교수·학습상이 반영된다. 물리적 환경 또한 학생들과 교사들에게 중요한 영향을 미치기 때문이다. 카이사 누이키넨Kaisa Nuikkinen은 이렇게 판단했다. "학교 건물은 훌륭한 인체공학적 디자인과 지속 가능한 발전 원칙을 보여주는 살아 있는 표본이자 좋은 학습 수단이다. 따라서 그 자체로 고무적이고 실체적인 학습을 할 수 있다".* 학교 건물은 핀란드 학교의 전형적인 특징인 웰빙, 존중감, 행복감을 창조할 수 있다.

* Nuikkinen, 2011, p.13~14

지금 소개하는 다섯 가지는 핀란드 전문가들이 훌륭한 교육 성과의 이유를 설명할 때 흔히 이야기하는 요소들이다. 모두 교육 또는 학교와 관련되지만 사회와 공동체의 분위기, 물리적 환경 또는 가정환경이 중요하지 않다는 뜻은 아니다.

종합학교는 모든 사람에게 균등한 교육 기회를 제공한다

모든 핀란드 아이들은 일곱 살이 되는 해 8월에 정규 교육을 시작한다. 오늘날의 종합학교는 9년제이지만, 학급 중심의 초등학교를 6년 다니고, 전기중등학교 과정을 3년간 다닌다. 오늘날 핀란드의 6년제 초등학교는 탄탄한 기초를 바탕으로 해 수준이 높기로 유명하다. 핀란드의 경험과 국제 연구 자료는 유아 발달과 초등교육에 투자하는 일이 긍정적인 결과를 가져오는 것은 물론, 더 나은 적성과 학습 능력을 갖추게 함으로써 이후 학년에서 성과를 올린다는 사실을 증명한다.* 한 학급은 15명에서 30명으로 이루어지고 학교 규모는 작은 편이다.

2010년을 기준으로 전체 종합학교의 4분의 1이 학생 수가 채 50명이 안 되었다. 학생 수가 500명 이상인 학교는 전체의 6퍼센트에 불과했다. 핀란드 학교는 전반적으로 규모가 상당히 작다. 통일된 종합학교는 초등학교(1~6학년)와 전기중등학교(7~9학

---

* Biddle & Berliner, 2002

년)의 격차를 차츰 줄여가고 있지만, 초등학교의 경우 일반적으로 학생 수가 300명 미만이고 전기중등학교와 따로 운영된다. 핀란드 지방자치단체의 빠듯한 재정 때문에 약 1,000개의 종합학교가 21세기에 접어든 이후 10년 사이에 문을 닫았다. 대부분이 작은 시골 학교였다.

교직은 많은 젊은이들이 매력을 느끼는 고무적인 직업이다

핀란드에서 교사는 항상 국민들의 존경과 존중을 받는다. 매년 후기중등학교 졸업생 중 가장 우수한 인재들이 교직에 지원할 정도로 교사는 독립적이고 사회적 지위가 높은 직업이다. 교사라는 직업이 이처럼 호소력이 강한 주된 이유는 핀란드에서 교사로 종신 고용되려면 석사 학위를 기본으로 갖춰야 하고, 석사 학위를 취득하면 교직 외에도 다른 직장에 취업할 수 있는 기회가 열리기 때문이다.

따라서 첫 번째 직업으로 교직을 선택한 사람들은 자신이 학교에서만 일하다 은퇴한다고 생각하지 않는다. 실제로, 석사 학위를 소지한 교사들은 대개 민간 부문과 제3부문* 인사부서에 흥미를 느낀다. 또한 교사들은 핀란드 대학에서 박사 과정을 공부할 수도 있다. 지난 10년간, 핀란드 학교에는 교육학 박사 학위를 소

* 국민 경제 중 공공 부문과 민간 부문에 속하지 않는 부분 - 옮긴이

지한 학교장과 교사가 급증했다.

이안 웨스트버리Ian Westbury와 동료들에 따르면, 교사를 연구에 기반을 둔 전문직 종사자로 양성하는 것이 1970년대 중반 이후 핀란드 사범교육 발전의 중심 사상이다.* 교사에게 높은 학문 수준을 요구한 덕분에 교육과정을 계획하고, 교육 결과를 평가하고, 교육 환경을 전반적으로 개선하는 데 학교가 점점 더 적극적으로 참여할 수 있었다. 핀란드 교육의 형평성을 검토한 OECD 보고서는 핀란드가 어떻게 이러한 선순환을 만들어냈는지 다음과 같이 설명한다.

> 높은 지위와 좋은 근무조건, 즉 작은 학급, 상담교사와 특수교사에 대한 적절한 지원, 학교 방침에 대한 발언권, 낮은 훈육 문제, 전문직으로서의 높은 자율성 때문에 지원자가 많이 몰렸고, 지원자가 많은 만큼 아주 까다로운 과정을 거쳐 집중적으로 교원을 양성할 수 있었다. 그 결과 초임 교사들은 일찍부터 업무에 잘 적응할 수 있었고, 교사 인력도 비교적 안정적으로 공급되었다. 아이들을 잘 가르친 결과 교사들은 계속해서 높은 지위를 유지할 수 있었다.**

오늘날 핀란드에서 교사는 사회적 지위가 높은 다른 직업들

---

* Westbury et al., 2005 ; Toom et al., 2010

** OECD, 2005a, p.21

과 어깨를 나란히 한다. 교사들은 교실과 학교에서 문제를 진단하고, 증거를 기반으로 대안적인 해법을 적용하고, 실행 후 효과를 평가하고 분석할 수 있다. 부모들은 교사들을 아이들에게 어떤 방식이 가장 좋은지 잘 아는 전문가로 여기고 신뢰한다.

핀란드는 영리한 책무성 정책을 수립했다

핀란드는 학교와 교사가 자신의 성과에 더욱 책임을 지게 하는 것이 학생의 학업 성취도를 끌어올리는 열쇠라고 생각하는 세계적인 교육 책무성 운동을 따르지 않았다. 전통적으로, 핀란드의 학생 성취도 평가는 교사와 학교의 책임이었다. 핀란드 종합학교에는 외부에서 주관하는 표준화 시험이 없다. 학생의 학습 평가는 교사가 출제한 시험과 표본을 기반으로 한 시험으로 측정한다. 핀란드에서는 학생들이 5학년이나 6학년이 되기 전까지 점수로 학생들을 평가하지 않는다. 학교 교육과정이나 시市 교육 계획을 기반으로 한 학생 평가 방식에 따라, 오로지 서술형 평가와 피드백만 활용한다.

초등학교는 '표준화 시험 금지 구역'이다. 그래서 학생들은 타고난 호기심을 알아가고, 더 많은 호기심을 불러일으키고 지속시키는 법을 배우는 데 집중한다. 핀란드 학생들은 학습을 두려워하거나 불안해하지 않는다. PISA 보고서에 따르면, 핀란드 학생 중 집에서 수학 문제를 풀 때 불안하다고 답한 비율은 7퍼센트에

불과했다. 일본과 프랑스는 각각 52퍼센트와 53퍼센트였다.[*]

핀란드에서 교육 책무성은 교사, 학생, 학교장, 교육 당국 간의 신뢰를 지키고 강화할 뿐 아니라 전문가로서 책임과 자주성을 갖게 함으로써 교육 개선 과정에 적극 참여하게 만든다. 교수 · 학습에 대한 책임 공유는 핀란드에서 교육 책무성에 대한 개념이 어떻게 정리되어 있는지 보여준다. 부모와 학생, 교사는 외부 표준화 시험이 보편화된 다른 나라의 학교와 비교할 때 계속해서 학습에 집중할 수 있고, 좀 더 자유롭게 교육과정을 계획할 수 있는 똑똑한 책무성 정책을 선호한다.

사람들은 학교를 신뢰한다

핀란드 교육만의 특징은 부모와 학생, 그리고 교육 당국이 교사들과 학교장을 신뢰하기에 가능한 일이다. 앞에서 설명했듯, 핀란드 교육제도는 1990년대 초까지 대단히 중앙집권화되어 있었다. 이전까지만 해도 중앙 정부가 학교를 엄격하게 통제했고, 촘촘한 법령이 교사들의 일상 업무를 규제했다. 학교와 교사를 신뢰하는 방향으로 차츰 변화된 것은 1980년대 말이다. 1990년대 초, 빌호 히르비 교육청장이 감동적으로 묘사한 '신뢰에 바탕을 둔 학교 문화의 시대'가 막을 올렸다.

---

[*]   Kupari & Välijärvi, 2005

신뢰하는 학교 문화란 교육 당국과 정치인이 교사를 믿는다
는 뜻이다. 즉 학교장과 학부모, 지역사회와 함께 아이들과 청소년
에게 최선의 교육을 제공하는 법을 교사가 알고 있다고 믿는다는
뜻이다. 신뢰는 정직과 확신, 전문성, 좋은 통치 구조가 구축된 환
경에서만 번성한다. 시민들의 부패 인식 수준을 보여주는 국제 투
명성 지수에서도 핀란드는 좋은 평가를 받았다. 핀란드에서는 일
반적으로 공공기관이 국민들에게 높은 신뢰를 받는다. 학교와 교
사가 신뢰를 받는 것은 제 기능을 다하는 시민사회와 높은 사회
자본 덕분이다. 리처드 루이스(2005)가 말한 대로, 정직과 신뢰는
핀란드 사회의 기본 가치이자 구성 요소이다.

핀란드 교육제도는 지속 가능한 리더십을 갖추고 있으며 정치적으로 안정되어 있다

핀란드 교육제도의 성공은 국가가 추진한 대규모 교육개혁
의 결과가 아니다. 핀란드의 교육 발전은 학교교육이 변화하는 개
인과 사회의 요구에 계속해서 맞추어 나간 덕분이다. 리스토 린네
Risto Rinne 교수는 이렇게 주장한다. "신공공관리론新公共管理論의 등
장은 핀란드 교육 담론에 혁명적인 변화가 찾아왔음을 의미했다.
하지만 새로운 수사학과 관행은 사회 다른 분야와 마찬가지로 교
육계에 쉽게 뿌리 내리지 못했다".* 그 결과, 공공 서비스로서 교육
의 기본 가치와 주요 비전은 1970년대 이후 여전히 변하지 않았

핀란드의 미래: 교육제도는 결코 완성되지 않는다

다. 좌파가 집권하든 우파가 집권하든 정부는 교육을 모든 시민을 위한 핵심 공공 서비스로 여겼고, 수준 높고 폭넓은 교육을 받은 국가만이 세계 시장에서 성공한다는 신념을 지켰다.

개혁의 물결을 연이어 경험한 교육제도들은 외부에서 계획한 변화를 실행하고 강화할 것을 자주 강조했다. 그 결과 얻는 것은 학교를 개선하려는 열망이 아니라 당혹감과 변화에 대한 저항이었다. 핀란드 학교와 교사는 1980년대 이후 상당히 안정적이었던 정치 상황과 일관된 교육 리더십 덕분에 교수·학습 개발에 전념할 수 있었다. 매번 새로운 개혁을 실행하는 데 자원과 시간을 할애하는 대신, 핀란드 교사들에게 전문가로서 교육학 지식과 기술을 개발할 자유를 주었다. 10년간 중앙집권화된 교사 연수를 실시하다가 1970년대에 종합학교 개혁이 시작됨에 따라, 학교와 교사 개인의 진정한 요구와 기대에 부응하도록 직무능력개발 프로그램의 초점을 바꾸었다.

핀란드처럼 하고 싶다면 알아야 할 세 가지

오늘날, 핀란드는 교육개혁에 성공한 모델로 활용된

---

* Rinne, Kivirauma, & Simola, 2002

다. 앤디 하그리브스는 이렇게 말했다. "세계가 저기술 표준화 시대를 벗어나면서 교육적으로도 경제적으로도 성공한, 그리고 지속 가능한 지식사회가 되기를 열망하는 국가들은 핀란드에서 필수 교훈을 얻을 수 있다".*

그러나 1970년대 이후 핀란드가 도입한 개혁 사상과 정책 원리가 다른 문화나 사회에서 반드시 효과를 발휘하지는 않을 것이다. 예를 들어, 다른 북유럽 국가와 마찬가지로 핀란드에서는 사람들이 서로를 깊게 신뢰하는 만큼 다른 나라보다 교사와 학교장도 더 많이 신뢰한다.** 이와 비슷하게, 몇몇 외부 관찰자들의 언급처럼 사회 자본, 인종적 동질성, 교사들의 높은 지위와 같은 여러 사회문화 요인들도 교육정책의 이전 가능성을 고려할 때 중요한 역할을 한다.③

사실, 많은 이들이 핀란드에서 좋은 교육제도를 개발하는 법을 배우고 싶어 한다.*** 핀란드의 교육적 성공을 이해하려면 이 책에서 논의한 사회문화적, 정치적, 경제적 관점에도 관심을 기울여야 한다. 실제로 이 관점에는 눈에 보이지 않는 더 많은 정보가 담겨 있다. OECD에서 핀란드로 파견된 외부 전문가 팀은 이렇게 말했다. "핀란드 사회에서는 널리 받아들여지지만 핀란드보다 개

---

*   Hargreaves et al., 2008, p.92
**   OECD, 2008
***   Barber & Mourshed, 2007; Hargreaves et al., 2008; OECD, 2010c; Ofsted, 2010

인주의 성향이 강하고 더 불공평한 사회에서는 쉽게 받아들여지지 않는 독특한 사회 가치 체계들이 있다. 이를 살펴보지 않고는 핀란드가 어떻게 교육적으로 성공하고 계속해서 그 자리를 지킬 수 있었는지 이해할 수 없다".*

핀란드를 방문한 또 다른 OECD 팀은 핀란드가 평등한 학교교육에 접근하는 방식은 특수교육 교사와 보조교사를 포함해 많은 교사들이 다른 교사들로부터 지원을 받고, 함께 다양한 형태로 업무를 보강하는 방식과 유사하다고 밝혔다.** 더욱이, 핀란드는 현재 다른 나라에서 흔히 볼 수 있는 '뜬금없는 개입'과는 매우 다르게, 교육개혁은 체계적이고 일관성이 있어야 한다는 사실을 보여주었다.*** 핀란드 교육을 다룬 많은 논문은 신뢰와 교사의 전문성, 특수교육이 필요한 아이들에 대한 돌봄이 핀란드 학교와 다른 많은 학교를 구분하는 요인이라고 이야기한다.[4]

교육개혁 관련 지식의 이전 가능성에 관한 견해는 '환경이나 문화, 정치, 통치 구조가 실제 학업 성과를 개선하고자 하는 학교 리더들과 학교 제도에 크게 영향을 주지 않는다'고 주장하는 사람들의 생각과 모순된다. 경영 컨설팅 회사 맥킨지Mckinsey는 25개국

---

* Hargreaves et al., 2008, p.92
** OECD, 2005a
*** Grubb, 2007, p.112

의 교육정책과 실행 상황을 분석해 다음 세 가지 교육개혁 원칙이 다른 무엇보다 중요하다고 결론을 내렸다.

① 교사의 질이 학생의 성적 수준을 결정하는 데 도움이 된다.
② 가르침이 개선되어야 학업 성과가 개선된다.
③ 학교가 모든 아이들이 수준 높은 수업을 받을 수 있는 메커니즘을 만들어야 조직 전체가 우수해질 수 있다.*

맥킨지에 따르면 이 세 가지가 교육 개선에 합리적으로 접근하는 원칙이다. 그런데 맥킨지가 인용한 사례가 낙오학생방지법으로 유명한 미국의 교육개혁이다. 많은 교사와 학자들에 따르면, 이 법안으로 인해 교육 해체, 기본 수업과 조율되지 않은 추가 개입, 제대로 훈련받지 않고 학생이나 교사와 함께 일하는 개인 교사가 생겨났다.**

그 결과 학교는 학생들의 시험 부정행위, 행정가들의 학생 평가도구 조작과 같은 비윤리적인 행동 증가, 교육 및 체계적인 학교 개선 방안의 연속성 상실과 더불어 모든 학생에게 너무 많은 방향을 제시하게 되었다.*** 교육 개발에 대한 관료주의식 접근의

---

* Barber & Mourshed, 2007, p.40
** Ravitch, 2010c; Darling-Hammond, 2010
*** Nichole & Berliner, 2007

전형이다.

이러한 접근방식과 핀란드 방식의 차이는 현저하다. 핀란드인은 표준화된 수업과 시험이 마지막 순간에 학생들의 학습을 향상시키고 실패한 학교를 회복시킬 수 있다고 생각하지 않는다. 그렇기 때문에 모든 학생에게 최상의 학습 조건을 제공할 수 있는 유능한 전문가들이 어느 학교에나 존재하도록 30년 넘게 체계적으로 일했다. 교육개혁에 대한 합리적 접근과 관료주의적 접근은 GERM의 핵심 사상을 상기시킨다. 이러한 접근방식은 핀란드 외에 세계 곳곳의 많은 나라와 지역의 교육정책에서도 찾아볼 수 있다.

사실, 자국의 교육제도를 개선하려는 사람들에게는 교육과정이든, 사범교육이든, 학교 리더십이든 핀란드 교육제도의 특정한 요소를 들여오는 것이 별 의미가 없을 것이다. 핀란드의 복지제도는 모든 아이들이 학교에서 잘 배우는 데 필요한 안전, 건강, 영양, 정신적 지원을 보장한다. 소설《일곱 형제》의 첫 구절이 묘사하듯, 글을 읽고 쓸 줄 아는 능력과 교육은 역사적으로 국민들이 핀란드 사회의 온전한 일원이 되는 데 중심 역할을 했다.

결국 핀란드로부터 배울 수 있는 한 가지 교훈은 성공적인 개혁과 우수한 교육성과를 이루려면 사회, 고용, 경제 부문이 개선되어야 한다는 점이다. 스튜어트 카우프만*이 설명한 대로, 복잡

---

* Stuart Kauffman, 1995

한 시스템의 개별 요소가 본래의 시스템에서 분리된 채 새로운 환경에서 제대로 기능할 리 없다. 따라서 다른 교육제도에서 특정한 요소나 혁신만 빌려오는 대신, 더 크고 복잡한 시스템(이 경우에는 핀란드 모델)의 특징과 정책 원리를 빌려오는 것이 성공 가능성이 더 높을지도 모른다. 복잡한 시스템에서의 요소 간 상호작용은 개별 요소만큼이나 그 시스템의 움직임을 결정한다. 따라서 핀란드 교육제도의 특정 사상을 활용할 때는 다음 사항을 감안해야 한다.

❶ 우수한 교육성과의 기술적 원동력

모든 사람을 위한 공통 종합학교, 연구에 기반을 둔 사범교육, 교사에 대한 전문적 지원, 똑똑한 책무성 정책, 규모가 작은 학교, (특히 학교 내의) 좋은 교육 리더십 등이 여기에 포함된다.

❷ 사회문화적 요인

읽고 쓰는 능력, 교육의 사회적 가치에 대한 오랜 신뢰, 업무에 관한 높은 도덕성, 학교를 비롯한 공공기관에 대한 신뢰, 국가 주도하에 복지국가를 통해 창출하는 사회 자본 등이 이에 해당된다.

❸ 다른 공공정책 부문과의 연계

한 부문의 성공은 나머지 모든 부문의 성공에 달려 있다. 따라서 우수한 교육성과는 다른 공공정책을 포함한 더 큰 정책 원리

핀란드의 미래: 교육제도는 결코 완성되지 않는다

를 통해서만 설명할 수 있다.

　핀란드 사람들 역시 교육제도의 성과를 평가하는 지금의 방식이 영원하리라는 착각은 하지 말아야 한다. 세계 교육 지표들, 특히 교육 경제학 지표들과 PISA와 그 밖의 다른 연구에서 내놓은 학생들의 학업 성취도 수치에 의존하는 것이 확실히 유리하지만, 앞으로는 폭넓은 학습 범위와 미래 사회의 변화를 더 잘 다룰 수 있는 평가 방식을 개발하라는 압력이 커질 것이다. PISA는 바람직한 교육 결과의 한 부분을 자세히 살피고 있다. 피터 모티모어Peter Mortimore가 말한 그대로이다.

> PISA도 몇 가지 한계를 느끼고 있다. PISA는 학교에서 가르치는 내용 중 매우 제한된 부분만 평가한다. 횡단 연구 설계만 사용할 수 있고, 교사의 역할과 공헌은 무시한다. 결과를 표로 제시하는 방식이 흥미롭기는 하지만 본질적으로는 더 복잡해야 하는 그림을 피상적인 '성적 비교표'로 단순하게 해석하도록 조장한다.*

　핀란드의 많은 교사와 학교장이 국제 평가 방식과 벤치마킹 도구에 회의적인 시각을 가지고 있다. 그들은 교수·학습을 복잡한 과정으로 인식하고, 교사와 학교의 효과를 수치로 매기기 어렵

＊　Mortimore, 2009, p.2

다는 사실을 알고 있다.

나는 지금 다른 국가들이 핀란드 교육제도나 심지어 종합학교 또는 사범교육 같은 요소들을 채택해야 한다고 말하는 것이 아니다. 그러나 교육과 관련해 우리가 서로에게 배울 점은 많다. 한 나라의 교육 사상을 다른 나라로 이전할 때는 세심해야 한다. 그럼에도 나는 교육의 질과 형평성을 개선하려는 노력과 관련해 핀란드로부터 배워야 할 세 가지 교훈을 제안하려 한다.

첫째, 지속적인 교육 개선의 핵심 원동력으로 선택과 경쟁, 민영화를 옹호하는 교육정책을 재고해야 한다. 현재 가장 우수한 성과를 내고 있는 교육제도 중 이런 방식에 의존하는 것은 하나도 없다. 실제로, 핀란드의 경험은 선택과 경쟁 대신 형평성과 책임 공유에 집중할 때 모든 아이들이 이전보다 더 잘 배울 수 있는 교육제도를 만들 수 있음을 증명한다. 시험 성적을 근거로 교사에게 성과급을 지급하거나, 차터스쿨 혹은 그 밖의 다른 수단을 적용해 공립학교를 사립학교로 전환함으로써 부적절한 교육 문제를 해결할 수 있다는 희망은 핀란드 교육개혁 레퍼토리에 없다.

둘째, 정부는 교사의 업무 전문성을 높이고 교직을 존경받는 직업으로 만드는 데 기여하는, 석사 학위 수준의 교육을 재정적으로 지원하는 정책을 고려해야 한다. 교사들의 업무가 신뢰받지 못하는 한 교직은 존경받는 직업이 될 수 없고, 젊은 인재들이 교직

핀란드의 미래: 교육제도는 결코 완성되지 않는다

을 평생 직업으로 선택하기란 쉽지 않다. 그렇게 되면, 교사들은 금방 교직을 떠날 것이다. 핀란드 교육제도를 비롯해 우수한 성과를 보이는 교육제도들이 이를 분명하게 말해준다.

마지막으로, 국제 학생 평가 연구와 교육 지표들은 우수한 교육제도와 고군분투하는 교육제도의 차이를 더 뚜렷하게 보여준다. 현재 선두를 지키는 교육제도에서 배울 점이 많다. 핀란드가 빠르고 지속적으로 교육제도를 개선한 비결은 국가 전통과 국제 사상을 영리하게 결합시킨 덕분이다. 미래의 필요에 맞춰 교육제도를 바꿀 때 국제무대에서 선구자가 되거나 빛나는 별이 되는 것이 꼭 가장 좋다고 할 수는 없다. 아마도 리더의 자리에 가까워지는 것을 목표로 삼는다면 최상의 계획이 될 것이다.

핀란드 교육개혁은 지금도 진행 중

2000년대 들어 처음 10년간 핀란드는 교육 국가의 모범 사례로 세계적인 명성을 얻었다. 〈뉴스위크〉는 1999년 5월 24일자 기사에 "미래는 핀란드의 것이다"라는 헤드라인을 붙였다. 그리고 다른 나라들과 달리 핀란드가 이동통신 및 정보기술을 결합한 혁신 기반 사회를 위해 국가 비전을 창출해낸 영리한 방식을 칭찬했다.* 이 책에서 나는 1970년대 초 이후 핀란드의 학업 성과가 어떻게 꾸준히 발전해왔는지 설명했다. 휴대폰 제조업자, 교향악단 지휘자, 포뮬러 원Formula One 운전자는 독창성과 창의성, 모험을 중시하는 핀란드 문화가 육성하는 인재의 상징이다. 그렇다면 앞으로도 핀란드 교육제도가 계속 좋은 모델이 될 수 있을까?

1970년대 이후의 체계적인 교육 리더십, 안정적인 정치 구조, 공공정책 간의 상호보완성 확립은 앞으로도 핀란드가 좋은 교육성과를 보여줄 것을 시사한다. 다른 한편으로, 특히 PISA 조사 결과는 교육정책 입안자들과 정치인들, 국민들 사이에 핀란드 교육의 위상에 관한 자기만족을 조장했다. 이러한 현상은 현상 유지를 원하는 환경으로 이어졌고, 이러한 환경에서 우수한 성과를 내는 교육정책 및 리더십은 미래가 핀란드 교육제도에 요구하는 바를 이해하려 하기보다는 현재 상태를 지키려는 열망에 따라 움직인다.

핀란드는 사회적, 정치적, 경제적으로 살아남아야 하는 환경에서 문화와 감정이 교육개혁의 원동력이 되었다. 다른 많은 나라에서 사용한 개혁 방식과는 다른 대안이 있다는 사실을 핀란드는 보여주었다. 핀란드인은 감정적으로 몰입하지 않으면 전문적인 지식이나 정치적인 관심만으로 사회를 쇄신하기 어렵다는 사실을 배웠다. 실제로, 세계 교육개혁은 지나치게 이성적인 방식이 효과

---

* Newsweek, May 24, 1999

핀란드의 미래: 교육제도는 결코 완성되지 않는다

가 없다는 사실을 보여준다. 쇄신에는 에너지가 필요하고, 에너지를 이끌어내는 것은 감정이기 때문이다. 핀란드가 그랬던 것처럼, 거대한 변화의 시대에 위기에 봉착할수록 정서적 열정 혹은 생존 본능이 생겨나곤 한다. 또한 이런 에너지는 경제적, 기술적, 문화적으로 새로운 기회와 혁신을 목격할 때 생겨나기도 한다.

21세기 초에 핀란드는 다른 이유들로 모델 국가가 되었다. 경쟁력 있는 지식경제를 건설하는 한편, 북유럽 복지국가 모델의 사회 정의를 상당 부분 지켜왔다. 뉴 클럽 오브 파리스New Club of Paris 정책연구소는 핀란드의 미래를 내다보면서 핀란드가 만든 온갖 좋은 것들을 유지하는 데 생존은 더 이상 동력이 되지 못할 거라며 핀란드 정부에 다음과 같이 권고했다.

> 정서적 열정과 함께 다른 동인들을 찾아낼 필요가 있다. 감정 인식과 활용을 어떻게 확대할 것인지가 문제이다. 이제는 생존 대신 강력한 비전 또는 '핀란드의 큰 꿈'이 변화의 동인이 될 수 있다. 사람들이 이 생각을 좋아하지 않으면 새로운 전략을 내놓아도 아무 소용 없다. 문화적, 정서적 관점을 갖춘 새로운 전략은 단순해야 한다. 사람들이 감정적으로 느끼고 즉시 말할 수 있는 몇 마디 말로 집약해야 한다. 지금은 그것을 놓치고 있다.*

* Stahle, 2007, p.2

일부 핀란드인들은 경쟁이 치열하고 세계화된 세상에서 핀란드가 다른 나라의 눈에 어떻게 비칠지 염려한다. 여러 국제 비교 분석은 핀란드가 웰빙, 통치 구조, 경제 실적, 지속 가능한 발전, 교육, 행복 등 여러 가지 면에서 가장 실용적이고 매력적인 국가 중 하나가 되었음을 보여준다. 역사도 짧고 면적도 작은 나라로서는 충분히 좋은 성과이다. 핀란드 외교부는 지금과 같은 긍정적인 상황을 앞으로도 지켜나가고 더욱 강화할 방법을 생각해보기 위해 각계 전문가 대표를 초대했다. 최종 보고서에서 이들은 기능성과 자연, 교육을 핀란드의 미래를 이끌 핵심 주제로 보았다. 또한, 현재의 긍정적 상황에도 불구하고 혹은 그 때문에 핀란드는 모든 분야에서 "다음에는 뭘 하지?"라는 질문을 계속 던져야 한다고 주장했다.*

교육 분야도 이러한 충고를 깊이 생각해보아야 한다. 2007년부터 2012년까지 핀란드 교육정책과 쇄신을 이끄는 최고 기구는 교육연구개발계획이었다. 2003~2008년에 나온 이전 자료와 마찬가지로 이 자료 역시 이전 정책과 개발 원칙을 이어 나갔다. 이들 자료는 균등한 기회 보장, 교육의 질 개선, 숙련된 노동자 양성, 고등교육의 발전과 더불어 좋은 교육의 핵심 자원으로서 교사를 중시하는 사회 분위기를 강조한다. 더욱이 이들 자료는 다른 공공

---

* Ministry of Foreign Affairs, p.277

정책과 함께 전체적으로 교육제도를 개발하는 상호보완 원칙을 매우 강조한다. 이 모든 자료는 핀란드 교육제도가 앞으로도 계속 잘 돌아갈 것이라고 상정한다. 그러나 우려를 자아내는 몇 가지 동향 또한 있다.

첫째, 핀란드 교육 당국이 학교 통제를 강화해왔다. 이러한 변화는 학교가 학생과 부모들에게 무엇이 가장 좋은지 판단할 수 있다는 확신이 줄어들고 있음을 시사한다. 예를 들어, 2004년 교육과정 체계는 학교의 역할을 축소했다.

둘째, 2006~2010년 교육 부문의 생산성 프로그램과 2011~2015년 새로운 정부 프로그램은 지방자치단체와 학교가 더 적은 자원으로 더 많은 일을 하도록 요구하고 있으며, 이는 학교 통합과 학교 규모 확장으로 이어지고 있다. 어떤 경우, 특수교육과 상담 서비스를 줄여 학교의 생산성을 높이려고 한다. 이러한 시도는 핀란드 학교의 사회 자본 개발에 해가 될 것이다.

이 글을 쓰는 지금, 핀란드 교육제도에는 앞으로 공교육이 어떤 방향으로 나아가야 하는지에 관한 명확한 의견이 없다. 예를 들어, 2007~2012년 교육연구개발계획은 혁신을 강화하고 첨단 제품을 만들기 위한 경제계의 요구에 교육이 어떻게 대응해야 할지에 대해서는 침묵하고 있다.

셋째, 핀란드는 가장 투명한 국가, 국가 경쟁력이 가장 높은 나라, 사회적으로 평등한 사회라는 최고의 위치에서 조금씩 미끄

러지고 있다. 2009년 PISA의 결과는 핀란드의 학업 성과에 대해서도 약하지만 비슷한 신호를 보냈다.* 다른 지표들도 핀란드 사회와 교육제도의 불평등성이 증가하고 있음을 시사한다. 윌킨슨과 피킷이 증명한 것처럼**, 평등지수가 높은 국가들은 교육을 비롯한 다른 분야에서도 전반적으로 높은 수준을 보인다. 소득 평등이라는 관점에서 핀란드는 다른 북유럽 국가들과 함께 세계 상위권에 속한다.

표 25는 지난 20년간 핀란드에서 소득 불평등이 어떻게 증가했는지 보여준다. 불평등 증가는 대개 폭력의 만연, 사회적 신뢰 약화, 아동복지 악화, 빈곤 증가, 학력 하락 같은 사회문제 증가와 상관이 있다. 따라서 핀란드의 과제는 높은 학업 성취도를 유지하기 위해 애쓸 것이 아니라 평등한 사회를 지키기 위해 분투하고 세계에서 가장 평등한 교육제도를 갖춘 지도적 위치를 유지하는 것이다.

교육제도를 개혁하는 과정에서 핀란드는 학습의 질을 높이고 교육에 닥쳐오는 새로운 도전에 대처할 필요가 있다는 다른 나라의 조언에 적극 귀를 기울였다. 핀란드 교육 당국은 특히 OECD, 유럽공동체, 국제연합 산하 기관 등 초국가 기구들이 핀란드 교육정책에 필요한 조처라고 생각하는 요소들에 주의를 기

---

*   OECD, 2010b
**   Wilkinson & Pickett, 2009

표 26 1987~2008년 핀란드의 최고 소득과 최저 소득 5분위 수의 소득 점유율

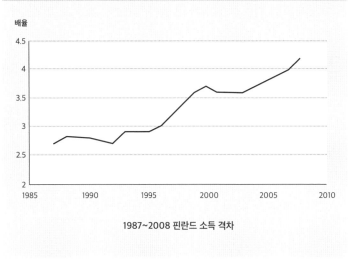

1987~2008 핀란드 소득 격차

울었다. 또한 핀란드 교육 연구단체는 외국 연구단체에서 모델과 사상을 도입했다.

지금도 국제 파트너들과의 소통과 협력을 활발하게 유지하는 것이 중요하다. 그러나 오늘날 핀란드는 파트너에게 받는 것보다 주는 것이 훨씬 많다. 따라서 핀란드는 신뢰할 수 있는 영감과 아이디어, 혁신의 원천인 다른 교육제도들과 협력하고 경험을 나눌 수 있도록 준비해야 한다. 나는 교육개혁 지도부에게 새로운 '글로벌 파트너십'이 필요하다고 생각한다. 이러한 파트너십을 맺

으려면 검증된 우수성, 좋은 관례, 능력, 그리고 미래의 교육을 위해 혁신적인 아이디어와 해법을 적극적으로 실행하는 진취적인 자세가 필요하다.

핀란드는 새로운 교육 리더 그룹에 자리하고 있다. 그러나 교육에 대한 고무적인 비전 없이는 그 자리에 계속 머무를 수 없다.

모든 운동에는 일련의 핵심 가치와 철학, 일반적으로 공유하고 있는 비전에서 끌어낸 토대가 필요하다. 핀란드 철학자 페카 히마넨Pekka Himanen의 미래 교육 비전인 '학교 2.0'은 오늘날의 학교 교육을 완전히 탈바꿈시킨 것이다. 학교 2.0은 개인의 관심과 열정, 창의성 때문에 학구열에 불타는 학습자들의 공동체에 기반을 두고 있으며, 각 학습자가 자신의 재능을 찾도록 돕는 것을 목표로 삼는다.[5] 새로운 학교의 비전이 무엇이든, 혹은 우리가 그것을 무어라고 부르든, 완전히 새로운 학교를 생각해야 한다. 교육개혁의 새로운 글로벌 파트너십은 이 질문에서 출발해야 한다.

영감을 주는 발상, 혹은 '큰 꿈'은 핀란드 사람들을 통합시키고 변화시키는 감정적 에너지원이 되었다. 2차 세계대전 이후 이 꿈은 모든 핀란드인에게 거주지나 사회경제적 지위, 그 밖의 생활환경과 상관없이 좋은 공교육을 받을 수 있는 균등한 기회를 제공하는 것이었다. 이 꿈은 1970년대 초 종합학교를 세우는 주된 원리가 되었다. 2000년에 처음 시행된 PISA 연구는 핀란드의 큰 꿈이 이루어졌음을 증명했다. 그리고 2009년에 실시된 네 번째 PISA

연구는 핀란드에 새로운 꿈이 절실히 필요하다는 사실을 보여준다.

2차 세계대전 이후 최악의 경제 위기를 겪던 1990년대 초, 핀란드는 다시 교육에 눈을 돌렸다. 그리고 세계에서 가장 중요하고 가장 경쟁력 있는 지식경제 국가가 되는 것이야말로 핀란드가 다른 선진 경제국들의 궤도에 진입하는 길이라고 주장했다. 당시의 '큰 꿈'은 교육제도가 사회 결속과 경제구조 개편, 그리고 핀란드가 유럽연합의 정회원이 되고 완전한 자주 국가로 남을 수 있게 해주는 혁신에 도움이 되게 하는 것이었다.

앞에서 보았듯이, 교육제도는 핀란드를 경제 위기에서 일으켜 세운 핵심 동인이었다. 과거의 교육 비전은 성취되었고, 이제는 향후 수십 년간 핀란드의 교육 변화를 이끌어갈 수 있는 새로운 비전을 세울 때이다. 이 책의 결론으로 나는 핀란드 교육의 미래 비전을 창조할 몇 가지 씨앗을 제시하려 한다.

더 큰 비전을 제시하는
미래 교육의 4대 요인

핀란드 교육의 미래를 향한 큰 꿈은 이런 것이어야 한다. '모든 젊은이가 자신의 재능을 발견할 수 있는 공동체 만들기.' 그 재능은 학문적인 재능일 수도 있고, 예술적이거나 창의적인 재능일 수도 있고, 운동 감각이나 다른 기술에 관한 재능일 수

308

도 있다.

각 학교는 모든 학생이 참여하고 탐구하고 서로 영향을 주고 받을 수 있는 안전한 학습 공동체가 되어야 한다. 학교는 전과 마찬가지로 지식과 기술을 가르쳐야 하지만, 청소년들에게 '잘못될' 준비도 시켜야 한다. 켄 로빈슨Ken Robinson이 말한 대로, 잘못될 준비가 되어 있지 않으면 가치 있는 새로운 아이디어가 떠오르지 않는다.* 이것이 우리가 핀란드에서 부족한 인적 자원을 최대한 활용하는 유일한 길이다.

학교 교육의 기존 형식에는 많은 변화가 필요하다. 우선, 핀란드 학교는 계속해서 개별화된 학습 경로를 따를 수 있도록 좀 더 학생 친화적이 되어야 한다. 개별화란 교사를 기술과 개별 학습으로 대체한다는 뜻이 아니다. 사실, 새로운 핀란드 학교는 모든 학생이 살아가는 데 필요한 사회적 기술을 익힐 수 있도록 영감을 주는 안전한 공간이 되어야 한다. 개별 학습과 사회 교육은 더 많은 전문화로 이어지지만, 지식과 기술의 더욱 견고한 공통 기반 위에 세워진다.

❶ 학습을 위한 개인 로드맵 개발

학생 개개인이 읽기, 쓰기, 수학 같은 특정한 기초 지식을 획

---

* Robinson, 2009

득하는 것은 중요하다. 미래에는 학생들이 기초 지식을 학습할 대안을 갖는 것이 중요하다. 아이들은 학교 밖에 있는 미디어와 인터넷, 그리고 자기들이 속한 다양한 소셜 네트워크를 통해 우리가 학교 안에서 배우던 지식보다 점점 더 많은 것을 배울 것이기 때문이다. 이는 곧 학교 수업이 무의미하다고 생각하는 학생들이 점점 더 많아지는 상황을 초래할 것이다. 다른 곳에서 이미 의미 있는 지식을 배웠기 때문이다.

이 문제를 해결하는 좋은 방법은 개인 맞춤형 학습 계획을 더 강화하고, 모든 학생을 대상으로 표준 과정대로 진행하는 수업 의존도를 줄이는 것이다. 그러기 위해서는 학교에 대해 다시 생각해야 한다. 미래 교육의 기술은 이 둘 사이에서 균형을 찾게 될 것이다. 디지털 세상에서는 교육의 가능성이 확장되기 때문에 어린 아이들은 이미 알고 있거나 할 수 있는 것이 엄청나게 차이 나는 상태로 입학한다. 이는 아이들이 너무나 다양한 일에 관심을 갖는다는 의미이자 교사들에게는 그런 모습이 완전히 낯설 수도 있다는 뜻이다. 맞춤형 학습 계획이나 개별 학습이 오로지 인터넷으로 얻은 정보와 도구를 가지고 혼자서 공부한다는 의미가 되어서는 안 된다. 교사와 부모, 학생이 함께 설계하고 동의한, 잘 준비되고 다채롭고 교육적으로도 타당한 개별 학습 계획을 세워야 한다.

❷ 학급에 기반한 수업의 축소

활동 중심의 맞춤형 학습 개발은 사람들이 지금 학교에서 가르치는 지식의 대부분을 디지털 기기를 통해 언제 어디서나 배우게 되는 상황으로 이어진다. 휴대용 기기들은 온라인에서 지식에 접근하는 것은 물론이고 다른 학습자들과 상호 작용할 수 있게 해준다. 오늘날의 전문 지식이나 전문 직종에서 빠뜨릴 수 없는 공유 지식 및 기능도 전통적인 학교 역할을 일부 대신할 것이다.

학년 혹은 수업일수가 중요한 문제가 아니라는 사실을 핀란드와 몇몇 국가가 보여주었다. 환경이 제대로 갖춰져 있고 똑똑한 해법을 활용한다면, 적은 가르침이 더 많은 배움으로 이어질 수 있다. 이러한 환경에는 학교에 대한 신뢰, 모든 학생에 대한 적절한 지원과 지도, 지역사회의 관심사와 필요에 따라 지역별로 조정할 수 있는 교육과정이 포함된다.

이전처럼 과목과 각 과목별 시간 배정이라는 관점에서 미래의 학교 교육을 생각하는 대신, 지금은 과감한 조치를 취하고 학교에서의 시간 구성을 재고해야 할 때이다. 이는 모국어, 수학, 과학 같은 전통적인 과목에 시간을 덜 배정하고 필수 주제와 프로젝트, 활동에 더 많은 시간을 배정함을 의미한다. 초등학교 저학년 때에는 당연히 조직화된 수업 시간이 더 많아야 하겠지만, 자신의 행동과 학습을 관리하는 능력이 발달함에 따라 이런 수업은 차츰 줄여 나가야 한다. 이는 공통 교육과정에 기반을 둔 수업에서 개별 학습 계획에 기반을 둔 교육으로의 변화를 의미한다. 그러면 학생들은 누구나 개인적으로 의미 있는 워크숍과 프로젝트, 예술 활동에 참여하는 시간을 늘릴 것이다.

❸ 대인관계 기술과 문제해결력 개발

사람들은 앞으로 지금보다 미디어와 통신기술에 더 많은 시간과 관심을 쏟을 것이다. 이는 교육의 관점에서 두 가지를 의미한다. 첫째, 사람들이 구체적인 장소에서 타인과 함께 보내는 시간이 줄어들 것이다. 사회적 상호작용은 소셜 네트워크와 디지털 기술에 의존하는 미래의 다른 도구를 기반으로 이루어질 것이다. 둘째, 사람들은 미디어와 통신기술을 통해 세상과 타인에 대해 더 많이 배울 것이다. 특히 소셜 미디어와 네트워크에 대한 참여 확대는 관심사가 비슷한 사람들에게서 배우는, 완전히 새로운 배움의 원천을 만들어낼 것이다. 사람들이 네트워크상에서 다른 이들과 공동 작업으로 게임이나 디지털 솔루션을 설계하는 오픈 소스 프로젝트에 참여하게 되면서, 이런 새로운 사회적 도구들은 자연스럽게 창의적인 활동을 할 기회를 증가시킬 것이다.

사람들을 교육하는 데 있어 학교의 핵심 과업이 무엇이 될지 다시 생각해볼 필요가 있다. 계속 오늘날과 같을 수는 없다. 젊은 이들에게 필요한 최소한의 기본 지식과 기술을 제공하는 것이 학교의 핵심 과업이 될 수 없다는 말이다. 미래는 바로 지금이고 오늘날 많은 아이들이 실생활에서 이러한 기술을 이미 사용하고 있다. 학교는 모든 학생이 읽기, 수학, 과학 개념에 익숙해지도록 가르쳐야 하고, 필수로 여기는 핵심 문화 자본을 갖출 수 있게 해야 한다. 그러나 모든 학생이 정보와 기회를 이용할 수 있는 능력과 자세를 개발하도록 돕는 것도 마찬가지로 중요하다.

또한 학생들은 가상 세계에서나 실제 세계에서 사회적 상호 작용을 더 잘할 수 있는 능력을 개발해야 하고, 자신과는 매우 다른 사람들과 협력하고 복잡한 소셜 네트워크에 대처하는 법을 배워야 한다. 미래에 대부분의 사람들이 필요로 하지만 어디에서도 배우기 쉽지 않은 기술은 '다른 사람들과 협력하면서 문제를 해결하는 능력'이다. 다양한 사람들로 구성된 소그룹 안에서 서로 협력하며 문제를 해결하는 방법을 가르치는 것이 미래 학교의 기본 역할 중 하나가 될 것이다.

❹ 성공의 신호, 참여와 창의력

현 교육제도는 주로 표준화된 시험을 통해 개인의 재능을 판단한다. 최악의 경우에는 오직 객관식 문제로만 구성되어 있고, 그나마 나은 경우에는 틀에 박힌 지식을 넘어서까지 범위가 확장되고, 분석적이고 비판적인 사고와 문제해결 능력을 요구한다.

그러나 이런 시험은 창의력, 복잡한 정보 처리 능력, 새로운 아이디어를 다른 사람들에게 전달하는 능력을 포함한 비학문적 영역을 거의 다루지 못한다. 학생들이 학교에서 기본 지식과 기술을 어떻게 학습했는지 평가하고, 학교 교육의 결과로 의사소통 능력과 문제해결 능력, 창의력이 얼마나 발전했는지 아는 것은 중요하다.

우리가 아는 대로, 이제 전통적인 지식 검사는 새로운 시험에 점차 밀려나고 있다. 학교의 역할이 복잡하고 예측할 수 없는 세상에서 모든 사람이 필요로 하는 기술을 가르치는 쪽으로 옮겨 가면서, 성공한 학교의 기준도 바뀔 것이다. 사람들은 디지털 도구와 미디어를 통해 자기에게 필요한 지식을 더 많이 배울 것이고, 따라서 학생들이 원하는 것을 배우거나 배우지 않는 데 학교가 어떤 역할을 하는지 알기가 점점 더 어려워질 것이다.

따라서 2010년대의 마지막을 향해 나아갈수록 이 두 가지 주제는 중요해질 것이다. 첫째, 모든 학생이 학교 학습에 참여하는 것이 더욱 중요해질 것이다. 오늘날 교사들이 학교와 교실에서 직면하는 문제들의 주된 원인은 참여의 부재이다. 아이들이 학년이 높아질수록 학교에서 가르치는 지식에 대한 관심이 줄어든다는 사실은 연구와 조사를 통해 잘 알려져 있다. 종합학교를 마칠 즈음이면, 점점 더 많은 학생이 학교에서 배우는 지식이 무의미하다고 느끼고, 자신의 의지를 실현할 다른 대안을 찾는다. 따라서 학교에서 생산적인 학습에 참여하는지 여부는 학교의 성패를 판단하는 중요한 기준이 된다.

둘째, 학교에서 가치 있고 새로운 무언가를 창조하는 학생들의 능력이 더욱 중요해질 것이다. 일부 학생들만이 아니라 대부분의 학생들에게 그렇게 될 것이다. 창의력이란 가치 있고 독창적인 생각을 떠올리는 행위로 정의할 수 있다. 따라서 읽고 쓰는 능력만큼이나 창의력을 중요하게 다루어야 한다.

핀란드 학교는 전통적으로 위험을 각오하는 자세, 창의력, 혁신을 장려해왔다. 이러한 전통은 강화되어야 한다. 학생의 성적이나 학교의 성공을 평가할 때, 개별 학습에서도 집단행동에서도 창의적인 측면에 높은 가치를 두어야 한다. 다시 말해, 성공한 학교는 학생이든 교사든 혼자서 발전할 수 있는 정도보다 더 멀리 나아갈 수 있게 해준다.

이 네 가지 변화 주제를 실현시키기 위해서는 또 다른 교육개혁이 아니라 쇄신과 꾸준하고 체계적인 교수·학습의 변화, '큰 꿈'을 향해 한 걸음씩 내딛는 노력이 필요하다. 핀란드는 그렇게 하는 데 필요한 요소를 가지고 있다. 여기에는 핀란드가 참여하고 있는 교육개혁에 대한 새로운 글로벌 파트너십과 리더십이 요구된다. 핀란드로부터 얻을 수 있는 중요한 교훈 하나는 우수한 교육을 가능케 하는 다른 길이 있다는 점이다.

이 길은 앞에서 논의한 세계교육개혁운동과 다르다. 생산성을 높이고 효율을 개선하는 길은 어쩌면 비용 절감과 일시적인 서비스 개선으로 이어질지 모른다. 그러나 핀란드 미래학자 피르요 스토흘레Pirjo Ståhle와 마르쿠 빌레니우스Markku Wilenius가 지적했듯, 경제적 맥락에서 볼 때 새로운 도전에 대한 동시 투자가 없는 한 축소된 예산으로는 절대 지속 가능한 개선을 이룰 수 없다.* 교육 발전과 경제 발전에 필요한 새로운 발상과 혁신을 창조하고, 전통적으로 뛰어난 교육성과의 동인이었던 높은 수준의 사회 자본을 유지하도록 더 많은 투자가 이루어져야 한다는 점을, 핀란드 경제와 사회에 대한 다양한 예측이 충분히 알려주고 있다.

1990년대 말에 핀란드는 실험과 창의력, 인적 네트워크 형성을 학교 개선의 중심에 두었다. 그리고 교사와 학교에 대한 신뢰를 교육 경영의 주요 원칙으로 지지함으로써 세계에서 가장 경쟁력 있는 경제국으로서의 혜택을 받을 수 있었다. 새로운 발상과 혁신을 창조하는 교육개혁 요소는 교실과 학교에서 창의력이 잘 자랄 수 있게 하는, 위험을 각오하는 자세를 충분히 격려하고 지지해야 한다. 이는 다른 공공정책과의 긴밀한 관계 속에서 현명한 교육 리더십의 지도를 받아 핀란드 교육을 지속적으로 쇄신해야 가능하다.

지금 많은 나라가 찾고 있는 교육제도는 교사와 학생이 똑같이 최선을 다하도록 학교가 영감을 주는, 사회적으로 공정한 교육

* Ståhle & Wilenius, 2006

제도이다. 시모어 새러손Seymour Sarason은 교육 개혁자들에게 다음과 같은 사실을 상기시킨다. "이러한 조건이 갖추어지지 않는 한, 교사들이 생산적인 학습을 위한 환경을 조성하고 유지할 수 없다."* 핀란드 교육정책은 이러한 신념을 정확히 따른다. 핀란드 정부는 교사의 중요성을 이해하고, 사범교육과 직무능력개발뿐 아니라 재능 있는 사람들이 교직에 매력을 느끼고 계속 남아 있을 수 있도록 일하기 좋은 환경에 집중 투자한다.

핀란드를 따르지 않을 이유가 없다

2000년 PISA 결과가 발표되고 핀란드 교육에 대한 관심이 치솟기 전인 1995년, 나는 헬싱키에서 일주일간 시모어 새러손을 접대하는 특권을 누렸다. 그는《학교 문화와 변화의 문제 The Culture of the School and the Problem of Change》의 개정판을 마무리하고 있었다. 새러손은 나의 안내를 따라 학교를 방문하고, 교수들과 이야기를 나누고, 고위급 교육 당국자들에게 그가 이해한 교육개혁의 법칙을 이야기했다.

새러손은 종합학교와 후기중등학교를 위한 1994년도 핀란

* Sarason, 1996, p. 367

드 교육과정 체계와 우리가 학교 교육의 미래를 위해 준비해온 교육 발전 계획도 살펴보았다. 마지막 날, 나는 새러손에게 핀란드 학교를 둘러보고 내린 결론을 요약해달라고 요청했다. 그는 이렇게 말했다. "왜 날 여기 데려온 겁니까? 내가 볼 때 핀란드 학교 시스템은 존 듀이가 머릿속에 그렸던 것, 그리고 내가 지난 30년간 교수·학습에 관해 써온 글과 무척 흡사합니다."

실제로 존 듀이는 아이들이 질문을 생각해내고 해답을 강구하도록 돕는 안내자 같은 교사를 꿈꾸었다. 듀이는 교사가 전달하는 정보가 아니라 학생이 직접 경험해서 이해해 나가는 방식이 최상의 교육이라고 보았다. 듀이는 모든 자유 사회에서 그러하듯 모든 학교에서 민주주의가 주요 가치가 되어야 한다고 주장했다. 새러손의 말처럼 핀란드 교육제도는 듀이의 이런 사상에 큰 영향을 받아 형성되었고, 핀란드 특유의 현실성과 창의력, 상식의 원칙으로 풍미를 곁들였다. 세계가 핀란드 교육개혁으로부터 배울 수 있는 점은 모든 아이들을 위해 우수하고 평등한 교육제도를 만들고픈 꿈을 이루는 방법이 있다는 점이다. 그러나 여기에는 독창성과 시간, 인내심, 투지가 적절히 조합되어야 한다.

경쟁과 선택, 시험에 기반을 둔 책무성 정책, 성과급 제도를 종식시킬 길을 찾는 이들에게는 핀란드의 교육개혁 방식을 장려할 만하다. 게다가, 위에서 설명한 대로 핀란드 교육의 미래는 개인 맞춤형 학습에 대체 수단을 제공할 수 있다. 핀란드인에게 개별화란 컴퓨터 앞에서 학생들이 혼자 공부하는 것을 의미하지 않는다. 유연한 방식과 다양한 학습 경로로 아이들 각자의 필요를 만족시키는 것이다. 기술은 대체제가 아니라 교사 및 동료 학생과의 상호작용을 보완하는 수단일 따름이다.

세계 곳곳의 학교 시스템을 이끌고 있는 세계교육개혁운동에 대항할 수 있는 힘으로써, 핀란드 방식은 창의적인 교육과정, 자율적인 교사, 용감한 지도부, 우수한 성적이 어우러지는 모습을 보여준다. 나아가, 핀란드 방식은 교원 노조와 갈등하지 않고 협력할 때 더 나은 결과를 얻을 수 있다는 사실을 분명히 보여준다. 증거는 확실하니 이 길을 따라 가야 한다.

지역 학군을 선도하다

교육정책 개발은 체계적이고 지속 가능한 재정에 기반을 두고 있다. 핀란드 교육은 공공자금에 크게 의존한다. 세계 금융 위기로 핀란드 공공 부문도 큰 타격을 받았고, 지방자치단체들은 순식간에 재정 긴축을 경험했다.

지난 10년 동안, 핀란드 지방자치단체의 채무 부담은 세 배로 늘었고 핀란드 정부의 부채도 그 어느 때보다 많다. 현재도 모든 공공 부문에서 생산성 향상과 공공 지출 삭감을 공통 정책으로 삼고 있다. 규모가 작은 학교들을 통합하거나 폐쇄하는 것은 이러한 정책의 일환이다.

국제적인 관점에서 볼 때, 핀란드의 학교 규모는 여전히 작다. 학생 수 200명이 핀란드 종합학교의 평균 규모이다. 2008년에는 2,988개의 종합학교가 있었지만 2004년 이후 종합학교 수는 14퍼센트 감소했다. 1990년 이후 총 1,900개의 종합학교가 사라졌고, 이로 인해 핀란드 종합학교 네트워크의 밀도와 성질도 급변했다. 이제는 학교를 가기 위해 이전보다 먼 거리를 이동하는 학생들이 더 많아졌다. 학교가 문을 닫으면 여러 작은 마을이 영향을 받는다. 이러한 구조 변화는 대부분 교육보다는 경제를 고려해서 이루어진다.

핀란드 공공 부문의 상황이 악화되자 많은 지방자치단체에서 만성적인 재정 위기를 해결하고자 교사들을 휴직시키고 있다. 교사들은 며칠간, 경우에 따라서는 몇 주간 무급으로 집에서 쉰다. 한 교사가 강제 무급 휴가를 떠나 있는 동안, 다른 교사들이 그가 맡던 학급과 학생들을 돌보아야 한다. 그러나 그렇게 해서 절약한 금액은 얼마 되지 않는 반면, 학교에 미치는 부정적인 영향은 심각하다.

이런 공공정책이 끼칠 장기적인 영향이 걱정스럽다. 핀란드 경제 전망은 앞으로 더 나아질 것 같지 않다. 한편, 단순한 재정 증가가 학교의 일상적인 문제를 해결해주지 않는다는 사실을 우리는 경험으로 알고 있다. 그러나 지속적인 교육 예산 감축은 본질적인 구조가 위태로워지는 상황을 초래한다.

학교와 지방자치단체가 더 적은 예산으로 더 많은 성과를 낼 수 있을까? 나는 가능하다고 생각하지만, 그러려면 현재의 구조와 실무를 철저히 분석할 필요가 있다. 절약할 수 있는 부분이 무엇이고 자원을 투입해 발전과 쇄신을 이룰 수 있는 부분이 어디까지인지 명확히 해야 한다.

그러나 전체 공공 예산에서 교육 예산을 충분히 편성하지 않고는 이 일을 이루기가 무척 어려울 것이다. OECD의 PISA 연구에서 보듯, 예산을 축소해서 수준 높은 교육을 제공할 수 있는 가능성을 악화시키는 것은 일 잘하는 사람들에게 보상하는 좋은 방법이 아니다.

— 피터 존슨, 코콜라 시 교육국장

핀란드의 도전은
지금도 계속된다

러시아가 1960년대에 인류 최초의 인공위성 스푸
트니크호를 발사하자 미국은 엄청난 자극을 받아 과학 교육과 수
학 교육에 일대 혁신을 도모했다. 1980년대와 1990년대에 일본
과 '아시아 호랑이'라 불리는 아시아 신흥 국가들이 경제 강국으
로 부상하자 일본식 교육법을 모방해야 한다는 목소리가 미국 내
에서 힘을 얻었다. 이른바 일본식 교육법이란, 학교 공부를 더 치
열하게 시키고, 표준화 시험의 영향력을 확대하고, 전 학년에 걸쳐
교육 시간을 늘리는 것이다.

지난 10년간 인도와 중국 경제가 급성장하자 미국의 여러 위
원회와 의원들은 21세기에 필요한 기술 교육과 필수 교육과정 및
국가 공통 기준을 강화해야 한다는 입장을 옹호하고 나섰다. 시험
횟수를 늘리고 교사나 학교 간 경쟁을 부추기는 등, 여러모로 모

든 사람을 더 힘들게 하는 방향이었다.

그러나 이러한 노력에도 불구하고, 지난 25년간 미국의 교사 및 학교의 수준과 성과는 국제 기준에 비해 지속적으로 후퇴했다. 20년 넘게 교육개혁을 추진하면서도, 미국은 다른 앵글로아메리카* 국가들과 마찬가지로, 아인슈타인이 '미친 짓'이라 정의한 교육방식을 고수했다. 아인슈타인은 이렇게 말했다. "항상 똑같은 일을 하면서 결과가 다르기를 바라는 것은 미친 짓이다."

강요, 압박, 수치심, 상의하달식 개입, 시장, 경쟁, 표준화, 시험, 더 쉽고 빠른 교수법, 성적 부진 학교 폐쇄, 무능한 교사 및 교장 해고, 젊은 교사와 신설 학교를 통한 새출발 등 앵글로아메리카 국가들이 지난 20년간 채택했다가 참담하게 실패한 바로 그 전략을, 훨씬 더 많은 투지와 강제력으로 다시 만들어 도입하고 있다.

끔찍한 교육개혁의
참담한 결과

사실, 비평가들 사이에서는 한참 전부터 신랄한 비판이 쏟아져 나왔다. 조직 변화 및 교육개혁 분야의 세계적인 권위자 마이클 풀란은 성적이 부진한 5,000여 개 학교를 개선할 목

---

* 아메리카 대륙의 지역과 국가 중에서 영어를 주로 사용하거나 역사적·문화적으로 영국의 영향을 깊게 받은 곳 – 옮긴이

추천의 글

적으로 차터스쿨 설립 제한을 폐지하고, 교사의 질을 높이기 위해 성과급 제도를 도입하는 오바마 대통령의 교육정책 '최고를 향한 경주'가 결국 실패로 끝날 것이라고 일찌감치 전망했다.* 풀란은 오바마의 교육정책이 (교육제도의 일부라 할 수 있는) 리더 및 교사들과 '함께' 교육제도를 개선해 나가기 위해 그들의 역량을 개발하는 데에는 거의 무관심하다고 지적한다.

오바마의 교육정책은 경쟁을 부추기는 성과급 제도로 교사의 질을 높일 수 있다고 보는 '이미 실패한' 이론에 기반을 두고 있으며, 각자 자기 부서를 관리하면서 결과에 책임을 지고 동료들과 경쟁하는 관리 모델에 기초하고 있다는 말이다. 이 모델은 구성원 각자가 자신의 영지와 사일로를 구축하게 하고 역량 부족을 야기하는 한편, 전문가들 간의 상부상조를 장려하는 유인책은 부족하다는 치명적 결함을 안고 있다.

부시 행정부에서 교육차관보를 지낸 다이앤 래비치 역시 오바마의 '끔찍한 교육 계획'을 규탄한 바 있다. 다이앤 래비치는 오바마의 교육정책을, 앞서 신랄한 조롱을 받은 부시 행정부의 낙오학생방지법보다 더 끔찍한 정책으로 간주했다.** 래비치는 오바마의 교육정책이, 차터스쿨이 같은 학군에 속한 다른 공립 대안 학교들보다 나은 성과를 내지 못하고 있다는 증거가 명백한데도, 나

---

*   Fullan, 2010

**   Ravitch, 2010a

머지 학생들은 허우적거리게 방치한 채 "가난한 지역에서 최고로 우수한 학생들을 뽑아내는" 차터스쿨 활성화에만 주력한다고 지적한다.*

또한 오바마의 교육개혁에 포함된 성과급 제도가 형편없는 출제 방식으로 타당성마저 의심스러운 표준화 시험을 토대로 교사들에게 상여금을 지급하고, "자신이 알고 있는 지식을 서로 나눠야 할" 교사들 사이에서 "팀워크를 파괴한다"며 "저급하고 응징의 성격을 띠고 있으며 교사들이 직면한 현실 문제에는 너무나 무관심하다"고 혹평했다.

중국과 동남아시아 교육개혁에 관한 미국 내 전문가 용 자오Yong Zhao는 경제면에서 미국의 가장 큰 경쟁자라 할 수 있는 중국이 실제로 교육과정을 분권화하고, 평가 방식을 다양화하고, 지방의 자율과 혁신을 장려하고 있다는 점에 주목한다. 그는 중국은 분권화하고 싱가포르는 "덜 가르쳐야 더 배운다"는 원칙을 자랑하는 창의적 교육환경을 조성하고 있는데, 정작 미국은 "학생들이 무엇을 어떻게 배워야 하고 학교가 무엇을 가르쳐야 하는지를 정부가 결정하는 권위주의"를 고집하고 있다고 말한다.**

대다수 앵글로아메리카 국가들은 교육개혁은 물론이고 문

---

* Ravitch, 2010b
** Zhao, 2009

화, 정치, 경제 분야에서 더 크고, 더 힘들고, 더 어렵고, 더 빠르고, 더 강한 결과에만 무분별하게 집착해왔다. 주주들의 단기 이익을 증대시키고자 소비자의 안전을 외면하는 기업들, 수익성을 높이기 위해 지나치게 무분별하고 위험한 일을 시도하면서 생태계에 엄청난 해를 입히는 산업계, 상환 불가능한 천문학적 부채로 인한 금융 위기, 비현실적인 성장 목표를 세우고 해고할 직원 수를 독단적으로 할당해서 분열을 조장하는 부실기업 회생 전문가들. 이 모두는 조바심과 자만심, 오만과 탐욕의 결과이다.

이들은 학교에도 똑같은 방식을 도입해 필요 이상으로 몸집을 부풀려 인위적으로 개선하려 한다. 그러나 실제보다 과장된 회생·개선 전략은 경제계에서조차 상황을 지속적으로 개선시키지 못했다. 기업은 해체되고, 자산은 매각되고, 문제를 일으킨 직원은 해고로 처벌을 면한다. 이런 전략으로 주주들의 단기 수익을 증대시킬 수 있을지는 모른다. 그러나 이런 식으로는 장기적으로 살아남기도 어렵거니와 회생한 기업들 중 많은 회사가 결국에는 리더의 무모한 행동 때문에 엄청난 피해를 입을 것이다. 실제로 경영전문가 만프레드 케츠 데 브리스Manfred F. R. Kets de Vries는 소위 '회생전문가'들 중에 심리 상태가 매우 불안한 나르시시스트, 소시오패스, 통제광이 얼마나 많은지 모른다고 지적한다.*

* Kets de Vries, 2006

핀란드가 증명하는
제4의 길

앵글로아메리카 국가들 중에는 이 같은 방식에 의존하는 최악의 학교 개혁 운동을 완화시키기 위해 좀 더 나은 대안을 찾아 나선 이들이 있다. 이들 역시 학생들에게 읽기, 수학, 과학의 기본 소양을 키워 국제 비교 연구에서 좋은 평가를 받고자 하는 정치적 목표를 고집하지만, 이전보다는 덜 냉혹한 개선 담론과 좀 더 높은 수준의 전문 지원을 통해 학습 교재를 개선하고 자원을 늘리고 사범교육을 강화하는 방향으로 나아가고 있다.

영국에서는 약 10년 전에, 캐나다 온타리오 주와 오스트레일리아(방식에는 조금 차이가 있지만)에서는 좀 더 최근에 주목과 지지를 받은 개혁 모델이 있다. 이 모델은 '모든 것을 전문가 자율에 맡기던 1970년대식 개혁 모델'과 1990년대 초 영국의 특징이었다가 그 후 다른 국가로 퍼져나간 '저급하고 인색한 시장 중심의 표준 개혁 모델'을 절충했다. 이 개혁 모델이 따르는 '제3의 길'은 무차별적으로 회생, 개선 전략을 도입하던 기존 방식에 다음 두 가지를 접목했다.

- 교육의 도덕적 목적을 확실히 강조함
- 역량 구축에 전념함

얼핏 이 두 요소는 교사들을 위협하고 몰아세우는 기존 방식보다 좀 더 전문적이고 고무적인 것처럼 보인다. 그러나 사실 이 개혁 방식도 상당한 문제를 안고 있다.

첫째, '제3의 길'에서 감탄을 자아낼 정도로 진보한 도덕적 목적이 실제로는 문화나 국가, 배경을 전혀 고려하지 않았음이 이미 수차례 드러났다. (조직 전체에 부과된 성취 목표와 관련해) 읽기 점수와 수학 점수를 올리기 위해 '기대치를 높이고 격차를 좁히는' 기존 전략과 다르지 않다는 말이다.

캐나다 온타리오 주든, 오스트레일리아든, 버뮤다든, 영국 그레이트맨체스터 주든, 추구하는 목표나 도덕적 목적은 대동소이하다. 국가와 문화는 달라도 자문위원들이 준비한 파워포인트는 거의 똑같다. '제3의 길'을 걷는 이들은 자국 혹은 자기 지역만의 공통 비전이나 도덕적 목적을 정의하거나 개발하지 않는다. 자기만의 고유한 비전을 가지고 있지도 않다. 그저 다른 국가에서 빌려올 뿐이다.

둘째, '제3의 길'이 기특할 정도로 역량 구축에 힘을 쏟고 있는 것은 사실이다. 그런데 정작 '역량을 갖춘 사람'의 의미를 왜곡하고, 역량 구축의 근간이 되는 고귀한 목적을 망각하기 일쑤이다. '역량 구축'이라는 개념은 본래 개발도상국의 문맥에서 처음 등장했다. 지역사회의 조직화와 전략이라는 맥락에서 '역량 구축'은 지역사회가 자기 발전을 위해 스스로 애쓰도록 돕는 것을 의미했다. 본래는 사람들이 자기가 세운 목표를 성취하도록 자율권을 주는 인도주의 개념이었던 것이다. 그런데 이 개념이 '제3의 길' 교육정책에서는 '다른 이들이 미리 정해둔 목적과 목표를 달성하기 위해 사람들을 훈련하는 것'으로 완전히 바뀌었다.

제3의 길에서 역량 구축이란 곧 정책을 알리는 훈련을 의미한다. 그래서 데니스 셜리Dennis Shirley와 나는 핀란드와 캐나다 앨버타 주 같이 학업 성취도가 우수한 지역의 학교 현장을 직접 돌아보며 얻은 교훈을 바탕으로 영감과 혁신, 공동 책임을 지향하는 '제4의 길'을 제시한 바 있다. 제4의 길에서 역량 구축은 자기 주도형 성장과 발전을 의미한다.* 요컨대, 제3의 길이 다른 사람이 세운 정책을 빌리고 전달하는 방식이라면, 제4의 길은 각 지역사회가 주인의식을 공유하고 자기만의 목표를 개발하는 방식이라고 할 수 있다.

핀란드 교육개혁에 관한 최고의 안내서

모든 정책을 종합적으로 운영하는 폴리시 믹스policy mix가 낳은 놀라운 성공 사례가 바로 핀란드이다. 교육 부문에서

---

* Hargreaves & Shirley, 2009

국제적으로 두각을 보이는 핀란드는 학업 성취도를 평가하는 국제 비교 연구에서 일관되게 우수한 성적을 내고 있으며, 전 세계에서 학업 성취도 격차가 가장 적고, 국가 경쟁력과 기업 투명성, 일반적인 행복과 삶의 질에 대한 평가에서도 교육 부문과 마찬가지로 높은 순위를 유지하고 있다. 인구 550만 명에 불과한 이 조그마한 북유럽 국가는 교육목표와 경제 목표를 이루기 위해 앵글로 아메리카 국가들이 택한 길과는 전혀 다른 길을 걸어왔다.

보기 드문 사례에 호기심을 느낀 전 세계 교육가와 정책 입안자가 성공 비결을 알아내기 위해 핀란드를 찾았다. 나도 운 좋게 그들 사이에 끼어 이 국가를 방문한 적이 있다. 2007년에 나는 OECD 산하 소그룹에 합류해 핀란드를 방문했다. 핀란드가 보여준 우수한 성과와 학교 개선 및 리더십 개발 전략의 상관관계를 조사하기 위해서였다.*

핀란드의 경험을 이모조모 논평한 다른 이들과 달리, 우리는 단순히 2차 자료나 고위급 정책 입안자 몇 명과의 인터뷰, 교육 연구 문헌 입수에만 의존하지 않았다. 우리는 학생과 교사, 학교와 지역 행정가, 대학 연구원, 교육부 말단 직원부터 최고위직까지 많은 사람을 다방면에서 관찰하고 인터뷰했다. 핀란드 사회의 역사와 기관의 자료, 역동적인 일류 기업 노키아에 관한 자료도 찾아

---

* Hargreaves, Halasz, & Pont, 2008

읽었다. 우리는 핀란드의 학교뿐 아니라 핀란드라는 나라와 이 나라의 역사를 이해하고자 했다. 베를린 장벽이 무너지고 거대 보호 시장이었던 소련이 1990년 붕괴하면서 엄청난 타격을 받은 핀란드 경제와 교육이 어떻게 극적으로 회생할 수 있었는지, 그 이유를 확실히 알고 싶었다. 일련의 조사를 통해 우리는 핀란드의 독특한 교육개혁 전략의 중심에 파시 살베리가 있다는 사실을 알게 되었다.

파시 살베리는 핀란드 교육자 집안에서 자랐다. 핀란드 학교에서 아이들을 가르쳤고, 나중에는 대학에서 강의했다. 그곳에서 살베리는 핀란드 교육부의 발전 전략을 계속 감독했다. 훌륭한 연구자나 비평가가 대개 그렇듯이, 파시 살베리는 예전에도 지금도 내부자인 동시에 외부자이다. 핀란드에서 가장 혁신적인 기관 중 하나를 이끄는 충실하고 믿음직한 내부자로서, 그는 외국 방문객의 시각으로는 이해하기 쉽지 않은 이 나라 교육 시스템과 사회 체제를 꿰뚫는 풍부하고 확실한 지식을 갖추고 있으며 내막 또한 잘 이해하고 있다.

세계은행에서 중요한 직책을 맡아 고국을 떠나 있는 동안에는 동유럽, 중앙아시아, 북아프리카, 그리고 중동 지역의 국가를 이해, 해석하고 체계적으로 지원하는 능력을 빠르게 발전시켰다. 핀란드를 다룬 중요한 소논문을 여러 편 발표했고, 세계은행에서

331

일하는 동안 핀란드에 관한 가장 신뢰할 만한 국가 보고서도 여럿 작성했다.

세계은행에서 내부자로서의 입지는 대단히 중요하다. 파시 살베리는 단순히 체계적인 교육개혁에 지적 흥미를 느끼는 사람이 아니다. 그는 교육개혁에 열정을 쏟을 뿐 아니라 궁극적으로 교육개혁의 혜택이 돌아가야 할 학생, 교사, 지역사회와 지금도 긴밀한 관계를 맺고 있다. 파시 살베리의 눈에 띄는 특징 중 하나는 체계적인 평가와 지원을 위해 세계 곳곳을 직접 찾아간다는 점이다. 그가 방문한 국가에서 처음 하는 일은 매일 그곳 중등학교에서 수학을 가르치는 교사들과 대화하는 것이다.

파시 살베리는 핀란드가 교육개혁에 성공한 이유가 무엇인지, 앵글로아메리카 국가들이 교육개혁 모델이 되기 어려운 이유가 무엇인지, 우리 OECD 팀이 이해할 수 있게 도와주었다. 이 책을 읽는 독자들도 그 이유를 이해하게 될 것이다. 살베리는 우리에게 다음과 같은 사실을 확인시켜준다.

- 핀란드는 교육개혁과 사회개혁을 앞두고 다른 선진국의 비전을 그대로 가져오는 대신, 창의성을 살려 자신만의 고유하고 포괄적인 비전을 개발했다.
- 핀란드는 학문적으로 확실한 자격을 갖추고, 석사 학위를 소지하고, 잘 훈련받은 수준 높은 교사들에게 의지한다. 핀란드 젊은이들

이 교직에 매력을 느끼는 이유는 높은 자율성과 협력적인 근무환경, 사회에 대한 강한 사명감 때문이다. 단기간의 교육으로 비교적 빠르게 교직에 진입할 수 있지만 그만큼 이직률도 높은 영국, 미국 등과 달리 핀란드 교사의 자율성은 상당히 높다.

• 핀란드는 9년의 종합학교 교육을 마치기 전에 전체 학생의 절반 가량에게 특수교육을 지원하는 포괄적인 특수교육 전략을 갖추고 있다. 이는 법적 검증, 반 편성, 학생 개인에게 꼬리표 붙이기 등 앵글로아메리카 국가들이 선호하는 특수교육 전략과 뚜렷하게 구별된다.

• 핀란드는 중앙정부가 교육과정을 미리 정해서 학교와 교사에게 통보하고 학생들이 표준화 시험을 치르게 하지 않으며, 교육과정 및 진단평가 개발 책임을 함께 나눌 수 있도록 교사의 역량을 끌어올린다.

• 핀란드는 교육개혁 정책을 국가 경쟁력을 창의적으로 높이는 정책, 사회 결속력과 포용력을 강화하는 정책, 공통의 지역사회를 폭넓게 발전시키는 정책과 연계시킨다.

앵글로아메리카 국가의 정치 지도자들과 교육자문위원들은 핀란드의 이데올로기가 거북하다는 이유로 핀란드 교육개혁에서 얻을 수 있는 교훈을 일축하고 그와는 전혀 다른 전략을 제시한다. 파시 살베리는 이들의 개혁 전략을 '세균GERM'이라 칭하면서 그 전략을 따라서는 안 된다고 충고한다. 경제적 불평등이 심한

추천의 글

나라일수록 고달픈 과정이 수반되는 전략을 참지 못하고 즉각적인 효과를 원하는 국민들의 요구에 대응하기 급급하다.

핀란드를 모델로 삼기에는 핀란드 규모가 너무 작다는 이유로 외면하는 사람들은 교육정책 대부분을 직접 결정하는 대다수 미국 주州의 평균 인구와 핀란드 인구가 550만 내외로 비슷하다는 사실을 간과하고 있다고, 살베리는 지적한다. (마치 인도와 중국, 일본은 자기네와 다르지 않은 것처럼!) 핀란드가 미국이나 영국, 캐나다와는 너무 다르다는 주장에 맞서서, 살베리는 핀란드가 국가 정체성과 방향을 얼마나 극적으로 바꾸었는지 설명한다. 그리고 어떻게 하면 다른 나라도 그렇게 할 수 있는지, 또 그렇게 해야 하는 이유가 무엇인지 보여준다.

덩치 키우기에만 급급한 '스테로이드 요법'에 의존하는 앵글로아메리카식 교육개혁에는 풀리지 않는 의문이 있다. 벼랑 끝에서 하는 '최고를 향한 경주'는 절대 이 의문을 해결하지 못할 것이다. 하지만 살베리는 이 책을 통해 그 의문에 심도 깊은 답을 제시한다. 그가 핀란드 교육개혁에 관한 한 가장 믿을 만한 현지 전문가이기 때문만은 아니다. 살베리는 세계적인 학자이자 세계 여러 나라와 각국의 교육제도를 연구한 전前 세계은행 전문 연구원으로서, 핀란드에서는 익숙한 것들을 다른 나라에 새롭게 제시할 수 있는 외부자의 관점을 지니고 있을 뿐 아니라 교육개혁에 관한 세계적인 안목을 갖추고 있기 때문이다.

교사는 다른 교사에게 배움으로써 더 좋은 교사가 될 수 있다. 학교는 다른 학교로부터 배움으로써 더 나은 학교가 될 수 있다. 고립은 개혁의 적이다. 우리는 수십 년간 교사들이 고립을 깨고 학교 안에서나 학교들 간에 서로 교류하도록 힘을 쏟았다. 모든 학생, 특히 누구보다 고군분투하는 학생들을 위해 더 많이 배우고 연구하도록 교사들에게 진정으로 영감을 불어넣을 교육개혁을 하고자 한다면, 미국을 위시한 앵글로아메리카 국가들의 '예외주의'라는 이데올로기를 깨부숴야 할 때이다.

교육개혁에 꼭 필요한 이 여정에 파시 살베리는 의심할 여지 없이 가장 훌륭한 교사이다.

앤디 하그리브스
보스턴대학교 교육대학 교수

프롤로그 핀란드라는 기적을 만나다

① 세계은행과 OECD는 다음 자료에서 핀란드를 예로 들었다. Aho, Pitkanen, and Sahlberg(2006) and OECD(2011a). 맥킨지는 다음 자료에서 '좋은 관행'에 대한 세계적인 기준으로 핀란드를 언급했다. Barber and Mourshed(2007) and Auguste, Kihn, and Miller(2010).

② OECD에서 실시한 PISA 첫 연구 결과가 발표된 직후, 핀란드 언론은 공개 토론회를 열었다. 핀란드 학계의 여러 학자들은 이 시험이 '순수' 수학이나 물리학을 테스트하지 않고 이들 과목을 상세히 공부하는 것과는 관련이 없는 평범한 일상 지식을 테스트했다면서 PISA 결과를 받아들이지 않았다.

③ 하워드 가드너는 2010년 5월에 핀란드를 방문했고, 그의 인터뷰는 다음 자료에 실렸다. Helsingin Sanomat on May 28, 2010(p. B9).

1장 핀란드의 꿈: 누구나 원하는 만큼 배울 수 있다

① 페루스코울루는 9년제 종합학교를 가리키는 핀란드 말로, 6개 학년의 저학년(초등학교)과 3개 학년의 고학년(전기중등학교)으로 이루어져 있다.

② 핀란드 역사에서 제2공화국은 1946년부터 1994년까지를 가리킨다. Alasuutari (1996).

③ 10학년은 의무교육을 마친 뒤에 자발적으로 한 학년을 더 다니는 학생들이 속한 학년이다. 학생들은 대개 학술적인 과목이나 주제와 실용적인 과목을 섞어서 각자 원하는 대로 학습 계획을 세운다. 10학년의 주목적 중 하나는 아이들이 후기중등학교에서 학업을 잘 수행할 수 있도록 지식과 기술을 향상시킬 기회를 다시 한 번 주는 것이다. 10학년은 보통 종합학교의 일부로 편성되고 종합학교 교사들이 가르친다.

④ 아쿠아리움 프로젝트는 중앙에서 조종하는 관리 체계를 지역별 체계로 바꾸고 지속적인 개선을 지원하기 위해 정부에서 자금을 대는 학교 개선 계획이었다. 여기에 대한 자세한 설명은 핀란드어로 작성된 다음 박사 논문을 참고하라. Hellstrom (2004).

3장 핀란드의 강점: 우수한 교사들을 무한 신뢰한다

① 볼로냐 프로세스는 현재 가맹국이 47개인 정부 간 프로그램이다. 서로 비슷하게 맞춘 학위 제도와 유럽학점교환시스템ECTS으로 유럽고등교육지역을 만드는 것을 목표로 한다. 사범교육에 관해서는 다음 자료를 참고하라. Pechar(2007) and Jakku-Sihvonen and Niemi(2006).

② 볼로냐 프로세스와 유럽의 구체적인 교환 프로그램 덕분에 사범교육을 둘러싼 범汎유럽적인 협력이 증가했지만, 핀란드 대학들과 북아메리카, 영국, 오스트레일리아 대학들 사이에도 연구 유대 관계가 여전히 강하고 활발한 편이다.

③ 교사들이 후기중등학교에서 학생들을 가르치는 방식에 대입자격시험이 부정적인 영향을 끼치는지 여부를 놓고 논쟁이 이어져왔다. 몇몇 경험적 연구 결과는 다음 자료를 참고하라. Haivala (2009).

4장 핀란드의 가치: 교육을 통해 경쟁력 있는 복지국가를 만든다

① 학교 개선과 교육 변화를 전문으로 다루는 주요 학술지 두 개가 있다.

② '새로운 정통 교육'이라는 최초의 발상은 앤디 하그리브스가 내놓은 것이다. 다음을 참고하라. Sahlberg (2011).

③ 당시 나는 '학교 내 창의적인 문제해결'이라는 국가 프로젝트를 이끌고 있었다. 노키아, 코네, 바이살라와 같은 핀란드 혁신 기업과 긴밀하게 연계한 프로젝트로, 핀란드 교육청에서 자금을 대고 관리했다. 이 프로젝트는 부분적으로 뉴욕 주 버팔로에 있는 '창의적 문제해결' 프로그램으로부터 영감을 받았다.

④ 세계경제포럼WEF은 스위스에 기반을 둔 국제기구로 경제학 연구를 진행한다. 국제경영개발대학원IMD에서도 국가 경쟁력에 대한 비교 연구를 진행한 바 있다. 유럽연합 회원국들의 경제 경쟁력 순위에서 핀란드는 2010년 스웨덴과 함께 정상에 올랐다.

⑤ 내가 1992년부터 1994년까지 핀란드 교육과정 과학교육 대책위원회를 이끌 때 작

성한 메모에서 인용한 구절이다.

⑥ 핀란드 주요 일간지 〈Helsingin Sanomat〉와 월간지 〈Kuukausiliite〉 2010년 9월호에서 이 문제를 널리 보도했다.

5장 핀란드의 미래: 교육제도는 결코 완성되지 않는다

① 이러한 책무성의 대표적인 사례가 '정책전달학'이다. 교육개혁 정책 및 전략을 관리하고 추적 관찰하기 위해 목표와 평가, 책무성에 의존하는 접근 방식으로 유명하지만 논란도 많다. 정책전달학에 찬성하는 관점에 대해서는 다음 자료를 참고하라. Barber, Moffit, and Kihn's (2011) "field guide." 비판적인 관점에 대해서는 다음 자료를 참고하라. Seddon's (2008) critique.

② 하그리브스와 슐라이허와 그럽은 전통적인 교육개혁을 뛰어넘는 대안적인 교육정책의 중요성을 강조했다. Hargreaves (2003), Schleicher (2007), and Grubb (2007).

③ 핀란드 교육을 참관한 외부 전문가들이 문화적 요인에 대해 논의한 바 있다. 다음을 참고하라. Hargreaves et al. (2008), Schleicher (2006), and Grubb (2007).

④ 2004년 PISA 연구 이후 핀란드 교육에 대한 언론보도 기록은 다음 웹사이트에서 확인할 수 있다. www.pasisahlberg.com.

⑤ 페카 히마넨과 학교 2.0에 관한 자료는 다음 웹사이트를 참고하라. www.pekkahimanen.org/

Adams, R. J. (2003). Response to "Cautions on OECD's recent educational survey (PISA)." *Oxford Review of Education*, 29(3), 377-389.

Aho, E. (1996). *Myrskyn silmässä* [In the eye of the storm]: *Kouluhallituksen pääjohtaja muistelee.* Helsinki, Finland: Edita.

Aho, E., Pitkänen, K., & Sahlberg, P. (2006). *Policy development and reform principles of basic and secondary education in Finland since 1968.* Washington, DC: World Bank.

Alasuutari, P. (1996). *Toinen tasavalta: Suomi 1946-1994.* Tampere, Finland: Vastapaino.

Allerup, P., & Mejding, J. (2003). Reading achievement in 1991 and 2000. In S. Lie, P. Linnakylä, & A. Roe (Eds.), *Northern lights on PISA: Unity and diversity in Nordic countries in PISA 2000* (pp. 133-146). Oslo, Norway: University of Oslo, Department of Teacher Education and School Development.

Alquézar Sabadie, J., & Johansen, J. (2010). How do national economic competitiveness indices view human capital? *European Journal of Education*, 45(2), 236-258.

Amrein, A. L., & Berliner, D. C. (2002). High-stakes testing, uncertainty, and student learning. *Education Policy Analysis Archives*, 10(18).

Asplund, R., & Maliranta, M. (2006). Productivity growth: The role of human capital and technology in the road to prosperity. In A. Ojala, J. Eloranta, & J. Jalava (Eds.), *The road to prosperity: An economic history of Finland* (pp. 263-283). Helsinki, Finland: SKS.

Atjonen, P., Halinen, I., Hämäläinen, S., Korkeakoski, E., Knubb-Manninen, G., Kupari, P., ... Wikman, T. (2008). Tavoitteista vuorovaikutukseen. Perusopetuksen pedagogiikan arviointi [From objectives to interaction: Evaluation of the pedagogy of basic education]. *Koulutuksen arviointineuvoston julkaisuja*, 30, 197. Jyväskylä, Finland: Koulutuksen Arviointineuvosto.

Au, W. (2009). *Unequal by design: High-stakes testing and the standardization of inequality.* New York, NY: Routledge.

Auguste, B., Kihn, P., & Miller, M. (2010). *Closing the talent gap: Attracting and retaining top third graduates to a career in teaching.* London, England: McKinsey & Company.

Baker, E., Barton, P., Darling-Hammond, L., Haertel, E., Ladd, H., Linn, R., ... Shepard, L. (2010). *Problems with the use of student test scores to evaluate teachers: Briefing paper 278.* Washington, DC: Education Policy Institute.

Barber, M., Moffit, A., & Kihn, P. (2011). *Deliverology 101: A field guide for educational leaders.* Thousand Oaks, CA: Corwin.

Barber, M., & Mourshed, M. (2007). *The McKinsey report: How the world's best performing school systems come out on top.* London, England: McKinsey & Company.

Bautier, E., & Rayon, P. (2007). What PISA really evaluates: Literacy or students'universes of reference? *Journal of Educational Change*, 8(4), 359-364.

Berry, J., & Sahlberg, P. (2006). Accountability affects the use of small group learning in school mathematics. *Nordic Studies in Mathematics Education*, 11(1), 5-31.

Biddle, B. J., & Berliner, D. C. (2002). Research synthesis: Small class size and its effects, *Educational Leadership*, 59(5), 12-23.

Bracey, G. (2005). Research: Put out over PISA. *Phi Delta Kappan*, 86(10), 797.

Brophy, J. (2006). *Grade repetition. Education policy series 6.* Paris, France: International Institute for Educational Planning.

Carnoy, M. (with A. Gove & J. Marshall). (2007). *Cuba's academic advantage: Why students in Cuba do better in school.* Palo Alto, CA: Stanford University Press.

Castells, M., & Himanen, P. (2002). *The information society and the welfare state: The Finnish model.* Oxford, England: Oxford University Press.

Coleman, J., Campbell, E., Hobson, C., McPartland, J., Mood, A., Weinfeld, F., & York, R. (1966). *Equality of educational opportunity.* Washington, DC: U.S. Government Printing Office.

Committee Report. (2005). *Report of the committee on transition from basic to secondary education and training. Reports of Ministry of Education 33*. Helsinki: Ministry of Education.

Darling-Hammond, L. (2006). *Powerful teacher education: Lessons from exemplary programs*. San Francisco, CA: Jossey-Bass.

Darling-Hammond, L. (2010). *The flat world and education. How America's commitment to equity will determine our future*. New York, NY: Teachers College Press.

Department for Education. (2010). *The importance of teaching: The schools white paper*. London, England: Department for Education.

Dohn, N. B. (2007). Knowledge and skills for PISA. Assessing the assessment. *Journal of Philosophy of Education*, 41(1), 1-16.

Elley, W. B. (Ed.). (1992). *How in the world do students read?* Hamburg, Germany: Grindeldruck.

Fullan, M. (2010). *All systems go: The change imperative for whole system reform*. Thousand Oaks, CA: Corwin.

Fullan, M. (2011). *Choosing wrong drivers for whole system reform* (Seminar series 204). Melbourne, Australia: Centre for Strategic Education.

Gameran, E. (2008, February 29). What makes Finnish kids so smart? *Wall Street Journal*. Retrieved from online.wsj.com/article/SB120425355065601997.html

Goldstein, H. (2004). International comparisons of student attainment: Some issues arising from the PISA study. *Assessment in Education: Principles, Policy and Practice*, 11(3), 319-330.

Grek, S. (2009). Governing by numbers: The PISA "effect"in Europe. *Journal of Education Policy*, 24(1), 23-37.

Grubb, N. (2007). Dynamic inequality and intervention: Lessons for a small country. *Phi Delta Kappan*, 89(2), 105-114.

Häivälä, K. (2009). *Voice of upper-secondary school teachers: Subject teachers' per-*

341

ceptions of changes and visions in upper-secondary schools. Annales Universitatis Turkuensis, C 283 (in Finnish). Turkey: University of Turkey.

Hargreaves, A. (2003). *Teaching in the knowledge society. Education in the age of insecurity.* New York, NY: Teachers College Press.

Hargreaves, A., Crocker, R., Davis, B., McEwen, L., Sahlberg, P., Shirley, D., & Sumara, D. (2009). *The learning mosaic: A multiple perspectives review of the Alberta initiative for school improvement.* Edmonton, Alberta, Canada: Alberta Education.

Hargreaves, A., Earl, L., Moore, S., & Manning, M. (2001). *Learning to change: Teaching beyond subjects and standards.* San Francisco, CA: Jossey-Bass.

Hargreaves, A., & Fink, D. (2006). *Sustainable leadership.* San Francisco, CA: Jossey-Bass.

Hargreaves, A., & Goodson, I. (2006). Educational change over time? The sustainability and nonsustainability of three decades od secondary school change and continuity. *Educational Administration Quarterly, 42*(1), 3-41.

Hargreaves, A., Halasz, G., & Pont, B. (2008). The Finnish approach to system leadership. In B. Pont, D. Nusche, & D. Hopkins (Eds.), *Improving school leadership, volume 2: Case studies on system leadership* (pp. 69-109). Paris, France: OECD.

Hargreaves, A., & Shirley, D. (2009). *The Fourth Way: The inspiring future of educational change.* Thousand Oaks, CA: Corwin.

Hautamäki, J., Harjunen, E., Hautamäki, A., Karjalainen, T., Kupiainen, S., Laaksonen, S., … Jakku-Sihvonen, R. (2008). *PISA06 Finland: Analyses, reflections and explanations.* Helsinki, Finland: Ministry of Education.

Hellström, M. (2004). *Muutosote. Akvaarioprojektin pedagogisten kehittämishankkeiden toteutustapa ja onnistuminen* [The way of change—The implementation and success of pedagogical development projects at the experimental schools of the Aquarium Project]. Helsinki, Finland: University of Helsinki.

Itkonen, T., & Jahnukainen, M. (2007). An analysis of accountability policies in

Finland and the United States. *International Journal of Disability, Development and Education*, 54(1), 5-23.

Kangasniemi, S. (2008, Februry 27). Milläammatilla pääsee naimisiin? [With which profession to get married?] *Helsingin Sanomat Koulutusliite*, pp.4-6.

Jakku-Sihvonen, R., & Niemi, H. (Eds.) (2006). *Research-based teacher education in Finland: Reflections by Finnish teacher educators*. Turku: Finnish Educational Research Association.

Jennings, J., & Stark Rentner, D. (2006). *Ten big effects of the No Child Left Behind Act on public schools*. Washington, DC: Center on Education Policy.

Jimerson, S. (2001). Meta-analysis of grade retention research: Implications for practice in the 21st century. *School Psychology Review, 30*, 420-437.

Jokinen, H., & Välijärvi, J. (2006). Making mentoring a tool for supporting teachers'professional development. In R. Jakku-Sihvonen & H. Niemi (Eds.), Research-based teacher education in Finland: *Reflections by Finnish teacher educators* (pp. 89-101). Turku: Finnish Educational Research Association.

Joyce, B., & Weil, M. (1986). *Models of teaching* (3rd ed.). Englewood Cliffs, NJ: Prentice Hall.

Jussila, J., & Saari, S. (Eds.). (2000). *Teacher education as a future-moulding factor: International evaluation of teacher education in Finnish universities*. Helsinki, Finland: Higher Education Evaluation Council.

Kasvio, M. (Ed.). (2011). *The best school in the world: Seven Finnish examples from the 21st century*. Helsinki, Finland: Museum of Finnish Architecture.

Kauffman, S. (1995). *At home in the universe: The search for the laws of self-organization and complexity*. Oxford, England: Oxford University Press.

Kets De Vries, M. (2006). *The leader on the couch*. San Francisco, CA: Jossey Bass.

Kiuasmaa, K. (1982). *Oppikoulu 1880-1980: Oppikoulu ja sen opettajat koulujärjestyksestäperuskouluun* [Grammar school 1880-1980: Grammar school and its teachers from school order to comprehensive school]. Oulu, Finland: KustannusosakeyhtiöPohjoinen.

Kivi, A. (2005). *Seven brothers* [Seitsemän veljestä, R. Impola, Trans.]. Beaverton, ON: Aspasia Books. (Original work published 1870)

Koskenniemi, M. (1944). *Kansakoulun opetusoppi* [Didactics of primary school]. Helsinki, Finland: Otava.

Kupari, P., & Välijärvi, J. (Eds.). (2005). *Osaaminen kestävälläpohjalla. PISA 2003 Suomessa* [Competences on the solid ground. PISA 2003 in Finland]. Jyväskylä, Finland: Institute for Educational Research, University of Jyväskylä.

Kuusi, P. (1961). *60-luvun sosiaalipolitiikka* [Social politics of the 1960s]. Porvoo, Finland: WSOY.

Laukkanen, R. (1998). *Accountability and evaluation: Decision-making structures and the utilization of evaluation in Finland. Scandinavian Journal of Educational Research, 42*(2), 123-133.

Laukkanen, R. (2008). *Finnish strategy for high-level education for all.* In N. C. Sognel & P. Jaccard (Eds.), *Governance and performance of education systems* (pp. 305-324). Dordrecht, The Netherlands: Springer.

Lavonen, J., Krzywacki-Vainio, H., Aksela, M., Krokfors, L., Oikkonen, J., & Saarikko, H. (2007). *Pre-service teacher education in chemistry, mathematics and physics.* In E. Pehkonen, M. Ahtee, & J. Lavonen (Eds.), *How Finns learn mathematics and science* (pp. 49-68). Rotterdam, The Netherlands: Sense Publishers.

Lehtinen, E. (2004). *Koulutusjärjestelmäsuomalaisen yhteiskunnan muutoksessa* [Education system in the changing Finnish society]. Helsinki, Finland: Sitra.

Lehtinen, E., Kinnunen, R., Vauras, M., Salonen, P., Olkinuora, E., & Poskiparta, E. (1989). *Oppimiskäsitys* [Conception of knowledge]. Helsinki, Finland: Valtion painatuskeskus.

Levin, B. (1998). An epidemic of education policy: (What) can we learn from each other? *Comparative Education, 34*(2), 131-141.

Lewis, R. (2005). *Finland, cultural lone wolf.* Yarmouth, ME: Intercultural Press.

Liiten, M. (2004, February 11). Ykkössuosikki: Opettajan ammatti [Top favorite:

Teaching Profession]. *Helsingin Sanomat*. Retrieved from www.hs.fi/artikkeli/Ykk%C3%B6ssuosikki+opettajan+ammatti/1076151893860

Linnakylä, P. (2004). Finland. In H. Döbert, E. Klieme, & W. Stroka (Eds.), *Conditions of school performance in seven countries: A quest for understanding the international variation of PISA results* (pp. 150-218). Munster, Germany: Waxmann.

Linnakylä, P., & Saari, H. (1993). Oppiiko oppilas peruskoulussa? Peruskoulu arviointi 90 - tutkimuksen tuloksia [Does the pupil learn in peruskoulu? Findings of the Peruskoulu 90 reserach]. *Jyväskylä*, Finland: Jyväskylän yliopiston kasvatustieteiden tutkimuslaitos.

MacKinnon, N. (2011). The urgent need for new approaches in school evaluation to enable Scotland's Curriculum for Excellence. *Educational Assessment, Evaluation and Accountability, 23*(1), 89-106.

Martin, M. O., Mullis, I. V. S., Gonzales, E. J., Gregory, K. D., Smith, T. A., Chrostowski, S. J., ... O'Connor, K. M. (2000). *TIMSS 1999 international science report: Findings from IEA's repeat of the third international mathematics and science study at the eighth grade.* Chestnut Hill, MA: Boston College.

Matti, T. (Ed.). (2009). *Northern lights on PISA 2006. Differences and similarities in the Nordic countries.* Copenhagen, Denmark: Nordic Council of Ministers.

Miettinen, R. (1990). *Koulun muuttamisen mahdollisuudesta* [About the possibilities of school change]. Helsinki, Finland: Gaudeamus.

Ministry of Education. (2004). *Development plan for education and research 2003-2008.* Helsinki, Finland: Author.

Ministry of Education. (2007). *Opettajankoulutus 2020* [Teacher Education 2020]. *Committee Report 44.* Helsinki, Finland: Author.

Ministry of Education. (2009). *Ensuring professional competence and improving opportunities for continuing education in education* (Committee report 16). Helsinki, Finland: Author.

Ministry of Foreign Affairs. (2010). *How Finland will demonstrate its strengths by* solving the world's most intractable problems: Final report of the country brand delegation. Helsinki, Finland: Author.

Mortimore, P. (2009). *Alternative models for analysing and representing countries'performance in PISA*. Paper commissioned by Education International Research Institute. Brussels, Belgium: Education International.

Mourshed, M., Chijioke, C., & Barber, M. (2010). *How the world's most improved school systems keep getting better*. London, England: McKinsey.

Murgatroyd, S. (2007). Accountability project framework—Developing school based accountability. Unpublished report. Edmonton, Alberta, Canada: The Innovation Expedition Inc.

National Youth Survey. (2010). *KNT 2010*. Helsinki, Finland: 15/30 Research.

Newsweek. (1999, May 24). *The future is Finnish*. Retrieved from www.newsweek.com/1999/05/23/the-future-is-finnish.html

Newsweek. (2010, August 17). *The World's best countries*. Retrieved from www.newsweek.com/2010/the-world-s-best-countries.html

Nichols, S. L., & Berliner, D. C. (2007). *Collateral damage: How high-stakes testing corrupts America's schools*. Cambridge, MA: Harvard Education Press.

Niemi, H. (2008). Research-based teacher education for teachers'lifelong learning. *Lifelong Learning in Europe, 13*(1), 61-69.

Nuikkinen, K. (2011). Learning spaces: How they meet evolving educational needs. In M. Kasvio (Ed.), *The best school in the world: Seven Finnish examples from the 21st century* (pp. 10-19). Helsinki, Finland: Museum of Finnish Architecture.

OECD. (2001). *Knowledge and skills for life: First results from PISA 2000*. Paris, France: Author.

OECD. (2004). *Learning for tomorrow's world: First results from PISA 2003*. Paris, France: Author

OECD. (2005a). *Equity in education: Thematic review of Finland*. Paris: Author.

OECD. (2005b). *Teacher matter: Attracting, developing and retaining effective teachers*. Paris: Author.

OECD. (2007). *PISA 2006: Science competencies for tomorrow's world* (Vol. 1). Paris: Author.

OECD. (2008). *Trends shaping education*. Paris: Author.

OECD. (2010a). *Equity in education. Thematic review of Finland*. Paris: Author.

OECD. (2010b). *PISA 2009 results: What students know and can do. Student performance in reading, mathematics and science. Vol. 1*. Paris: Author.

OECD. (2010c). *Strong performers and successful reformers in education. Lessons from PISA for the United States*. Paris: Author.

Ofsted (Office for Standards in Education, Children's Services and Skills). (2010). *Finnish pupils'success in mathematics: Factors that contribute to Finnish pupils'success in mathematics*. Manchester: Author.

O'Neill, O. (2002). *A question of trust*. Cambridge: Cambridge University Press.

Pechar, H. (2007). "The Bologna Process": *A European response to global competition in higher education. Canadian Journal of Higher Education, 37*(3), 109-125.

Piesanen, E., Kiviniemi, U., & Valkonen, S. (2007). *Opettajankoulutuksen kehittämisohjelman seuranta ja arviointi. Opettajien täydennyskoulutus 2005 ja seuranta 1998-2005 oppiaineittain ja oppialoittain eri oppilaitosmuodoissa* [Follow-up and evaluation of the teacher education development program: Continuing teacher education in 2005 and its follow-up 1998-2005 by fields and teaching subjects in different types of educational institutions]. Jyväskylä, Finland: University of Jyväskylä, Institute for Educational Research.

Popham, J. (2007). The no-win accountability game. In C. Glickman (Ed.), *Letters to the next president. What we can do about the real crisis in public education* (pp. 166-173). New York: Teachers College Press.

Prais, S. J. (2003). Cautions on OECD's recent educational survey (PISA). *Oxford Review of Education, 29*(2), 139-163.

Prais, S. J. (2004). Cautions on OECD's recent educational survey (PISA): Rejoinder to OECD's response. *Oxford Review of Education*, 30(4), 569-573.

Ravitch, D. (2010a, June 22). Obama's awful education plan. Huffington Post. Retrieved from www.huffingtonpost.com/diane-ravitch/obamas-awful-education-pl_b_266412.html

Ravitch, D. (2010b, July 6). *Speech to the Representative Assembly of the National Education Association*, New Orleans, LA.

Ravitch, D. (2010c). *The death and life of the great American school system: How testing and choice are undermining education*. New York: Basic Books.

Riley, K., & Torrance, H. (2003). Big change question: As national policy-makers seek to find solutions to national education issues, do international comparisons such as TIMSS and PISA create a wider understanding, or do they serve to promote the orthodoxies of international agencies? *Journal of Educational Change*, 4(4), 419-425.

Rinne, R., Kivirauma, J., & Simola, H. (2002). Shoots of revisionist education policy or just slow readjustment? *Journal of Education Policy*, 17(6), 643-659.

Robinson, K. (with L. Aronica). (2009). *The element: How finding your passion changes everything*. New York: Viking Books.

Robitaille, D. F., & Garden, R. A. (Eds.). (1989). *The IEA study of mathematics II: Context and outcomes of school mathematics*. Oxford: Pergamon Press.

Saari, J. (2006). Suemen mallin institutionaalinen rakenne [The institutional structure of the Finnish model]. in J. Saari (Ed.), *Suomen malli*—Murroksesta menestykseen? [The Finnish model—From reformation to success]. Helsinki: Yliopistopaino.

Saari, S., & Frimodig, M. (Eds.). (2009). Leadership and management of education. Evaluation of education at the University of Helsinki 2007-2008. *Administrative Publications 58*. Helsinki, Finland: University of Helsinki.

Sahlberg, P. (2006a). Education reform for raising economic competitiveness. *Journal of Educational Change*, 7(4), 259-287.

Sahlberg, P. (2006b). Raising the bar: How Finland responds to the twin challenge of secondary education. *Profesorado*, 10(1), 1-26.

Sahlberg, P. (2007). Education policies for raising student learning: The Finnish approach. *Journal of Education Policy*, 22(2), 173-197.

Sahlberg, P. (2009). Ideat, innovaatiot ja investoinnit koulun kehittämisessä[Ideas, innovation and investment in school improvement]. In M. Suortamo, H., Laaksola, & J. Välijärvi (Eds.), *Opettajan vuosi 2009-2010* (pp. 13-56). [Teacher's year 2009-2010]. Jyväskylä: PS-kustannus.

Sahlberg, P. (2010a). Rethinking accountability for a knowledge society. *Journal of Educational Change*, 11(1), 45-61.

Sahlberg, P. (2010b). Educational change in Finland. In A. Hargreaves, A. Lieberman, M. Fullan, & D. Hopkins (Eds.), *Second international handbook of educational change* (pp. 323-348). New York Springer.

Sahlberg, P. (2011a). The fourth way of Finland. *Journal of Educational Change*, 12(2), 173-185.

Sahlberg, P. (2011b). Becoming a teacher in Finland: Traditions, reforms and policies. In A Lieberman & L. Darling-Hammond (Eds.), *High quality teaching and learning: International perspectives on teacher*. New York: Routledge.

Sarason, S. B. (1996). *Revisiting "the culture of the school and the problem of change."* New York: Teachers College Press.

Schleicher, A. (2006). *The economics of knowledge: Why education is key for Europe's success*. Brussels: The Lisbon Council.

Schleicher, A. (2007). Can competencies assessed by PISA be considered the fundamental school knowledge 15-year-olds should possess? *Journal of Educational Change*, 8(4), 349-357.

Schulz, W., Ainley, J., Fraillon, J., Kerr, D., & Losito, B. (2010). *ICCS 2009 International Report: Civic knowledge, attitudes and engagement among lower-secondary school students in thirty-eight countries*. Amsterdam: IEA.

Seddon, J. (2008). *Systems thinking in the public sector: The failure of the reform re-*

gime … and a manifesto for a better way. Axminster: Triarchy Press.

Simola, H. (2005). The Finnish miracle of PISA: Historical and sociological remarks on teaching and teacher education. *Comparative Education, 41*(4), 455-470.

Ståhle, P. (Ed.). (2007). *Five steps for Finland's future.* Helsinki: TEKES.

Statistics Finland. (n.d.a). *Education.* Retrieved from www.stat.fi/til/kou_en.html

Statistics Finland. (n.d.b). *Research and development.* Retrieved from www.stat.fi/til/tkke/index_en.html

Statistics Finland. (n.d.c). *Income and consumption.* Retrieved from www.stat.fi/til/tul_en.html

Statistics Finland. (2011). *Population structure.* Retrieved from www.stat.fi/til/vaerak/2010/vaerak_2010-03018_tie_001en.html

Steinbock, D. (2010). Winning across global market: *How Nokia creates advantage in a fast-chaning world.* New York: Jossey-Bass.

Toom, A., Kynäslahti, H., Krokfors, L., Jyrhämä, R., Byman, R., Stenberg, K., … Kansanen, P. (2010). Experiences of a research-based approach to teacher education: Suggestion for the future policies. *European Journal of Education, 45*(2), 331-344.

UNDP. (2007). *Human development report.* New York: Oxford University Press.

UNICEF. (2007). *Child poverty in perspective: An overview of child well-being in rich countries.* Florence: Innocenti Research Centre Report Card 2007.

Usher, A. & Medow, J. (2010). *Global higher education rankings 2010.* Affordability and accessibility in comparative perspective. Toronto: Higher Education Strategy Associates.

Välijärvi, J. (2004). Implications of the modular curriculum in the secondary school in Finland. In J. van den Akker, W. Kuiper, & U. Hameyer (Eds.), *Curriculum landscapes and trends* (pp. 101-116). Dordrecht, Netherlands: Kluwer.

Välijärvi, J. (2008). Miten hyvinvointi taataan tulevaisuudessakin? [How to guarantee welfare also in future?]. In M. Suortamo, H., Laaksola, & J. Välijärvi (Eds.), *Opettajan vuosi 2008-2009* [Teacher's year 2008-2009] (pp. 55-64). Jyväskylä, Finland: PS-kustannus.

Välijärvi, J., Kupari, P., Linnakylä, P., Reinikainen, P., Sulkunen, S., Törnroos, J., & Arffman, I. (2007). *Finnish success in PISA and some reasons behind it II.* Jyväskylä, Finland: University of Jyväskylä.

Välijärvi, J., Linnakylä, P., Kupari, P., Reinikainen, P., & Arffman, I. (2002). *Finnish success in PISA and some reasons behind it.* Jyväskylä, Finland: Institute for Educational Research, University of Jyväskylä.

Välijärvi, J., & Sahlberg, P. (2008). Should "failing"students repeat a grade? A retrospective response from Finland. *Journal of Educational Change*, 9(4), 385-389.

Voutilainen, T., Mehtäläinen, J., & Niiniluoto, I. (1989). *Tiedonkäsitys* [Conception of knowledge]. Helsinki: Kouluhallitus.

Westbury, I., Hansen, S-E., Kansanen, P., & Björkvist, O. (2005). Teacher education for research-based practice in expanded roles: Finland's experience. *Scandinavian Journal of Educational Research*, 49(5), 475-485.

Wilkinson, R., & Pickett, K. (2009). *The spirit level: Why more equal societies almost always do better.* New York: Allen Lane.

World Bank. (2011). Learning for all: Investing in people's knowledge and skills to promote development. Washington, DC: World Bank.

Zhao, Y. (2009). *Catching up or leading the way: American education in the age of globalization.* Alexandria, VA: ASCD.

옮긴이 이은진

전북대학교 정치외교학과를 졸업하고 경희대학교 평화복지대학원에서 국제및공공정책학을 전공했다. 미국 워싱턴 D. C.에 있는 비정부기구 APPA Action for Peace by Prayer and Aid 인턴으로 일하며, 워싱턴 D. C. 시정부 아시아태평양 담당관실에서 번역 업무를 담당했다. 옮긴 책으로는 《슈퍼 브랜드의 불편한 진실》, 《위 제너레이션》, 《섹스, 폭탄 그리고 햄버거》, 《차이나 브라더스》, 《포퓰리즘의 거짓 약속》, 《나는 결심하지만 뇌는 비웃는다》, 《아이아스 딜레마》, 《반기문과의 대화》, 《RQ 위험 인지 능력》 등이 있다.

핀란드의 끝없는 도전

첫판 1쇄 펴낸날 2016년 6월 7일
9쇄 펴낸날 2024년 12월 2일

지은이 파시 살베리
옮긴이 이은진
발행인 조한나
편집기획 김교석 유승연 문해림 김유진 전하연 박혜인 조정현
디자인 한승연 성윤정
마케팅 문창운 백윤진 박희원
회계 양여진 김주연

펴낸곳 (주)도서출판 푸른숲
출판등록 2003년 12월 17일 제2003-000032호
주소 서울특별시 마포구 토정로 35-1 2층, 우편번호 04083
전화 02)6392-7871, 2(마케팅부), 02)6392-7873(편집부)
팩스 02)6392-7875
홈페이지 www.prunsoop.co.kr
페이스북 www.facebook.com/prunsoop   인스타그램 @prunsoop

* 잘못된 책은 구입하신 서점에서 바꾸어 드립니다.
* 본서의 반품 기한은 2029년 12월 31일 입니다.